2006 年年会会员合影

2007 年年会会员合影

2008年年会会员合影

2009 年年会会员合影

2010 年年会会员合影

2011 年年会会员合影

2012 年年会会员合影

2013 年年会会员合影

2014 年年会会员合影

2015 年年会会员合影

2016年年会会员合影

2017 年年会会员合影

2018 年年会会员合影

2019 年年会会员合影

2020年年会会员合影

2021 年年会会员合影

无问西东

清华+企业家创业故事

TEEC 二十周年特辑编委会　编著

清华大学出版社
北 京

内 容 简 介

本书是为清华企业家协会（TEEC）成立 20 周年而作。TEEC 20 年的发展历程，很好地契合了中国经济腾飞和产业进步的大环境，也是清华学子"科技兴国"的缩影。

20 年来，TEEC 从 30 多位创始会员发展到 600 多位会员和 200 多位青创会员，会员的成长受益于协会的支持和会员间的互助，会员的成功又推动了协会的壮大。本书精选了 80 余位有代表性的会员和少量非会员优秀校友的创业经历，他们创业经历迥异，但都秉持了清华"自强不息、厚德载物"的精神，取得了较好的成绩。

无论是正砥砺前行的创业者，还是准备创业的莘莘学子，抑或是广大社会读者，本书都会带给大家事业的启迪、精神的激励以及思想的激荡。

图书在版编目 (CIP) 数据

无问西东：清华企业家创业故事 / TEEC 二十周年特辑编委会编著 . —北京：清华大学出版社，2023.9

ISBN 978-7-302-64257-2

Ⅰ . ①无… Ⅱ . ① T… Ⅲ . ①企业家－事迹－中国－现代 Ⅳ . ① K825.38

中国国家版本馆 CIP 数据核字 (2023) 第 142298 号

责任编辑：刘 洋
封面设计：徐 超
版式设计：方加青
责任校对：王荣静
责任印制：丛怀宇

出版发行：清华大学出版社
　　网　　　址：http://www.tup.com.cn, http://www.wqbook.com
　　地　　　址：北京清华大学学研大厦 A 座　　　　　邮　　编：100084
　　社 总 机：010-83470000　　　　　　　　　　　邮　　购：010-62786544
　　投稿与读者服务：010-62776969, c-service@tup.tsinghua.edu.cn
　　质 量 反 馈：010-62772015, zhiliang@tup.tsinghua.edu.cn
印 装 者：大厂回族自治县彩虹印刷有限公司
经　　销：全国新华书店
开　　本：170mm×240mm　　印　张：21.75　　插　页：4　　字　数：380 千字
版　　次：2023 年 9 月第 1 版　　印　次：2023 年 9 月第 1 次印刷
定　　价：118.00 元

产品编号：094044-01

特辑编委会成员
（按姓氏拼音排序）

陈　锋　陈　炯　邓　锋　杜心宇　郭　凛　刘晓松
倪正东　童之磊　王曙光　王小川　徐　蓉　许志翰

特辑执行编委

向　辉　刘　全　马晓迪

特辑撰稿组成员
（按姓氏拼音排序）

白　晨　包　涵　陈　炯　戴　辉　冯颖星　古春天
郭　凛　郭艺博　黄思南　李静芝　李若佳　李晓延
李　映　林美炳　凌先静　刘俊霞　刘　全　孟　迷
欧阳俊华　佟宇轩　王丽英　王志彬　杨继云　张轶群
张　缘

鸣谢

感谢为本书出版提供素材，给予帮助、支持、建议的全体 TEEC 学长、清华校友及各界朋友！

致《无问西东：清华企业家创业故事》贺辞

　　清华企业家协会（TEEC）走过了 20 余年历程，正是风华正茂的时期。此时此刻，我向协会的发展成绩和 20 周年纪念特辑的编辑出版，表示热烈的祝贺！并借此机会，向从清华园走出的各位企业家，致以亲切的问候！

　　2005 年，我作为清华大学校长参加了 TEEC 从海外回到北京后的首次年度盛会。此后，又多次参加过 TEEC 的相关活动，与很多企业家校友成为朋友。清华企业家校友们在经营好各自企业的基础上，秉承"受助、互助、助人"的宗旨，团结合作，共同发展，并以多种方式，积极支持母校建设，一步一个脚印走到今天。

　　百余年来，一代代清华人"自强不息，厚德载物"，涌现出众多学术大师、兴业英才和治国栋梁，清华企业家正是兴业英才的代表。我非常高兴地看到，TEEC 的众多英才正在为中国乃至世界的经济发展和社会进步作出重要贡献，也为母校赢得了广泛赞誉。众多清华企业家用实践体现了回报母校、回馈社会、报效祖国的精神。

　　当前，中国进入了新时代，世界格局出现了新变化。期望 TEEC 的全体成员坚定初心，脚踏实地，勇于创新，面向未来，走好今后每一步，不断创造新辉煌，努力使企业发展壮大，更好地履行社会责任，为清华争得更大的荣誉，为国家和社会作出更大的贡献。

真诚地祝福你们越来越好！

清华大学原校长
中国科学院院士　顾秉林

| TEEC 历届主席致辞

TEEC 的发展史是我们这一代清华企业家随着国家的高速发展而成长的历史，也印证了清华校友的理想主义、集体英雄主义和社会责任感。这本书记录了 TEEC 璀璨的 20 年历程，描绘了清华人在各行各业创新创业、自强不息的真实历程。亲历其中，我备感荣幸。

—— 邓锋（TEEC 创始主席）

值此 TEEC 成立 20 周年在即，时光荏苒，感慨深长，有幸早期在硅谷参与并见证 TEEC 快速发展的第一个 20 年。如今群贤毕至，少长咸集，深感个人需乘国家前进之东风，方有所作为。

世事恒变，如今全球形势莫测，中国力量崛起，行业风云多变，唯有继续秉承清华"自强不息，厚德载物"之精神及 TEEC 之"三助"理念，戒骄戒躁，不忘创业之初赤子之心，善心对人，加倍努力！

愿 TEEC 新老会员携手共进，下一个 20 年更加辉煌！

—— 杨镭（TEEC 2007 年度主席）

TEEC 诞生于迷惘危难之中，20 年来，伴随着祖国一起，披荆斩棘，茁壮成长，来到了今天这个历史的分水岭！今后，愿它继往开来，为民族的崛起，为全人类的幸福，百折不挠，努力奋斗，不负清华，不负祖国，不负这个伟大的时代！

——陈大同（TEEC 2009 年度主席）

"三助"精神，永放光芒！Stay hungry 自强不息！Stay foolish 厚德载物！

——方方（TEEC 2010 年度主席）

TEEC 20 岁了。希望再过 20 年，人们提起 TEEC 能想到两件事。一是 TEEC 特有的企业家精神，二是 TEEC 企业特有的标识。

这种精神可能就是像乔布斯和马斯克等人那样，勇于探索，以创造性引领企业的发展。以硬科技和根技术作为企业的标识。既有一大批专精特新的"精灵"，也有一些在大而重要领域里的"航母"！

—— 杨向阳（TEEC 2011—2012 年度主席）

TEEC 会员们 20 载风雨同舟，勇于进取，将自己对理想和目标的追求转化为持续内在驱动力，努力实践自己的硬核人生！愿各位 T 友在今后的征途中，依旧眼有星光，胸有丘壑，饮水思源，将 TEEC 的"三助"精神发扬光大！

—— 李泉生（TEEC 2013—2014 年度主席）

光阴荏苒，岁月如梭，TEEC20 岁了！

清晰记得，2015 年时我们不到 400 位会员，今天的 TEEC 已经是近 800 名清华创业校友的组织。特别高兴的是，开创于 2016 年的 TEEC 青年组织——Young TEEC 已有 200 名青创会员，给 TEEC 带来青春活力，助 TEEC 使命传承！

TEEC 会员都求学长成于清华校园，同信仰"自强不息，厚德载物"之校训，共具有胸怀天下的家国情怀。让我们更多地交流联谊，共赢合作，相互成就！

爱 TEEC，最清华！

—— 潘建岳（TEEC 2015—2016 年度主席）

TEEC 创立 20 年了。一个校友组织，20 年，依然活力四射，足见其成员非同一般。希望 20 年后，80 岁的我，依然有机会和你们在一起。

—— 吕大龙（TEEC 2017—2018 年度主席）

TEEC 20 岁，青春年少，以梦为马，不负韶华！下一个 20 年，甚至 100 年，祈望 TEEC 成为清华创业者的家，期望 T 友在波谲云诡的未来，坚守初心，开拓创新，坚韧不拔，回馈社会，助力人类的和平与发展！

—— 刘晓松（TEEC 2019—2020 年度主席）

我是 2007 年作为一个新兵加入 TEEC 的，在创业路上得到前辈的大力支持，是 TEEC "三助" 精神的直接受益者。在 TEEC 20 周年之际，我们这批 "年轻人" 接过了棒。现今的 TEEC 已具有了相当的影响力，800 多家会员企业在各自的行业中已成为顶梁支柱。我们备感压力，唯有坚守 "自强不息，厚德载物" 的校训，秉承互信互助的传统，才能把 TEEC 精神持续发扬光大。

—— 许志翰（TEEC 2021—2022 年度主席）

兄弟情谊 13 载　共创美丽新未来

犹记 2008 年金融海啸的惊涛骇浪之中，TEEC 友人来访新竹清华，间接催生出 TEN 的成立，也开启了 TEEC 和 TEN 两会长达 13 载的兄弟情谊。历经 9 任 TEEC 主席和 14 任 TEN 会长，秉持着两岸清华共同校训"自强不息，厚德载物"的精神，两会的互动也从 1.0 交流、2.0 合作、3.0 融合进化到 4.0 共创，彼此观摩学习，一起成长茁壮。

细数两会你侬我侬的点点滴滴，TEEC 参与 TEN 年会交流互访、Young TEEC 和 Young TEN 年轻世代的融合，还有新冠疫情暴发后，TEN 略尽绵薄加入 TEEC 捐赠防疫物资之列表达关切，处处都是兄弟会默契融合的铁证，也是共创美好的开始。

"交流合作，相请益，煮酒论剑高。融合共创，待来日，同唱清华好！"13年的情谊只是开始，疫情过后的新世界新风貌，更需要两会共创！TEN 会长暨全体会员敬祝 TEEC 20 周年生日快乐，期待大家早日再相聚。

——**台湾清华企业家协会（TEN）**[1]

---

1 台湾清华企业家协会（TsingHua Entrepreneur Network，TEN），于 2008 年 9 月 23 日在新竹清华大学科技管理学院正式成立。TEEC 与 TEN 一起支持与鼓励两岸清华在母校的大平台上，充分发挥校友高凝聚的优势，共筑清华人创业、发展和资源的舞台。两岸由相同方向、不同定位的合作模式，各自发展、相互影响，创造两岸企业双赢的局面。TEEC 与 TEN 秉承清华"自强不息，厚德载物"的校训，坚持"受助、互助、助人"的宗旨与使命，相互支持、相互帮助、互为资源。

序一 TEEC 的精神财富

邓锋（TEEC 创始主席）

小时候看电影，经常听到这样的台词——一晃 20 年过去了。当时觉得时间哪会过得那么快，不过是艺术的夸张吧。到今天这个年纪，发现 20 年如白驹过隙，倏忽而已。

俯仰之间，TEEC 已经走过了不可思议的 20 年。自 TEEC 成立之日，我们就决心要建设一个长期发展的组织，但依然没想到会有今天这样的成绩——无论是组织的规模与向心力，成员间的互动，还是与母校清华的连接，以及对社会创新创业的推动——今天的 TEEC 比我们当初设想得还要好。在这个重要的时间节点，我也在想我们到底做对了什么？

20 年间，TEEC 聚拢了一批又一批怀抱理想、志同道合的人。每一任主席、每一位理事、每一位成员的付出奉献，使得组织平稳发展，有序壮大；过程中我们也遇到了诸多挑战，但每一次都凭借清华人的智慧与努力，克服了困难，化解了危机，TEEC 一天比一天壮大，路也越走越宽，我们也越走越坚定。

初心如磐，笃行致远。除了每一位 T 友的努力，驱动 TEEC 走到今天最关键的因素，我想是初心、价值观与组织建设。我们这代人在成长过程中既有理想主义追求，也有集体主义烙印。集体英雄主义成为我们组建 TEEC 最原始、最朴素的初心。今年观看北京冬奥比赛时，"更快、更高、更强、更团结"的奥林匹克格言在我的脑海中久久回荡，也让我忽然意识到，TEEC 的目标和奥运精神的一致——用集体的成功，成就个人的成功；以个人的成功，促进集体的壮大。

TEEC 的价值观缘起于清华精神，秉承"自强不息，厚德载物"的清华校训和"行胜于言"的清华校风，也是 TEEC 得以长期发展的根本。共同的价值观使我们所有人聚拢在一起，不问过往，只看将来。在共同学习、共同成长的过程中，"受助、互助、助人"这一宗旨，更成为融入每个 TEEC 人骨血的日常行为准则，互相支持，互相帮助，互为资源，使 TEEC 成为一个有温度的组织，也可于未来持续地发光发热。

无论对企业还是组织，永葆创新活力是一条充满坎坷的跃升之路。成立 20 年来，TEEC 花了大量时间在系统化的组织建设与管理上。制度上我们坚持民主选举，日常运行规则及章程全面、细致并不断迭代更新；实践中长期绑定具有实际意义的公益活动，从清华 TEEC 思源计划到 X-lab 三创空间、未来企业家培训营等，除资金支持外，TEEC 成员还用各自的前瞻思维、专业知识、经验资源身体力行地支持创新创业，培养学生的全球视野、创新能力与领导力，TEEC 精神得以传承的同时，也为社会培养了许多具有社会责任感的创新人才。

在 TEEC 成立第 21 年的今天，应该给未来的 TEEC 新一代人留下什么，我想就是这样一个个鲜活的人和所传承的企业家精神——有超越金钱的理想，有容人之异的胸怀，有身顶千斤的责任，有勇于创新、不惧失败的勇气，有坚持不懈的毅力，有回馈社会的责任感。如果通过 TEEC 的成长，能为社会树立企业家精神的标杆，那将是 TEEC 最大的精神财富。当越来越多的人投身其中，企业家精神一定会从一股小而美的清流，汇聚成绵延不绝的大河。

希望下一个 20 年 TEEC 发展得更好、更强、更团结，成为所有 TEEC 人更美好的精神家园。一路走来，勠力同心，和衷共济，我收获了许多可伴终生的朋友，未来，任时光荏苒，期盼与更多志同道合的同路人前行，也愿你我永葆初心，历尽千帆，归来依旧少年。

| 序二

刘晓松（TEEC 2019—2020 年度主席）

光阴荏苒，岁月如梭，一转眼，TEEC 已经走过 20 年征程。在这个具有里程碑意义的时间节点，海内外的 T 友都无比期待一次史无前例的 TEEC 大团聚。

然而在 2021 年 9 月 13 日，厦门突然出现疫情，原定于 9 月 25 日在厦门举办的 TEEC 20 周年大会被迫叫停。出于时间和防疫考虑，有人提议延后会期或改成线上会议，但当时东南分会和海峡研究院已经为年会做了近一年筹备工作，而众多海内外 T 友也早已定好行程，一旦取消将成为所有人的遗憾。

于是，TEEC 主席团和理事会当晚紧急商议，经过反复分析讨论，决定时间不变、另寻场地，并向长三角分会、粤港澳大湾区分会以及 T 友发出求助。一时间，各地 T 友积极响应、联络资源、出谋划策，克服种种困难，终于在 9 月 17 日敲定年会移师苏州太湖。最后，年会如期举行，聚集到 TEEC 全球 10 个分会约 350 名会员和青创会员，在 TEEC 20 周年之际实现了海内外 T 友大团聚。

这，非常不容易，且让人感动！也让我对清华人有了更深的理解：清华人独处时，像一汪水，安静理性；但聚在一起时，却像一团火，生生不息。这团火，是对 20 年来 TEEC 企业家精神的传承，也是对百年来清华精神的传承。

20 年前，远在美国硅谷的近 30 位清华企业家校友胸怀一腔创业热忱，揭开了 TEEC 的序幕。20 年后，曾经的小团体发展成全球拥有 616 位会员及 177 位青创会员，足迹遍及北京、长三角、粤港澳、西南、西北、东南、美西、美东、日本、欧洲的大集体，在"受助、互助、助人"精神引领下，始终不忘初心，互助创业、回馈母校。

20 年来，每位 T 友都在用自己独有的方式，展示着如水的情怀、如火的热情，让 TEEC 与母校之间、T 友之间、学弟学妹创业者之间架起了"受助、互助、助人"的桥梁，书写了很多感人的故事。这是一笔珍贵的精神财富，而了解、整理和传播这些故事，就是对 TEEC 精神最好的传承，对 T 友最大的激励。

于是在 TEEC 20 周年大会筹备期间，主席团、理事会及多位历任主席共同商议汇编一本小书，以记录 20 年来清华企业家的创业故事、"三助"故事、公益故事，既追忆往昔，也启发未来。

一拍即合，说干就干。2021 年 3 月，我们的编委会成立了。一群平时忙得不见人影的企业家隔三岔五地开会，讨论选题、派领任务，顿时仿佛梦回 20 年前青春年岁，为第一次创业投入奔忙、热火朝天的景象。

最终呈现在诸位眼前的这本书，涉及半导体、互联网、智慧设计与制造、医疗健康、跨界创意、创业投资、青创、公益等多个板块，讲述了过去 20 年间百余位清华企业家的创业故事：比如在国际竞争大环境下，清华企业家为中国造"芯"的群像掠影；比如中国互联网 20 年间，清华企业家如何站在浪潮之巅；比如在追寻生命奥秘的驱动下，清华企业家如何为医疗健康建造堡垒；又比如创新创业浪潮下，清华企业家如何运用资本力量为社会发展添彩增光……

企业家是创业创新的主体，是推动经济社会发展的中坚力量，企业家的内心和行为应该承载人类文明进步的使命。作为我国的最高学府，清华大学百余年来培养了一批批学术大师、治国栋梁，当然也不乏一代代兴业英才。

那么，究竟什么是清华企业家精神？

纵览全书，我认为主要是三点：首先，要有推动人类文明进步的初心；其次，要有坚韧不拔、勇于创新的精神；最后，要有回馈母校、回馈社会的责任感。

首先是初心。比如本书"半导体"板块提到，芯片被喻为"工业粮食"、电子整机设备的"心脏"，所以芯片产业是新时代下中国产业升级必须拿下的一场"战役"。2014年以来，随着国家相关产业扶持政策法规的先后出台，中国出现了一批批半导体制造领军企业。在这些企业中，众多杰出的关键决策者出自清华大学——有78级无线电电子学系的江上舟、张文义，82级热能工程系的张素心，83级无线电电子学系的赵海军、工程物理系王曦，89级机械工程系的李炜等，他们怀抱铸就"中国芯"的初心，贡献着火一样的热情。

又比如96级（研）工程力学系的倪正东，自从在清华校园起就专注于为创业投资事业奔走，毕业后更是不忘初心创办清科集团，始终专注于服务创投每一程，如今清科已成为较具公信力的创投服务公司，成功登陆香港资本市场——这就是企业家初心的力量。

其次是坚持。本书"互联网"板块里提到的"美团清华创业帮"就是坚持的最好诠释。2010年，清华97级电子工程系校友王兴联手同班同学王慧文、穆荣均，创办了数据互联网时期的典型代表企业美团，然而众所周知在创办美团之前，王兴的创业生涯经历了多次失败。

我曾经问穆荣均，当时选择从百度离职加入王兴的创业团队，后来还经历了好几次创业失败，为什么选择放弃高薪、坚持留守在美团呢？不可能仅仅因为你们是同宿舍同学吧？穆荣均想了好半天说，因为当时王兴告诉他，美国知名孵化器YC公司作过一个统计，一个企业只要团队坚持就大概率不会死，企业死的原因大多是因为团队没有坚持。穆荣均相信了！正是王兴身上的坚持和自强不息，让穆荣均相信团队一定会迎来"九败"后的那"一胜"（指美团的成功），而这正是清华企业家精神的体现。

关于坚持的故事还有很多。比如兆易创新的创始人、清华89级物理系校友朱一明立志"要做中国最大的存储器设计和制造者"，虽然创业初期十分艰难，一方面要面对全球竞争，一方面要改变国内产业生态基础薄弱的劣势，但他却20年坚持如初，从打破NOR Flash领域国际巨头垄断，到结束中国DRAM的空白历史，最终把公司带上市……

这些"20年磨一剑"的创业故事，共同塑造了清华企业家"坚持"的精神。

最后是回馈母校。本书"医疗健康"板块提到，在2009年清华本科生毕业典礼上，79 级计算机系校友徐航对学弟学妹说："不断回馈母校是我奋斗的重要动力和成功的标志之一。"十余年来，作为鹏瑞集团董事局主席、迈瑞医疗联合创始人的徐航，先后参与资助新清华学堂建设、清华大学脑与智能实验室和清华大学未来实验室建设，促进清华大学医学科研实验、人文艺术教育等，身体力行将"回馈母校"践行到底。

回馈母校既包含对母校的反哺，也包括校友间的互助。本书"青创"板块中提到的郭娜就是最佳案例。本着回馈母校的理念，TEEC 长期支持"思源计划"的发展，20 年来，思源计划累计开展 18 期、学员 600 多人，其中近 20 位学员加入 TEEC 或 Young TEEC，郭娜就是其中一员。从思源二期同学到自己创业，从青创会员到成为 TEEC 会员，郭娜完美地在"TEEC—思源"的相生相伴中走了一轮回。

20 年来，像徐航这样回馈母校的清华企业家、像郭娜这样受助的 T 友还有很多，很多校友都希望能够尽己所能，为母校尽绵薄之力。

清华 110 周年校庆之际，TEEC 还发起成立了"未央公益基金会"，组织 TEEC 企业家捐赠企业的"一点"股权，寄望通过企业成长增值来持续捐助清华教育基金会。时任清华大学校长邱勇（现任清华大学书记）评价说，这与一般的捐赠不同，"未央"这个承诺没有时间期限，也没有数额上限，寓意着校友对清华的贡献无上限，也预示着 TEEC 的壮大无止境。

关于 TEEC 和清华企业家的创业故事、"三助"故事还有很多很多，我们编写的这本书能收录的故事也实在有限，仅作为 20 年来千万清华企业家奋斗的一个缩影，以窥见清华企业家的集体精神风貌。希望这本书不仅是一个阶段性回顾，更是一个全新的开端，让我们不断记录身边故事，去感召、影响志同道合的人，汇聚清华力量，传承 TEEC 文化。

TEEC 成立至今 20 年，离不开所有 T 友的"受助、互助、助人"，也离不开所有清华企业家坚韧不拔、自强不息的精神。我相信在未来 20 年、100 年，TEEC 的企业家们都会坚守一方初心，继续秉承发扬"三助"精神，每一位校友企业家个体的探索，最终都将汇入清华创新创业的河流，使得清华企业家精神的河流川流不息。

谨以此书，致敬每一位不忘初心的清华企业家！

目录

TEEC 综述篇

风起青萍众水归

1995 年, 清华自动化系 80 级的王熙在硅谷联合创办了软件公司 Viador Inc.。1999 年, Viador 在纳斯达克上市, 王熙也因此被国外媒体称为"改革开放后敲开美国股市大门的第一位中国留学生"。

同年, 在美国国家半导体公司做高级工程师的陈大同, 被熟人拉去一家小公司解决技术问题, 因此契机在两个月后他们成了一家新成立公司 OmniVision Technologies (豪威科技) 的共同创始人, 2000 年, 豪威在纳斯达克上市。

1997 年, 无线电系 81 级的邓锋和两个清华校友创建了 NetScreen (网屏) 技术公司, 短短几年就成为世界领先的网络安全设备供应商之一。2001 年, NetScreen 登陆纳斯达克。2004 年, NetScreen 被 Juniper Networks (瞻博网络) 以 42 亿美元并购。

是什么, 引发了他们的创业?

1980 年, 阿尔文·托夫勒出版了轰动世界的《第三次浪潮》, 他站在人类文明历史发展长河的高度, 抽刀断流, 把几千年的人类文明分成 3 个阶段, 也就是 3 次浪潮。人类社会在经历了"农业文明"和"工业文明"后, 正在进入第三个崭新时期——"信息文明"时期。信息文明以电子工业、宇航工业、海洋工业、遗传工程组成工业群; 社会进步不再以技术和物质生活标准来衡量, 而以丰富多彩的文化来衡量。这个时代, **鼓励个性解放和个人发展**。

两年后, 约翰·奈斯比特出版《大趋势》, 书中预言: **经济转型的过渡时期正是创业精神最旺盛的时期。**

1994 年, 比尔·盖茨的《未来之路》, 是对信息文明社会中一部分生活和商业的具象化描述; 比如: 当你在真正的高速公路上时, 袖珍个人计算机可以将你与信息高速公路相连并告诉你身在何处, 其内在的发生器可以指示方向并告知你前面有一个高速路口或者下一路段经常发生事故, 袖珍计算机就像是新型的瑞士军刀, 提供小屏幕、微型电话、用数字货币进行商业交易的安全方式以及阅读或使用信息的能力。2007 年, 和比尔·盖茨亦敌亦友的史蒂夫·乔布斯推出的 iPhone, 是这把"瑞士军刀"的初代呈现。

果然, 信息革命带来了工作和生活方式的颠覆性变化以及创业的巨大机会。在互联网基础设施的迅速建设以及资本的推动下, 创业浪潮席卷全球, 雅虎、eBay、亚马逊等新型企业的迅速崛起，使互联网模式风靡全球。而互联网的兴起又如多米诺骨牌一般催生了信息安全、图像处理、数据传输和处理、数据存储等一系列软硬件领域的技术需求，市场的需求引发了更多的创业。

千禧年之交的硅谷，对于王熙、陈大同和邓锋而言，他们的创业，也许只是在信息时代到来时的顺势而为，但他们的成功，对于中国留学生来说，远非上市、名利收获那么简单。事实上，他们展现的群体成功，除了是对个体智慧、创新、努力和勇气的肯定外，更有划时代的意义，它意味着自 1977 年恢复高考后的第一批中国留学生，在负笈海外后，不仅仅取得了知识的精进和思想的解放，更可以在异国他乡，踩准时代的节拍，用所学的知识、技术、管理理念，加上中国人特有的才华、勤奋、智慧，在高科技领域率先收获属于新一代中国留学生的荣光。

这一代留学生无疑是幸运的。1977 年国家恢复高考，1978 年 12 月 26 日，改革开放后的第一批公派留学生登机赴美。1984 年国家颁布《国务院关于自费出国留学的暂行规定》打开了自费留学的通路。一旦流动的闸门打开，积压多年的人才狂潮喷涌。无数年轻人的生命行进轨迹发生了彻底的改变！

像在 TEEC 里被大家尊称为"大师兄"的陈大同，是在农村插队两年半后，于 1977 年考入清华大学无线电系（现电子工程系），后转入半导体物理方向学习，先后获得学士、硕士和博士学位，之后，他赴美到伊利诺伊州立大学和斯坦福大学从事博士后研究。1995 年，陈大同参与了豪威科技的创建，研发出了全球第一颗单芯片 CMOS 彩色图像传感器。

15 岁考入 79 级无线电系的武平担任 Mobilink 的设计主管，成为最早参与手机芯片设计的大陆华人工程师。

1999 年，81 级自动化系的李军和邵晓峰等 4 个校友创办 ServGate 公司。

还有杨镭、吴波、邓杰、黄竖……这些校友的经历，让其他人看到创业并不神秘，成功也不遥远。在硅谷的清华校友经常聚在一起。清华的求学背景，留学美国的经历，追求事业的执念，让他们很容易找到共鸣。一个组织逐渐浮出水面。

与此同时，一个公益计划正在从想法变成现实。在硅谷颇有声誉的慈善家朱伟人先生希望捐资助学大陆学生，但单纯给钱并非他所愿，培养在校生的领导力才是他的初心。为了能让初衷落地并实施到位且能持久，他找到了王熙、李军、李峰等人。此后，"思源计划"以及"一对一导师传帮带"的方案从无到有，在校友们一月一聚的探讨中越来越成熟。正是在落实这个以"培养优秀的清华在校生的领导力和社会责任感"公益项目的过程中加速了一个组织的诞生。

2001 年，清华建校 90 周年。9 月 30 日，近 30 位 1977 级至 1989 级的清华校友在硅谷首次大规模齐聚，正式商讨成立 TEG（Tsinghua Enterepreneur Group）。它的创立，既是硅谷清华人互帮互助、探索创业的水到渠成，也是为了通过"思源计划"合力回馈母校这一义举在念念不忘后的必然回响。可以说，TEG 从第一天诞生起，就携带着公益和家国情怀的基因，和母校保持着紧密的联系和互动，他们从清华而来，也必将以各种形式回馈母校。

2001 年 11 月，时任清华大学校长的王大中到达硅谷，TEG 创始会员欢聚一堂。王大中校长代表母校向海外学子发出了一个邀约。王校长发现，20 世纪 60 年代是中国台湾学生赴美留学的高潮，20 年后，大批留学生回到台湾地区，推动了台湾地区科研和以半导体为代表的高科技产业的迅猛发展。而从 1978 年起中国大陆留学生负笈海外，王校长认为，不需要 20 年，将会出现一个大陆留学生的回流潮。在聚会上，王校长提出了"1000 个校友回国"的目标。

王校长回国后不久，清华推出了"清华百人计划"，旨在引进海外杰出人才。

2001 年 12 月 11 日，中国加入 WTO，这是中国向全球化经济迈出的第一步，表明了中国对经济改革的决心。

太平洋很宽，早期的清华学子赴美留学时，到达西海岸需要 25 ～ 35 天，到达东海岸更是需要 40 ～ 52 天。

太平洋更宽时，有 30 年两国断了音讯。

王大中校长在硅谷出席 TEG 早期活动

但太平洋也很"窄"，母校和祖国对于人才的召唤，像拍岸的惊涛，在一夜之间传到了大洋彼岸。TEG 会员带着先进的理念、技术、资本，还有梦想、激情、情怀，陆续回国。

2000 年，胡胜发回国在深圳创办了安凯微；2001 年 7 月，武平和陈大同在上海张江创办了展讯，仅用了一年半时间就成功研发了世界首颗 GSM/GPRS（2.5G）多媒体基带一体化单芯片；2001 年，宫力回国在北京组建 Sun 中国工程研究院并担任院长；2003 年，李军回到母校，任清华大学信息技术研究院院长及清华信息科学与技术国家实验室副主任；2005 年，邓锋回国创办了北极光创投等等。

随着他们的回归，TEG 的重心逐步从硅谷转移到了国内。

无问西东汇光辉

从硅谷刮起的创业浪潮很快席卷世界，中国也不例外。

错过工业革命导致中国在科技文化方面落后发达国家两个多世纪。当信息革命这一浪潮来临时，中国毫不犹豫选择了与"浪"共舞。

1994 年，中国第一个全国性 TCP/IP 互联网——CERNET，由国家投资建设，教育部负责管理，清华大学承担建设和管理运行。设在清华大学的全国网络中心负责全国主干网运行管理。清华学子"近水楼台先得月"，成为国内最早接触互联网的幸运儿。

1995 年，毕业于清华大学物理系又留学美国，从麻省理工取得博士学位的张朝阳率先回国，并于 1998 年创办了后来鼎足三大门户网站的搜狐。不到两年，新浪、搜狐、网易陆续登陆纳斯达克。

而 1996 年入学的清华计算机系学生王小川、周枫等，上学期间开始在 ChinaRen 兼职，天然地融入到了互联网创业的大江大河。事实上，在清华校园内，创业大赛早已风起云涌。在校学生校外兼职蔚然成风，创业成了很多人的不二选择。他们是国内清华

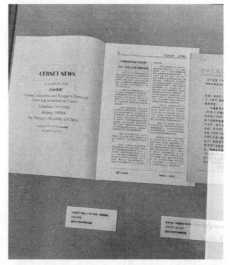

《CERNET 导报》1995 年第一卷第四期
（清华大学科学博物馆藏）

毕业生中最早拿到天使投资的一批人，一毕业就开始了创业历程。

中国创业者的热度和脉动，毫不逊色于硅谷同行。

一切当年的不以为然，仿佛发生在昨天的事，却在不经意间改变了世界，改变了他们自己。

2001 年，曾任清华创业协会第三任会长的倪正东和童之磊在清华科技园和创业园创立了清华创业家创业联盟（Tsinghua Entrepreneur Alumni Network，TEAN），目的也是推动清华创业校友间的交流合作。TEAN 当时的会员还有田范江、叶滨等。

2005 年，邓锋回国，发现当年在硅谷创业的伙伴们基本都回来了，他找到回国后在清华科技园工作的薛军，商量要在国内成立一个协会。于是，2005 年 4 月 23 日，在清华 94 周年校庆的前一天，TEG 中已经回国的校友，在宫力位于清华科技园的办公室内，举办了回国后的第一次正式活动，TEG 更名为 TEEC（Tsinghua Entrepreneur & Executive Club）。邓锋和时任大唐 CEO 的魏少军担任首任联席主席，薛军任秘书长。

虽然回国不久，但邓锋已经久闻倪正东的大名。倪正东创办的清科在创业者和投资者中有很高的知名度。邓锋主动找到倪正东和童之磊，提议 TEEC 和 TEAN 合并。倪正东非常高兴，对于 TEAN 的小伙伴，邓锋、陈大同等都已经是功成名就的"前辈""师兄"，双方一拍即合。

2005 年 10 月，有着共同清华血脉、共同创业理念的 TEEC 和 TEAN 合并，组织的中文名称确定为清华企业家协会，英文全称仍然沿用 Tsinghua Entrepreneur & Executive Club（简称 TEEC）。协会从一开始就有了北京分会和北美分会（后更名为美西分会）。TEEC 的人员组成扩展到创业者、公司高管和各种服务行业（律师、投资等）合伙人。这个 10 月，很容易让人联想起 1936 年 10 月，红一方面军和红四方面军的会宁会师。

世人都知长江发源于青藏高原的唐古拉山脉格拉丹冬峰西南侧，但从卫星云图上，可以看到长江有三源：南源为当曲，北源为楚玛尔河，西源为沱沱河。然而它们终将汇聚一起，沿途还有无数支流汇入，浩浩荡荡以百折不挠的气魄奔流入海。

让记忆回溯到 2001 年，定格在 2005 年，让我们记住"TEEC"这个名字，它从一个松散的技术沙龙起步，很快在中国加入 WTO 融入国际化、经济高速发展、海归大量回国、创业氛围日浓、互联网潮席卷的大势下，以前所未有的速度迅速壮大，一如奔腾东流的长江水。

春风化雨乐未央

纵观中国历史，只有在政通人和的情况下，个人的创造力、活力和能动性才能得到最大程度的发挥。

2005 年 2 月，《国务院关于鼓励支持和引导个体私营等非公有制经济发展的若干意见》出台。同年 10 月，中共十六届五中全会通过《中共中央关于制定国民经济和社会发展第十一个五年规划的建议》。

2008 年，美国次贷危机爆发，波及全球。2009 年，中国政府实施一揽子经济刺激政策，经济从恢复性增长进入稳态发展。

2009 年 10 月 30 日，中国创业板正式上市。这对于绝大多数集中于科技领域的创业者，还有正在崛起的本土 VC/PE，可谓童子有幸，躬逢盛会。

在国家发展大势下乘风破浪的 TEEC，以本土化和多样化为方向迅速扩张。继北京分会和美西分会后，2007 年，在经济最发达地区，TEEC 有了长三角分会和珠三角分会（后更名为粤港澳大湾区分会）。到 2011 年，TEEC 会员已逾百人，女会员 6 位。每年在校庆前一天、在清华科技园内举办的年会成了 T 友一年一度的盛会。

到 2011 年的百年校庆前，TEEC 走过了第一个 10 年。2011 年的百年校

TEEC 会员在清华大礼堂"TEEC 之夜校友演唱会"，庆祝母校百年华诞

庆之际，TEEC 会员们在清华综合体育馆舞台上的大合唱，对于当时每一个 T 友，必将是终生难忘的时刻，是心中永远熠熠生辉的珍藏。对于台下的莘莘学子，是一个心向往之的前行指引。对于 TEEC 组织，更是一个具有里程碑意义的时刻。

时任 TEEC 主席的方方在反思了他任主席一年的工作后，提出了一个影响 TEEC 未来进程的重大议题，也是他对一个组织如何健康、有序、长期发展的重要命题的思考成果——组织结构的规范化、文化传承和组织更新。他在北京邀请前任主席们和秘书长多次商讨后决定执行主席团和理事会（当时俗称"长老会"）机制，后在 2011 年度杨向阳出任 TEEC 主席时正式实施。除执委会成员自动成为理事外，资深的、对 TEEC 有重大贡献的、有思路、有资源、愿意投入时间精力的会员担任非执委理事，由理事会代表全体会员把握协会发展的战略方向，进行协会重大事务的决策，监督执行主席团的工作。理事会成员任职三年，每一年更新 1/3，这样既可保持组织文化的传承，又能不断吸纳新鲜血液。随后方方又力邀数学系学长杨向阳接任主席。为了让新上任的主席团有足够充分的时间实施工作计划，把发展战略落实到实处，杨向阳提出，从 2011 年起，主席团的任期由一年一届改为两年一届。

由此，TEEC 从无到有，从西方到东方，从一个技术沙龙走到了一个有明晰架构和章程的组织，从早期的沙龙文化转变为以"受助、互助、助人"为宗旨的兄弟文化。

2012 年 5 月，受俞富裕学长的邀请及赞助，TEEC 年会首次走出北京，在美丽的西子湖畔举办。这是一个美丽的开端，此后 TEEC 年会在不同的城市举办，2019 年年会更是放在了香港。这是"海能卑下众水归"的体现，也是 TEEC 会员分布越来越广的结果。

在新的战略方针下，和国家高速发展的经济列车一样，TEEC 一日千里、长足发展。

至 2020 年底，协会有了 10 个分会。国内西南、西北和东南分会的成立让 TEEC 的影响力从北京外加长三角、珠三角辐射到了内陆省市和福建沿海地区。海外增加了日本、美东、欧洲分会。人数以每年 100 人左右的速度增加到了近 800 名会员（含青创会员）。本土创业者比例日高，并且越来越年轻。而他们所从事的领域，更是远超地理区域。清华实力强大的工科、理科和管理专业，在创业中取得的成绩与其学术地位完全匹配。TEEC 会员引领了 TMT、半导体 / 集成电路、人工智能 / 机器学习 / 智能制造、企业软件、生物医药、新材料等行业的发展趋势。而在新兴的金融服务、区块链、新教育、新媒体 / 娱乐、新消费等行业，TEEC 会员的成绩同样可圈可点。

在半导体 / 集成电路方面，27 位清华校友扛起半壁江山，市值超 6000 亿元，这里面很大一部分是 T 友企业；其中，最具有代表性的有 89 级物理系的朱一明。

2004 年，朱一明决定回国创业前，找到了 TEEC 发起人之一李军，用储存设计方案得到了第一笔 10 万美元的创业资金。在李军的引荐下，朱一明认识了时任清华科技园创业投资副总经理的 83 级 T 友薛军（时任 TEEC 秘书长）。薛军承诺帮朱一明募集到 100 万美元的启动资金。他找到了工物系 80 级校友罗茁。罗茁当时是清华科技园孵化器有限公司总经理，欣然答应投资 200 万元。此外，邓锋投资了 5 万美元，李军等人的基金投了 10 万美元，等等。最终，朱一明融资到 92 万美元。有了这笔钱，2005 年，朱一明回国创办兆易创新，成功研发了国内第一颗移动高速存储芯片，成为国内存储芯片的龙头企业，其生产的闪存芯片及其衍生产品、微控制器产品和传感器模块不仅应用于消费市场，也进入了工控、汽车电子等高端市场。2016 年，兆易创新登陆 A 股。

而在兆易上市后，早期的清华投资者们将收益中的一部分拿出来捐给母校，成为传颂四方的佳话。

2011 年春天，那时还是 T 友的陈升创办的世纪互联公司正在全力冲刺到美国纳斯达克上市，而主承销商正是 T 友方方率领的专业团队。方方给团队下了死命令，一定要在清华百年校庆前的周五，完成世纪互联的挂牌上市，为母校百年华诞献礼。在世纪互联敲钟挂牌之前，方方特别安排团队将清华校旗和 TEEC 会旗带到纽约，并与陈升商定，在挂牌当天，在纳斯达克外的大屏幕上打出"庆祝清华母校百年校庆"的字样，一时传为佳话。

T 友的成功，既是他们自强不息坚持信念决不放弃的精神体现，也是团队精诚合作相互信任的结果，更是 TEEC "受助、互助、助人"的精义宗旨所在，可以说，这是一曲集体英雄主义的高歌。

继往开来众守望

"受助、互助、助人"不是一句空话，不是一个口号。它是一个要求，一份追求，也是一种信仰。

清华校友之间有着天然的信任感和凝聚力，这是清华的传统和特色，也是最宝贵的财富。创业是一项长时间寂寞甚至煎熬的事业，一个人走也许可以走得快，但一群人相携可以走得远、走得久、走得稳。T 友之间的互助从 TEEC 成立前就已经自发存在，"三助"贯穿于成立后的 20 年，书写了很多感人的故事。尤其是李泉生主席，在担任 2009—2011 年度长三角分会主席、2011—2012 年度总会副主席、2013—2014 年度总会主席、2015—2017 年度理事的 8 年，从不曾缺席一次理事会，他花费大量时间和精力，缔造兄弟会氛围，将 TEEC 带入 2.0 时代。2015 年嘉定年会主题是"兄弟不会忘初心"，同样可以解读为"兄弟会不忘初心"。

吕大龙主席上任后，进一步明确了 TEEC 主席团的定位——少说话，多服务。主席团要提高服务意识，做好会员的服务工作。为此，他还加强了协会与清华的连接纽带，为会员和母校合作打好基础。

但随着会员数量的快速增长，行业和年龄跨度增大，在成立了十多年以后，TEEC 认识到，建立一个更持久、能传承的机制已经迫在眉睫，这个机制既能帮助到在创业路上的年轻校友，也能确保 TEEC 拥有持续的活力和生命力。TEEC 是一个创业者的平台，从来不是也不应该只是一个成功企业家的俱乐部。

到 2015 年，会员人数已超过 300 人，但年轻会员比例偏低。鉴于此，2015 年 3 月 13 日，在 TEEC 第四届四次理事会上，时任副主席潘建岳提出要大力发展青年创业会员的倡议。2015 年 12 月 3 日，理事会通过了发展青创会员的提案；2016 年 1 月 6 日，《清华企业家协会青创会员（Young TEEC）管理办法》正式生效施行，意味着在 TEEC 成立 15 年后，青创会（Young TEEC）——一个

一期、二期青创会员参加首届 TEEC 青创营活动

发展清华青年创业校友的项目计划，一个为有潜力的年轻创业校友提供力所能及的帮助和支持的平台，一个能确保 TEEC 健康传承的机制，一个能让 TEEC 不断补充新鲜血液保持活力和年轻态的后备军，创造性地诞生了。

为了把帮助青创会员的工作落到实处，TEEC 安排后来被漾 T 亲昵称为"铁血丹心"的姜晓丹和杜心宇担任青创会的专职主席，设立了 T 乐帮、青创营、私董会等配套机制。

2019 年 2 月 27 日，青年工作组会议上提出启动青创导师制。当时有 59 位青创会员匹配导师 23 名。自 2016 年成立至今，青创会共招募 213 位会员，转入 TEEC 会员 24 位。

在科技兴国、人才兴国的认知下，年轻、朝气、具有国际视野的青创伙伴们在 T 友们的保驾护航下，创业道路更为顺遂，未来必将更加辉煌。

万悃如一矢以忠

众多 T 友在接受访谈时，常被问到"你成功的关键是什么？""清华对你有哪些影响？"。年龄不同，专业不同，经历不同，从事领域不同的校友往往不假思索脱口而出一个共同的答案——"自强不息，厚德载物"的校训深深影响了他们，融入血液，贯穿了一生的学习、生活和事业。他们感恩母校对自己的培养，胸怀清华人特有的家国情怀，从未忘记回馈母校、回馈社会。

由这些个体组成的 TEEC，本就是因公益项目"思源计划"而诞生，在 TEEC 还是 TEG 时，创始会员们已经身体力行——为支持思源计划的发展，专门成立了思源计划委员会，并从 2010 年起负责全部筹款。2017 年 10 月 30 日，TEEC 与清华大学教育基金会共同设立"TEEC 思源基金"，TEEC 作为"清华大学 TEEC 思源基金"的募集发起人，募集总额目标为 3000 万元，同时 TEEC 以会费分 10 年向基金捐赠总计不低于 500 万元，并将该基金作为留本基金，支持思源计划发展。

2021 年 9 月，TEEC 理事会增加了一位年轻的理事郭娜，她在校时是"思源二期"的受助学生，创业时成为青创会员，事业发展后转为 TEEC 会员。桃李不言，下自成蹊。

回馈母校，T 友们不遗余力。2008 年，为迎接百年校庆，池宇峰、徐航、宋歌、方方和多位 T 友捐款建造母校纪念百年华诞标志性建筑——新清华学堂。新清华学堂由老学长朱镕基命名，老学长李道增主持设计，场内观众大厅可容纳 2011 人坐席（以纪念 2011 年百年华诞）。

2010 年 4 月 25 日，在清华 99 周年校庆日，电子系 1985 级校友赵伟国向母校慷慨捐赠一亿元，该项捐赠除了用于清华大学校史馆的建设之外，将陆续用于学校的发展。实际上，从 2005 年起，赵伟国已多次捐赠支持学校的发展，包括"林枫奖基金"，李传信励学金、孟昭英励学金、常迥励学金、陶葆楷励学金及研究基金等。

2011 年 3 月，在母校百年校庆前夕，TEEC 参与发起清华大学新百年发展基金，百名会员响应，踊跃捐赠，成为项目第一批发起人。据校基金会不完全统计，当年 TEEC 会员向学校捐款总额近 3.6 亿元人民币。

2019 年，徐航给清华捐赠 3.3 亿元，是当时清华本科校友中最大的一笔捐赠，也是 TEEC 会员迄今为止最大的一笔捐赠。

2021 年 110 周年校庆，邓锋再次捐资清华科学博物馆。武平、潘建岳、李峰、陈大同、倪正东共同捐款给清华史料馆，朱一明携兆易高层的 5 位清华校友共同捐款设立"清华大学兆易创新基础学科建设基金"，韩大为捐款成立了体育基金。

在给母校捐款方面，金额大、时间早并且立意深远的有吕大龙学长。本着"与人为善、助人为乐"的朴素价值观，2021 年，在 110 年校庆，吕大龙伉俪捐资 2 亿元，建设交叉科学楼；此外，他还捐赠支持了多个鲜为人知的基金——始于 2011 年的"励学金"、始于 2012 年的"励业金"、始于 2016 年的"清控银杏辅导员发展基金"，这些基金用以支持赴西部基层工作的清华毕业生的职业发展，进一步深化清华"扶上马、送一程、关心一生"的工作思路；支持清华大学辅导员队伍的建设和发展，特别是辅导员的海外研修和海外实践。十几年来，吕大龙一直捐赠清华教育事业，响应母校的号召帮助年轻学弟学妹们。

2021 年是清华建校 110 周年，由刘晓松主席、许志翰副主席、陈大同、吕大龙、李立新、邓锋、查扬、李峰、黄竖、翟普、杜心宇共 11 位 T 友发起"未央公益基金会"，组织 TEEC 企业家捐赠企业的"一点"股权，寄望企业成长带来股权增值，择机退出后，绝大部分资金捐给清华教育基金会，少部分支持 TEEC 发展。动议得到了校领导充分的肯定和支持。时任清华大学校长的邱勇（现任清华大学书记）表示："希望 TEEC 继续发扬企业家创新精神，带动鼓励校友企业家捐赠，作为大学教育的重要经济支柱，不仅未央公益基金要长期发展，也要支持 TEEC 发展好。'未央'，是对母校许下的厚重承诺，未央——没有终点，代表了没有时间及数额上限，这寓意着 TEEC 的未来发展也

2021 年 4 月 11 日，TEEC 与清华大学教育基金会携手"清华更好一点"项目启动仪式

无上限，对清华的贡献也将无上限。"

在 11 位发起人的带动下，"未央"基金会已收到三十多位会员的捐赠意向，各项筹备工作正有条不紊地进行。

在助力清华教育事业上，TEEC 更是责无旁贷。

2016 年 5 月 21 日，时任主席的潘建岳代表 TEEC 与苏世民书院签订战略合作，深入全面支持以培养具有国际视野和卓越领导能力之未来领袖的"苏世民学者项目"的发展。TEEC 计划每年捐赠 12 万美元，其中按 10 年期限，捐赠由 TEEC 和会员各支付 50%。潘建岳率先以个人名义捐赠 40 万元人民币。至今已有陈大同、吕大龙、杨忆风、刘晓松以个人名义分别认捐 40 万元人民币。

有的项目，如清华 x-lab 项目，授课老师全部来自 TEEC。

除了回馈母校和帮助学弟学妹，TEEC 会员们的公益触角还伸向社会。他们参与的公益项目往往有一个共同点——培养"企业家的领导力"。

在创业者中美誉度和知名度非常高的亚杰商会（Asia America Multi-technology Association，AAMA），是一个从 2006 年起有多位 TEEC 会员担任协会会长、执委和导师的公益组织。亚杰商会的"未来科技商业领袖摇篮计划"是一个紧密联结科技商业界资深人士和创业者，促成双方在较长时期内进行有效交流和沟通，以帮助和推动创业者最终成功的项目。多年来从亚杰的"摇篮计划"中走出来的上市公司已有几十家。

2015 年，TEEC 美东分会、新竹清华企业家协会（TEN）联合加州清华校友发起"领航计划"，每年招收一期从硅谷到纽约、波士顿等区域的会员，由 TEEC 会员和各界商业领袖、创业家及资深高管作为导师，培养拥有国际视野、具备创新能力的未来领袖，帮扶海外的华人青年才俊成长。

2008 年，TEEC 成立半导体和互联网产业研究小组，在陈大同和朱一明的领导下，经讨论研究，写出了《关于如何支持中国集成电路产业发展的建议》，在张向东和高在朗的领导下，写出了《建议投资 2000 亿元于互联网基本设施的分析报告》，通过 TEEC 中的全国政协委员也是前主席的方方和冯军，报送到了有关部门。

20 年前，TEEC 创始会员满怀一腔热忱，以回馈母校、助力创业为初心发起 TEEC，20 年中，初心不忘，砥砺前行。在 TEEC 成立 20 年来临之际，更是通过"一点基金"等形式，希望成为回馈母校的永续之源。

麻省理工学院（MIT）第九任校长康普顿曾说："我们每一次离开营地时，都要让它比我们来前更好。"让母校更美好，TEEC 始终在路上。

同根同源跻大同

梅贻琦校长并非清华大学第一任校长，但是他开创了清华大学的黄金时代；也是他，在抗战期间实际领导了"西南联大"的运营，造就了中国教育史上一个永恒的传奇。1955 年，他在台湾省新竹市建立新竹清华大学，成为新竹清华的首任校长。新竹清华与北京清华素有"一笔写不出两个清华"的说法。

在中国台湾，也有一个清华企业家协会（TEN）。它的诞生，可以说是被 TEEC 催生出来的。

2008 年，清华科技园发展中心主任梅萌老师和时任 TEEC 主席的冯军率领 T 友访问新竹清华，为了"生出"一个可以和 TEEC 互访的团体，在时任新竹校长陈文村、史钦泰院长及众企业家校友的催生下，TEN 成立，首任会长是卢昆瑞学长。值得一提的是，当 2008 年两岸实现直航后，T 友们提出，我们应该是第一批直飞宝岛的清华人。通过当时候任会长方方的穿针引线，T 友组团前往台湾访问，并获得时任台湾地区领导人马英九的高规格接待。台湾地区媒体报道，北京清华企业家代表团成员方方和冯军皆为全国政协委员，获得马英九的高规格接待，表明两岸关系进入新阶段。

TEEC&TEN 签署战略合作协议

此后，每年互访成了 TEN 和 TEEC 的固定安排和共同期盼。至今历经 13 年、7 任 TEEC 主席和 13 任 TEN 的会长，两个协会在 1.0 交流、2.0 合作、3.0 融合及 4.0 共创的发展过程中，互相观摩、同声同气、茁壮成长。

2015 年的 TEEC 年会特别值得回忆，两岸清华都派出校级领导出席盛会。当年年会的主题是"兄弟不会忘初心"，兄弟会既是 TEEC 的写照，也是 TEEC 和 TEN 关系的凝练。在时任新竹清华校长贺陈弘、清华副校长程建平、前主席李泉生、时任 TEN 会长廖湘如的见证下，2015 年度主席潘建岳与 TEN 时任秘书长成群杰签署了《TEEC&TEN 战略合作协议》，两个协会的合作迈进一大步，为母校清华的发展而共同努力。

Young TEN 和 Young TEEC 也各自在新创领域展现了旺盛的生命力，迈向进一步的互助共创。

2020 年初疫情暴发，TEEC 购买防疫物资到涉疫区送温暖，TEN 也响应捐资给大陆涉疫区。"岂曰无衣，与子同裳"，这是兄弟会守望相助的铁证。

2021 年，在旅行依旧不便的情况下，TEN 派出代表王鸿嫔参加了在苏州举办的年会。王鸿嫔学姐在 TEEC Talk 上代表 TEN 深情表达了 TEN 对 T 友的思念之情和对未来的信心。

"青山一道同云雨，明月何曾是两乡"，期待两岸兄弟姐妹们很快能重聚，共挥杆、同欢笑。

2020 年 TEEC 联合抗击新冠疫情，武汉市武昌医院赠送锦旗致谢 TEEC 与 TEN 的援助

水木清华众秀钟

20 年前，TEEC 在硅谷成立时，创始会员 30 人。20 年后，TEEC 已成为一个在全球拥有 10 个分会、600 多位会员和 200 多位 35 岁以下青创会员的大家庭。

TEEC 会员中近 100 家企业在国内外资本市场成功上市，达千亿级近 10 位，达百亿级 20 余位，达十亿级近 50 位，达亿级近 60 位；会员创办的公司得到了大多数知名 VC/PE 的投资，已经获得的 VC/PE 资金总额达数万亿元人民币；会员创办和管理的已上市公司市值总和超 2 万亿元人民币；会员发起或参与管理的私募股权基金规模达到万亿元人民币。

这样一个发展迅速、会员人数日增、影响力日隆的组织，面对时代的发展，一直在与时俱进。

2011 年，通过主席团和理事会的成立，TEEC 成为一个有明确架构和以"三助"为核心宗旨的组织。2015 年，青创漾 T 的创立使组织有了后备军，保证了组织的年轻化和活力。

发展到 2019 年，在"三助"已经深入人心并成为 TEEC 底色的基础上，时任主席刘晓松进一步明确了 TEEC 的使命。

1911 年，《清华学堂章程》中规定"以培植全材，增进国力为宗旨"；抗日战争时期，西南联大以"刚毅坚卓"为校训，心系国难，育人不辍；新中国成立后，蒋南翔校长倡导"又红又专、全面发展"和"因材施教"之理念。近年来，清华明确提出培育"学术大师、治国人才和兴业英才"的教育目标。

全社会都认识到，企业家是创业创新的主体，是推动经济社会发展的中坚力量，在社会主义市场经济中发挥着无可替代的关键作用。习近平总书记早就指出，市场活力来自于人，特别是来自于企业家，来自于企业家精神。中国需要一大批具有国际视野、站位高远、立足当下、推进现代管理、勇于承担社会责任的企业家。

作为一个清华企业家的协会，TEEC 的使命是成为清华人创业和成长的摇篮，让更多 T 友成长为世界级的优秀企业家。在提倡"向往卓越，但更要注重正确的初心和追求的过程"之精神下，从 2019 年开始，TEEC 设立了年度"企业家精神奖"，评选标准有三：坚持创业初心，促进人类进步与发展；坚持创新和创业的精神；具有社会责任感，回馈社会。首个"企业家精神奖"由朱一明获得，2020 年度奖项颁给了倪正东。他们的故事，激励着更多 T 友砥砺前行。

10 年时间，TEEC 实现了从"兄弟会"到一个有使命组织的转变。20 年来，TEEC 和所有 T 友在自我成长、发展和成功的同时，目睹和亲历了全球和中国的风云际会，有幸成为其中一分子。

未来 20 年，TEEC 将何去何从？ TEEC 应该有怎样的姿态和风骨？ TEEC 能否像母校一样，迎来她的百年华诞？ TEEC 能否成为一个令所有会员自豪的组织？这是 T 友们常探讨的话题，也是许志翰主席在上任前思考最多的问题。

2021 年 9 月 25 日，在疫情突变的挑战面前，一年一度的年会如约在景色宜人的苏州太湖畔举办。在年会的舞台上，刘晓松和许志翰进行了新老主席交接。

新主席许志翰登台发表就职演讲，他说："TEEC 不是一个政治组织，不是一个小团伙的利益组织，不是一个单纯吃喝玩乐、低级趣味的组织。TEEC 不见利忘义，不好大喜功，不虚荣浮夸。"

在一连串"不"后，他继续说："我们不会忘记初心。我们互帮互助团结友爱，不断学习共同成长，低调务实志向高远，家国情怀回馈社会。这是清华从建校伊始就有的情怀，而 TEEC 更应该践行和发扬母校精神。而对于 TEEC 的每个人，我们更要做好自己，做好企业，然后回馈母校，关心社会，关爱弱势群体。"

在大家聚精会神的聆听中，他深情地说："TEEC 要成为一个百年品牌，我们将持续进行制度和纪律的建设，进行公开透明的运营，拥有强力的执行团队，严守中立的角色。"最后，许志翰的声调由深情转为激昂："我们要像珍

惜自己的眼睛一样珍惜 TEEC，就像我们珍惜清华一样。谁主张谁拥有。我们的
TEEC，需要我们一起来建设！"

（台下掌声雷动，经久不息。）

20 年，我们筚路蓝缕，胼手胝足。

20 年，我们无问西东，风雨与共。

20 年，我们不忘初心，服膺守善。

我们始终激情满怀，践行使命：

用集体的力量帮助个人成功；

以个人的成功促进集体壮大；

谱写一曲集体英雄主义篇章！

半导体篇：铸造国之重器

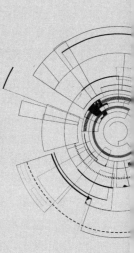

那些清华人：中国造芯故事掠影

芯片被人形象地比喻为国家的"工业粮食"，是信息产业的核心，是所有电子整机设备的"心脏"。20 世纪 90 年代至今，人们先后经历了从 PC（个人计算机）到智能手机，再到 5G+AIoT 时代，并且随着我国成为全球智能手机、家电、各种智能电子产品等的制造和组装中心，芯片需求量更是日益激增，芯片进口金额早已远超石油。而近年来海外巨头却频频在核"芯"技术上"卡脖子"，中兴、华为事件就是美国针对中国"芯"病的"精确狙击"。

可以说，芯片强则产业强，芯片兴则经济兴，芯片产业是新时代下中国输不起的战争。

半导体产业已经上升为国家战略产业；对此，中国近几年在扶持半导体产业的政策、资金等层面不断加码。2014 年至今，国家先后出台《国家集成电路产业发展推进纲要》、"十三五""十四五"集成电路产业规划、各种税收优惠政策、国家大基金一、二期等政策，全力支持中国半导体产业实现自主可控。

我国半导体产业随之进入高速发展时代，"中国芯"纷纷实现重大突破。在芯片设计、制造、封测以及上游材料和设备的一整条垂直分工的全球产业链中，被形容为"半导体制造之光"的中芯国际、华虹宏力、华润微、上海硅产业集团（沪硅产业）等半导体制造领域企业，因承担了中国半导体产业发展的远大目标而备受关注。

在这些企业中，众多杰出的关键决策者出自清华大学，有 78 级无线电电子学系的江上舟、张文义；82 级热能工程系的张素心；83 级无线电电子学系的赵海军、工程物理系王曦；89 级机械工程系的李炜等，为铸就"中国芯"贡献了一腔热血，毕生热情。他们的拼搏故事也在"中国芯"制造史上写下了浓墨重彩的篇章，正是实践清华校歌"大同爰跻，祖国以光"的最生动的写照。

李炜：坚守国产硅片领域 20 年

半导体硅片是芯片制造的重要材料，是集成电路大厦的基础，也是我国半导体产业链与国际先进水平差距最大的环节之一。特别是 12 英寸大硅片领域，在 2017 年以前甚至完全处于空白的状态。这一格局在 2017 年底被悄然打破，国家 02 专项 300mm（12 英寸）大硅片项目的承担主体——上海新昇半导体科技有限公司（下文简称为"上海新昇"）率先实现 12 英寸大硅片量产，填补了这一空白。

2002 年上海国际工业博览会上，李炜向时任中科院院长路甬祥院士介绍新傲科技开发的 SOI 产品

上海新昇成立于 2014 年，其主要创始人之一是中科院院士、时任中科院上海微系统与信息技术研究所（简称"中科院上海微系统所"）所长的王曦。与王曦一起参与创办上海新昇的还有现任沪硅产业执行副总裁、上海新昇董事长李炜。20 年前，同样是由王曦和李炜等组成的创业团队建成了我国第一条 SOI 生产线，解决了我国 SOI 产品的有无问题。

值得一提的是，王曦和李炜都是清华大学校友，前者于 1987 年毕业自工程物理系，后者于 1989 年考入机械工程系。

师兄弟会师中科院上海微系统所

李炜报考清华大学时填报了三个志愿，分别是电机工程系、微电子系和机械工程系；结果他没有如愿考入前两个志愿，反而以名列前茅的成绩被招入机械工程系深造。但李炜与集成电路的缘分似乎早已注定，10 年之后，他兜兜转转还是回到了微电子领域成了一名博士。

1997 年，硕士毕业的李炜报考了中科院上海微系统所的博士，成为邹世昌的弟子。彼时，邹世昌院士事务繁忙，学生众多，难以做到手把手指导每一位学生。同出自邹世昌门下的王曦，便承担起了教导师弟的重任，成为李炜事实上的第二导师。不过，因为那时候王曦正在德国做访问学者，导致最初一年两人只能远程联系，直到1998年王曦受邀提前归国，两人才正式见面。此后，在国产硅片自主可控之梦的引导下，两位同门踏上了携手创业的艰难征程。

1998年8月，IBM宣布首次利用SOI（绝缘体上硅）材料研制出高速、低功耗、高可靠的微处理器；与传统体硅CMOS技术相比，SOI技术使芯片性能提升了35%。消息一出，全球轰动，美国《科学》（Science）杂志、中国央视新闻联播等媒体相继作了报道。

2002年新傲科技生产线落成，时任中科院副院长、微系统所所长江绵恒博士接见新傲创业团队合影留念

作为微电子敏感核心技术，西方国家在该项技术方面对我国实施封锁和禁运。但SOI其实并非新课题，我国材料科学界从1980年代起就在研究SOI材料，只是从未走出实验室。当IBM向全世界展现了SOI产业化的价值后，我国开始致力于将该技术推向市场。时任中科院上海微系统所所长的江绵恒博士将任务交给了王曦和李炜等6位博士。由6位青年博士组成的创业团队在2001年7月创立了上海新傲科技有限公司（简称"新傲科技"），开始了艰难的SOI材料产业化道路。

"我在新傲十几年的工作，就是想办法去找钱"

"这一步是在江绵恒所长鼓励下，我们战战兢兢踏出去的。新傲科技到今年20年了，当中甜酸苦辣咸全有，甜比较少，更多的是苦辣咸。"时隔20年，李炜这样描述创立上海新傲的历程。

新傲科技创立之初通过技术创新解决了我国航空领域急需SOI产品的有无问题，但科技创新不但要仰望星空，也要脚踏实地，从科学技术到产业成果，一头连接着科研，一头连接着市场，实现这样的角色转变并不容易。

一方面，SOI硅片在国内缺乏完整的生态和市场。众所周知，半导体材料发展高度依赖于下游制造环节，美国、日本等国半导体材料的崛起无不与其先进的制造产业相关。国内没有配套的生态，SOI硅片难有突破。

另一方面，SOI硅片产业化所需要投入的资金超出想象。对于硅片产业的

"烧钱"属性，王曦和团队或许尚有预料，但其"烧钱"程度确实超出了预期。为帮新傲打破资金瓶颈，疏通融资渠道，李炜东奔西走，融资的脚步从中央到地方各级政府，从国有银行到民间各类资本。李炜调侃说："我后面在新傲十几年的工作，如果用一个字来形容，就是钱，想办法去找钱。每天一睁眼欠银行 100 多万元，每天都是这样，所以天天走钢丝，游走在资金断裂的边缘。"

有一次，李炜 26 天要解决 1.3 亿元的还款问题，到最后一天下午 2 点还差 100 万元，下午 4 点就要关账了，后来他从一个客户处要回了这救命的 100 万元才堵上缺口。这种争分夺秒的资金仗，李炜足足打了十余年。

就是在这样的情况下，王曦和李炜等人用十余年时间把新傲科技打造成国内唯一、世界先进的 SOI 生产基地及供应商。据介绍，新傲科技先开发出高端 SIMOX 技术，突破市场需求更广阔的键合技术，后自主研发出 SOI 新技术 Simbond，并于 2007 年荣获国家科技进步一等奖。2014 年在王曦与李炜等的推动下，新傲科技与法国 Soitec 开展技术合作，引入 Smart-cut 技术，进一步推动 SOI 硅片的量产与海外市场的开拓。新傲科技得以跻身国际高端硅基材料市场，成为世界主要 SOI 供应商之一。

从 SOI 到大硅片，国家使命感召下的命题作文

如果说创立新傲科技这一步是时代召唤下的大胆尝试，那么王曦、李炜等人跨出的第二步，创立上海新昇，就是国家使命感召下的命题作文。

长期以来，由于我国芯片代工业与国际先进水平相比发展滞后，难以对上游硅片形成拉动效应。2014 年以前，国内硅片厂商基本集中在 3～6 英寸的小尺寸硅片制造上，有能力提供 8 英寸硅片的国产厂商已是罕见，12 英寸硅片更是完全空白。作为半导体芯片制造的基石，硅片的战略意义不言而喻，在别人的墙基上砌房子，再大再漂亮也可能经不起风雨，国家对此早有突破之心。因此 2012 年前后，科技部将 12 英寸大硅片列为"02 专项"三大重点项目之一。

到 2014 年，建设国产大硅片产线的时机终于成熟。一方面，中芯国际 12 英寸晶圆代工产线经过多年发展已基本成熟，对 12 英寸硅片的需求很大；另一方面，中芯国际创始人张汝京对发展国产大硅片有着浓厚的兴趣。再加上王曦、李炜等人十余年来的硅片产业化经验，天时地利人和至此齐备。2014 年 6 月，在上海市政府的支持下，上海新昇正式成立。

不同于新傲科技时期的市场难寻，上海新昇做的大硅片生意从来不缺市

场，缺的是人才和技术。王曦善于整合、利用资源的特质在此时便发挥了重要作用。顶尖人才的加入为新昇的发展提供了强有力的保障，从新昇创始人之一的张汝京，到后来出任上海新昇 CEO 的邱慈云，乃至期间上海新昇收罗的各式高端技术及管理人才，都与王曦的奔走、协调不无关系。

同时作为国家科技专项深度参与者，李炜带领新昇以优异成绩完成了"40—28nm"和"20—14nm"技术节点的两项 12 英寸大硅片 02 科技重大专项任务。经过 6 年努力，上海新昇已掌握 14nm 技术节点以上 300mm 硅单晶关键核心技术与大规模量产工艺。在产业化方面，上海新昇建成了一条月产 25 万片的 300mm 半导体硅片生产线，并率先在中国大陆实现规模化销售，累计出货突破 300 万片，客户覆盖所有国内主流半导体企业。

只要达到标准，清华校友总是帮忙的

值得一提的是，上海新昇迅速打开局面的背后，清华校友们的力量也不可忽视。大硅片的需求端，制造企业中芯国际 CEO 赵海军、中芯北方总经理张昕、合肥长鑫董事长朱一明、华虹宏力董事长张素心都是李炜的清华师兄弟；设计企业中的兆易创新、卓胜微、格科微、韦尔股份、闻泰科技也都是清华人创办的。大硅片产线的设备供应端，提供硅片生产所需的清洗机等设备的盛美半导体，提供硅片生产用抛光机的供应商华海清科同样由清华师兄弟发起成立。另外，以武岳峰为代表的一批清华投资者们则为硅产业及新昇的发展提供了强有力的资金助力。

李炜坦言："在商言商，价格不对、质量不行肯定不能谈，但只要达到标准，清华校友总是帮忙的，给订单、给加急都好说。"

一切成功的秘诀在于不懈追求。从新傲科技到上海新昇，李炜在半导体硅片领域已经坚守奋战了整整 20 年。他说："这个过程就像长跑，过程是很痛苦的，但跑完肯定是开心的。"

他的导师邹世昌曾说过："我有生之年想为国家和民族多做点事情。"年轻时候的李炜深受感动却不能真正体会这种心境，时至今日，他深刻领会到了导师当年的心态。他说："在当下国际竞争格局中，我们有机会在第一线为我们国家去争取一点权益，改变一些劣势，能够有这种机会我感觉还是幸运的。"

筚路蓝缕 20 年，中芯国际背后的清华人

江上舟——中芯国际落户上海的推动者

江上舟于 1966 年考入清华大学无线电系，但随着"文化大革命"的爆发而中断学业，下放去了云南劳作；1978 年重新考入清华大学无线电系，之后赴瑞士公派留学；1987 年毕业于苏黎世联邦理工学院；1997 年担任上海市经济委员会副主任。调任上海的第二年，江上舟在对集成电路产业做了一番调研后，提出了两条奠定上海集成电路产业基石的建议：在浦东规划面积 22 平方公里、3 倍于新竹工业园的张江微电子开发区；2001 年至 2005 年"十五"期间，上海引资 100 亿美元建设 10 条技术水平等于或高于华虹 NEC 909 工程的 8 英寸—12 英寸集成电路生产线。

2000 年，从台湾地区转战大陆的张汝京考察了香港、北京、上海等地，江上舟力邀张汝京到上海落脚创立半导体企业，且得到了上海市市长、主管科技的副市长等主要领导的全力支持。在上海市政府和一大批上海国资、风险投资和外资的加持下，中芯国际"天时地利人和"都齐了，随后只花了半年时间就完成募资并在张江破土动工，一年时间 8 英寸晶圆厂就建成投产。

此后，张汝京与中芯国际的示范效应辐射扩散，像聚宝盆一样吸引着一波波集成电路华人到上海创业投资。

在创立初期，中芯国际凭借张汝京的影响力和各路资本支持实现了技术的快速引进。在 3 年的时间里，中芯国际已经拥有了 4 条 8 英寸生产线和 1 条 12 英寸生产线；到 2005 年，中芯国际已成为全球第三的晶圆代工企业。这样的速度，在业内绝无仅有。

随后，由于扩张太快，中芯国际一直处于亏损状态，而强劲的发展势头却引起了台积电的警惕，遭遇了后者先后几次的专利战，这激化了中芯国际的内外矛盾。2009 年，中芯国际败诉，以支付台积电 2 亿美元和 10% 的中芯股份和解，多重压力之下，张汝京也黯然辞职。当年底，刚上任中芯董事长不久的江上舟不得不承担起全局责任，并邀请王宁国、杨士宁等业内顶尖人才加盟中芯国际，剥离非核心业务，使中芯国际得以在 2010 年首次扭亏为盈。

2011 年 6 月，江上舟因肺癌去世，半导体产业界人士为之痛惜。时任国家科技部部长万钢追忆江上舟时将其誉为"战略型科学家"，强调"他对经济带

来的变化不一定体现在 2001 年、2002 年、2003 年，但对 2010 年、2020 年甚至 2030 年的发展起到至关重要的作用"。

张文义——中芯国际阵痛期临危受命

张汝京的辞职和江上舟的因病离世，让中芯国际陷入了群龙无首的局面，内部各种矛盾激化。在此阵痛期，张文义临危受命出任董事长，兼代理 CEO，创下连续 11 个季度的持续盈利。

时年 64 岁的张文义进入董事会，是前董事长江上舟生前的安排，病床上的江上舟力邀其清华无线电系同学、原电子工业部副部长、原陕西彩虹电子集团公司董事长、原华虹集团董事长张文义进入董事会，并建议其未来能担任董事长，代表政府平衡各方关系，继续执行其制定的"双 i 战略"，即国际化、独立化发展。

张文义跟江上舟一样，都是有技术背景的管理人才，在担任上海华虹集团公司董事长期间，成功地领导了华虹 NEC 全面向代工业务的转型。然而此刻，注定将成为张文义职业生涯最为艰难的时候。此时的中芯国际面临内忧外患：对内，大量中层技术骨干流失，人心不稳；对外，客户忧心忡忡，投资者看空。张文义成功稳住乱局，并召回曾于 2001 年追随张汝京创建中芯国际、担任公司高级运营副总裁、一度被视为张汝京身旁最重要副手的邱慈云出任 CEO，成为中芯国际从混乱走向重新发展，再从发展走向强大的重要转折开端。

此后，张文义和邱慈云领导下的中芯国际进行了大幅度的战略调整，放弃盲目扩张战略，转而保持高产能的良好良率；暂时放弃追逐先进工艺，注重更成熟工艺的应用；将重点放在国内市场，依托国内市场发展。事实证明这一战略是成功的，到 2017 年时，中芯国际创下了连续二十多个季度盈利的佳绩，不仅稳住了中芯国际，更让其成熟了起来。在接近 6 年的时间里，中芯国际年销售额从 13 亿美元左右增长到 2016 年的 29 亿美元，股票市值、资本投资、产能等指标均成倍增长。

赵海军——身负晶圆制造崛起重任的扛旗者

稳扎稳打的守城，让中芯国际稳定地活下来了。然而摩尔定律推动着半导体制程快速演进，中芯国际稳定和盈利的代价就是和台积电的技术差距越来越大。

2015 年，台积电决定在南京建 14 纳米厂，而这一年中芯国际的工艺能力，还停留在 28 纳米。同时"集成电路自给率在 2025 年前提高到 70%"的目标使中芯国际被赋予了中国晶圆制造产业崛起的重任。外部威胁和内部压力迫使中芯国际再次转型，而这次转型的首要目标，就是追赶先进工艺。

中芯国际联合首席执行官赵海军（2017 年 10 月 16 日至今）

2017 年 5 月和 10 月，来自清华大学 83 级的赵海军，以及帮助台积电击败美国巨头 IBM 一战成名的梁孟松先后就任中芯国际联席 CEO，开创大陆半导体行业首个"双CEO 制"的先河。

赵海军从清华大学微电子系毕业后，先后在新加坡微电子研究院、美国德州仪器公司、新加坡 TECH 半导体有限公司担任管理职务，回到大陆前在中国台湾茂德科技有限公司（ProMOS）任存储器事业群和大中华事业群的副总裁。可以看出，赵海军在 12 英寸晶圆厂极大规模集成电路生产技术与生产管理领域有丰富的研发管理经验和独特的背景；是新加坡半导体界少数几位来自中国的副总裁级主管之一，也是中国台湾半导体界唯一一位担任台湾地区知名半导体企业副总裁的"中国大陆人"。

2010 年中芯国际进行改革，向赵海军发出了邀请，他第一时间就作出回来的决定。上任一年后以提升自主创新能力、挖掘产线潜力、改善产品结构、细化管理提升生产效率及提高客户服务品质等措施，帮助中芯国际实现扭亏为盈，前瞻布局芯片生产线，将中芯国际的制造实力大幅提升。随后，赵海军先后担任中芯国际首席运营官兼执行副总裁、中芯北方总经理。

赵海军与梁孟松的双剑合璧，迅速推动了中芯国际在 28 纳米、14 纳米乃至更先进工艺制程的进展。但是中美贸易战之后，美国先后对华为和中芯国际实施制裁，给中芯国际追赶先进工艺的道路上划下一道巨大的鸿沟。中芯国际不得不暂时停止先进工艺研发，继续在困境中前行。

写在最后

历尽百年峥嵘的清华大学，2021 年迎来 110 华诞，而历经磨难的中芯国际、华虹集团抑或是硅产业集团等中国造"芯"排头兵也一路跌跌撞撞走来，折射出中国半导体产业发展的曲折、艰难。无论是江上舟这样的"战略型科学家"，张文义这样临危受命稳住乱局的大将，王曦、李炜这样披荆斩棘的开拓者，或是赵海军这样中美科技角力下的负重者，以及更多前赴后继的清华人，他们无不秉承着"自强不息，厚德载物"的校训，以诚信务实、行胜于言的精神，孜孜不倦地谋求中国芯的突破。

基于巨大的市场规模，当前全球芯片产业正加速向中国集中，国内也出现新一轮的研发、生产浪潮，国产芯片技术在自主研发和出海的双支撑下，已成长为新的市场风口。展望未来，全球半导体产业仍将在复杂的多重因素下向前迈进，中国半导体企业需要奋勇向前和勇于挑战的精神，更需决策者根据自身作出决断，而这需要极大的智慧和勇气。

正如清华校歌中所写，"东西文化，荟萃一堂，大同爰跻，祖国以光"，"春风化雨乐未央，行健不息须自强"。前路虽荆棘密布，但勇者总是迎难而上。以清华学子为代表的越来越多优秀的领导者和决策者，正不断积聚力量，开创中国半导体行业辉煌的未来！

致敬中国存储产业的破局者

作为芯片采购大国，中国市场对存储芯片有着巨大需求；2020 年，中国芯片进口金额 3500 亿美元，其中存储芯片占 1/3。存储芯片不仅是我国进口集成电路的重要组成部分，在全球半导体市场更有举足轻重的地位。

经过多年发展，存储芯片市场形成了长期被韩国、美国等地企业高度垄断的局面，新进入者不仅要面临较高的技术门槛，还可能受到竞争对手的打压，中国存储芯片企业发展之路充满挑战。

但历史发展的潮流趋势不可阻挡，半导体产业在经历了从美国到日本，再到韩国和中国台湾地区的转移之后，中国大陆在存储领域发挥重要作用的时机已经到来。

在中国存储产业发展潮头逐浪的先行者中，有不少优秀的创业者和企业家来自 TEEC；他们成功的故事，既是中国存储产业拼搏奋进的缩影，也是清华校友间相互扶持的写照。

兆易创新的朱一明，创业伊始便喊出"要做中国最大的存储器设计和制造者"的口号，20 年来，从打破 NOR Flash 领域国际巨头垄断，到结束中国 DRAM 的空白历史，一直在为梦想而奋力前行。在创业融资的关键时刻，TEEC 校友的鼎力相助，让朱一明和兆易创新走出困境，为后续的快速发展奠定了基础。

北京君正的刘强，同样也坚守了 20 年，在立足国产微处理器的基础上，将君正打造成"计算 + 存储 + 模拟"完整产品线的全球知名企业。同样得益于 TEEC 校友的牵线，君正通过并购完善了"国内 + 海外"的产业布局，具备了在存储领域与国外竞争对手掰手腕的实力和底气。

正是由于这些奋斗者的执着坚守，中国存储产业终于迎来发展的破局之时，中国存储的希望之光方得以点亮。

朱一明：点亮中国存储之光

从 2004 年至今，朱一明和他的兆易创新已经走过了 17 年的时间。这期间，他和他的兆易创新，从打破 NOR Flash 领域国际巨头垄断，到结束中国 DRAM 的空白历史，一跃成为中国存储领域的领军者。

创业伊始，朱一明便喊出"要做中国最大的存储器设计和制造者"的口号，多年来一直在为这个梦想而奋力前行。

朱一明坦言，创业和成功之路并非坦途，在这个过程中清华和 TEEC 给予了他莫大的帮助，他感恩母校，更感谢这个时代。

车库创业

2004 年初夏，美国硅谷，一年中最为躁动的季节悄然而至。

在一家硅谷人经常做客的咖啡馆里，刚刚辞职准备创业并寻求天使轮投资的朱一明，正等待与一位重要的投资人、清华校友李军见面。

李军是 80 级自动化系毕业的清华人，也是 TEG（清华企业家协会 TEEC 前身）的发起人之一，当时李军与 TEG 会员杨忆风（1980 级工物）、宫力（1980 级计算机）共同创立了一个天使基金，正在寻找投资项目。

这已不是两人的第一次见面，但上一次，李军对朱一明的创业想法并不"感冒"，两人的交流也没有碰撞出多大的"火花"。

这一次，朱一明显然是有备而来，不仅注册了公司 GigaDevice，还提出了一款四倍速 2T1C 的高速静态存储器设计模型，这款芯片理论上具有高性能、低功耗、低成本的特点，市场前景也不错。

机遇都是留给有准备的人，这一次，李军在听完朱一明详细的介绍后，凭借多年在行业中的经验，意识到这款产品的价值。

随后，李军不仅决定投资朱一明，还向其提供了非常有价值的建议，最后还把成功投资过诸多硅谷清华校友，被称为"金手指"的传奇投资人周顺圭介绍给了朱一明。而周顺圭不仅为朱一明的公司注资 10 万美元，还将自家车库低价出租给他们作为创业基地。

后来，朱一明的同事兼校友舒清明（1985 级电子）也辞职加入了公司。就在这间车库里，朱一明和舒清明不仅把之前的设计变成了真实的样片，而且成功申请到了专利。

后来在回忆这段经历时，朱一明开玩笑称不知道为何李军愿意投他，但李军后来在采访中表示，朱一明有至少三方面的细节"打动"了他：

默契的搭档（左起：舒清明、朱一明）

一是朱一明对于半导体产业转移大趋势的判断，存储器产业逐步从美国转向日本、韩国和中国台湾，而中国大陆在这个领域发挥重要作用的时机已经到来；二是这个小师弟有决心成大事，喊出"要做中国最大的存储器设计和制造者"的口号；三是周顺圭先生跟我说："朱一明这个小伙子耳朵大有福，是个能成事的人。"李军笑言。

落户清华

2004 年，朱一明遇到的另一个贵人，是 TEEC 的成员、清华校友，时任清华科技园技术资产经营有限公司总经理的薛军。

当时，尽管清华科技园已有几年的光景，但是入驻的有科技含量的企业仍然不多。抱着找项目和募集基金的目的，曾在硅谷生活工作多年的薛军在那年也来到硅谷。

通过校友介绍，薛军与朱一明结识，朱一明也表达了希望能获得薛军投资的意愿。

薛军虽然了解了朱一明的创业故事，也了解到他们获得天使轮的投资，但薛军当时既没钱也不懂半导体。

尽管当时并不打算投资，但是薛军一直和朱一明保持联系。朱一明又是执着的人，他一次又一次找到薛军，请求他投资。

最终，薛军答应朱一明帮其进行 A 轮融资，但条件是朱一明回国创业，落户清华科技园。

薛军坦言当时作这个决定时心里也没底，是朱一明的坚持最终打动了他。

100 万美元的 A 轮融资目标并不是个小数目，在薛军的奔走联络之下，筹集到的包括：清华孵化器给予创业者的约 25 万美元；李军、周顺圭、陈大同等校友投资的 10 万美元；另外，余军（1979 级电子）等校友以及创投公司盈富泰克也都各有所投资。

2005 年清华校庆前夕的一天，在清华科技园创新大厦 A 座 13 层，利用校友邓锋来商讨 TEEC 创办事务的机会，薛军提出希望邓锋参与对朱一明创业的 A 轮融资，邓锋最终答应投资 5 万美元。这 5 万美元，就是后来邓锋捐给母校价值 1100 万美元股权的最初投资。

找钱的过程十分艰难，因为大多数投资人都不看好这个项目。薛军找遍了能投的人，最终也只募集了 92 万美元。当他还想再凑余下的 8 万美元时，朱一明找到他，说不再等了，就 92 万美元！

薛军认为，朱一明在关键时刻总能作出果断的决定，他宁可牺牲利益，也决不牺牲效率。于是，在众多 TEEC 校友的协助之下，朱一明和他的芯技佳易（GigaDevice）正式迈出回国创业的第一步。

首笔订单

尽管在创业伊始，朱一明便确定了存储器芯片的发展方向，但在具体经营的主要产品方面，还是经过了一段时间的探索。

最初获得专利的芯片 SRAM 具有高性能的特点，但像华为、中兴这样的高端用户，并不会为了些许的性能提升而选择同一家名不见经传的小公司合作。做了一段时间的市场调研后，朱一明决定改变策略，利用 SRAM 低成本和低功耗的特点，开辟消费类市场。

在市场调研期间，为了生存，朱一明一直在做知识产权授权的业务。当时，一家名为 Rockchip（瑞芯微电子股份有限公司，以下简称"瑞芯微"）的企业在设计其芯片时，对 GigaDevice 的 SRAM IP 产生了兴趣。瑞芯微的业务之一是做 MP3 芯片，看中了 GigaDevice SRAM IP 低功耗及低成本的优势。

随后，瑞芯微集成的 GigaDevice SRAM IP 的 MP3 芯片产销量飙升，极有力地证明了朱一明的公司不仅在技术和产品上过硬，而且具有能够大规模量产和应用的能力，也正是这张订单，为公司在未来迅速进驻半导体存储器市场开启了通向成功的大门。

最终，芯技佳易将目光锁定在 NOR Flash 领域。NOR Flash 是存储产品线里面市场规模小、应用零散、利润微薄的一个品类，国际巨头看不上这个利基市场。而芯技佳易选择这一小块市场，是因为其技术门槛低，不易被制裁，而且容易通过打开销路走量赚钱。

　　事实证明，这条路朱一明选对了，经过几年发展后，芯技佳易逐渐成为非易失性存储器 NOR Flash 领域的一支劲旅。

　　但这条路走得并不容易。2007 年，芯技佳易推出 NOR Flash 产品，本预计在 2008 年完成收获，但在这一年金融危机席卷全球，半导体产业遭到重创。资金链快断的时候，又是得益于清华校友的全力支持，朱一明和芯技佳易才走出困境。

　　2008 年，清华校友徐航，以及清华同门师兄弟创办的风投联合注资芯技佳易。在后续的融资中，清华校友继续加注芯技佳易。

　　缓过一口气的芯技佳易，在 2009 年之后，因为当时的 NOR Flash 最大厂商 Spansion（飞索半导体）申请破产保护，得以承接了部分国际大企业的订单，在 NOR Flash 领域的声望和影响力逐渐形成。

　　2008 年至 2010 年，是芯技佳易厚积薄发的时期。2010 年，芯技佳易改名为**兆易创新**，公司的闪存芯片业务也开始大见起色。后研发的两部分业务物联网芯片 MCU（Microcontroller Unit，单片机）和安全芯片的业务额也在迅速增长。多元化业务的高成长、高市占率，为兆易创新上市铺好了路。

　　2016 年 8 月 18 日，兆易创新正式上市，在上海主板 IPO（首次公开募股发行）。

兆易创新 2016 年 8 月上市敲钟

征战 DRAM 赛道

行业研究机构的报告显示，在 2020 年 NOR Flash 市场销售额排名中，兆易创新市占率位列第三。

虽然 NOR Flash 的成绩斐然，但在存储领域，毕竟还是一个小市场，2019 年全球半导体市场规模为 4123.07 亿美元，存储芯片市场规模为 1064 亿美元。NOR Flash 只有 30 亿美元市场，仅占存储市场份额的 2.8%；而 DRAM 市场的销售额却能达到 620 亿美元，在存储芯片中占比 58%。

从 2005 年开始，DRAM 领域行业集中度不断提高，当年 Top3 的市场份额为 61.9%，到 2020 年三季度，三星、SK 海力士和美光三大巨头已经累计占据约 95% 的市场份额。

中国 DRAM 市场规模也不断扩大，2020 年高达 2000 亿美元，但中国长期依赖进口，国产化率低，存在国产替代空间。

朱一明创业时喊出的口号就是"要做中国最大的存储器设计和制造者"，在稳固住 NOR Flash 利基市场后，一心想做存储领域第一的他开始将目光投向国产替代空间更大的 DRAM 市场。

2016 年，登陆上交所仅一个月，兆易创新就发布了涉及重大资产重组的停牌公告，计划收购设计 DRAM 易失性存储芯片的北京矽成半导体有限公司（下称"北京矽成"）。

2016 年上半年，北京矽成在 SRAM 市场排名全球第二，DRAM 产品收入则排名全球第八。

兆易创新本希望用 65 亿元人民币拿下北京矽成，丰富公司产品线，成为国内首家全品类存储芯片自主研发设计、技术支持和销售平台。

但这一愿景随着后来的收购失败而受挫。不过，此时朱一明已经和另外一个大机会搭上线。早在 2016 年 5 月 6 日，朱一明就和合肥市经开区领导讨论起合肥存储器项目的发展战略。

北京矽成收购失败两个月后，朱一明这一线布局有了突破性的进展。兆易创新同合肥产投达成合作，签署为期 5 年的协定，合作目标是在 2018 年 12 月 31 日前完成 19 纳米 12 英寸晶圆存储器的研发。至此，兆易创新正式入局千亿 DRAM 赛道。

2016 年，国内已经形成了以长江存储、合肥长鑫和福建晋华为首的国产存储阵营。长江存储主要研发 NAND Flash，福建晋华和合肥长鑫负责 DRAM。

但由于随后福建晋华遭到美国方面的打压，合肥长鑫成为 DRAM 领域唯一的希望。

2018 年，顺利挺进 DRAM 赛道的朱一明辞去兆易创新总经理一职，仅保留董事长职务，担任合肥长鑫和睿力集的 CEO 一职，从第一代半导体人王宁国手中接过时代的接力棒，正式成为中国存储领域的灵魂人物。

朱一明和兆易创新的故事里，清华校友的帮助成就了朱一明。在 2021 年清华大学 110 周年校庆之前，朱一明同兆易创新的 6 名清华校友捐赠母校，设立"兆易创新基础学科建设基金"。朱一明诚挚感谢母校的培养和校友的支持，并表示自己与母校的故事才刚刚开始，希望今后能为学校作出更多贡献。

刘强：打造 AIoT 芯片的逆袭之旅

"因为山就在那里。"当有记者问英国登山家乔治·马洛里为什么要冒着生命风险攀登珠峰，乔治·马洛里如是说。而对于深耕微处理器领域 20 余年之久，仍将持续在这一领域耕耘的君正创始人刘强来说，一直葆有初心、始终站在最前沿的缘由或许亦是因为，将国产 CPU 做成赚钱的事业，这个梦想一直在心中。

2009 年中芯国际创始人张汝京（右五）到访君正留影（右四为刘强）

孜孜求学路 从计算机到 CPU

在山东这一孔孟之乡长大的刘强，从小就是"别人家的孩子"，在高考时以高分进入清华大学。

尽管进的是机械系，但进了清华后开始接触到计算机的刘强对计算机技术产生了浓厚的兴趣。那时候，清华大学对学有余力的学生提供了攻读双学位的机会。刘强由于成绩出众，在 1990 年获得了攻读计算机系双学位的资格，亦为今后的一系列发展埋下了伏笔。在那时，修双学位所要求学的课程既多且难，但刘强也都以顽强的毅力以及实力一一啃下。

毕业之后，顶着"优秀毕业生"称号的刘强被保送至中国科学院计算技术研究所硕博连读，攻读的方向是计算机体系结构和编译技术。而就在这一大平台上，为他日后进军半导体埋下了种子。

因中科院声名在外，国内外合作项目很多，刘强在攻读博士期间就开始参与诸如与摩托罗拉和日系厂商等合作的一些外包项目，深入接触到计算机体系架构、编译器等，积累了丰富的实战经验。

特别是在 2000 年到 2004 年间，刘强作为技术带头人，还参与过国内首颗嵌入式 CPU——方舟一号的开发。当时中国在 CPU 领域基本一片空白，而刘强的团队在经历了无数个不眠之夜之后，成功设计出自主 CPU，主攻网络计算机市场，其时北京市政府也在大力进行推广普及，但在当时由于没有配套的操作系统和软件，生态环境不成熟，加上内部理念的不同，最终折戟沉沙。

但作为技术团队的负责人，刘强在这些年的开发中对 CPU 底层体系有了更深刻的了解。失败只是证明这条路走不通，而办法总比困难多。

心有不甘、内心一直想把国产 CPU 发扬光大的刘强在 2005 年重整出发，组建队伍创立了北京君正集成电路有限公司（下称"君正"）。

成功、失落、重振、蓄势

尽管初出茅庐，但君正的第一炮却打得稳而准。

创立君正时，刘强即把公司的目标设定为研制国产 CPU 并实现产业化。尽管当时，方舟、国芯、龙芯等国产 CPU 产业化之路黯淡，但低调的刘强心无旁骛，埋头研发，采用 MIPS 指令集自主开发了嵌入式 CPU 内核，实现了性能、功耗和成本的多重突破，尤其是功耗方面比同类产品低一半左右；此外，成本也极具优势。

公司在 2005 年 7 月成立，到 2006 年产品开发出来之后，率先在指纹识别市场打开局面，2007 年在教育类电子进入高需求期之际，又顺势拿下了包括步步高、好记星、诺亚舟、文曲星、快易典在内的教育电子前五大品牌，急冲锋稳了。

在立足之后，君正气势如虹：2008 年，推出支持 Real 解码的芯片进入 PMP（便携式媒体播放器）市场；2009 年，依靠高性价比和低功耗优势抢下了电纸书市场江山。当时，电纸书市场刚刚兴起，因提前布局加速开发，君正成功抢夺了 Marvell、飞思卡尔等一众大厂的"地盘"。

"为何君正会杀出来，因为大多数核都是 License 的内核，如果没有独特的设计，很难开发出差异化的强大产品。而君正获得的是架构授权，可以自主设计内核：一方面，君正在产品定义上对标三星、飞思卡尔等国际厂商，不惧竞争；另一方面，在市场应用上追求务实，在正确的时间点，推出正确的产品，以正确的策略进入正确的市场。"刘强对这些成绩以云淡风轻的话语带过。

在市场连战连捷之后，君正开始雄心勃勃地进入 CPU 的"主战场"——平板电脑市场。公司推出了安卓平板方案，并与富士康合作生产的平板销往美国，彼时平板正热，在美市场销量也节节攀升，一个季度就出货了上百万台，其芯片出货量也从 2006 年的 3 万颗急速暴涨到 2010 年的 1100 万颗以上。光环加身，北京君正顺理成章地在 2011 年 5 月 31 日正式登陆创业板，在国内一时风头无两。

然而，新的隐患也在此时冒头，从君正不停地腾挪应用也可看出市场的残酷性，没有永远不变的"驱动力"，唯有快速调头和随需而变，否则成为"前浪"难以避免。

意想不到的挑战接踵而至，君正的命运走向"反转"。

刘强提到，当时平板刚刚兴起，MIPS 核与安卓兼容没有太大问题，之前谷歌应用都采用 Java，但为了提升效率问题，谷歌允许 C 和 C+ 在安卓下编程，这导致了兼容性问题的产生。君正在 2010 年 7 月发现其平板电脑的搜狗输入法不能用了，后台显示出现的是 Arm 代码。君正没有轻言放弃，开发了二进制编译器 MagicCode，可动态地将 Arm 代码转换成 MIPS 指令，但这样转换之后性能损失严重。纵然其自主设计有诸多优点，终敌不过"生态"二字。在兼容性问题兜转几年之后，刘强痛定思痛，在 2012 年果断地断臂求生，退出了平板电脑市场。

回首这些年，刘强直言这应该算是君正的至暗时刻，IPO 之后营收却持续下滑。处于十字路口的君正将何去何从？

　　毕竟是一支理想远大、久经战场磨炼的队伍，短暂的尴尬和失落之后，君正的核心团队沉下心来冷静面对困局。一方面持续加强研发投入，不断提升CPU 技术和多媒体技术，又投入重兵研发 AI 相关技术；另一方面，持续关注产业形势和市场变化，寻找新的市场机会，并逐渐聚焦以安防监控为主要应用的视觉芯片市场。2016 年，随着一系列视觉芯片的研发成功，凭借性能、AI 算力、开发环境、超低功耗以及安全等诸多优势，实现了"全垒打"，在市场一炮而红，成功打入海康萤石、小方、小米大方、TP-Link 及海外的安可、WYZE等品牌，实现了出货量的连年翻番，君正营收也再创新高，股价也开始一路高歌。

　　特别值得一提的是，从布局视觉芯片开始，君正就意识到 AI 技术的重要性并投入大量力量研发。对 CPU 体系架构和内核研制的掌控能力帮助君正实现了其独特的 AI 技术。君正团队在 CPU 架构上扩展了面向 AI 应用的专用指令集（Domain Specific Architecture，DSA），以此为基础实现的 AI 算力引擎兼具灵活性和高效率。同时，君正研发了 AI 开发平台和各种主流算法，为客户提供了从芯片到平台再到算法的完整方案，奠定了在市场纵横捭阖的基石。

　　就像浪花要陈陈相因才能形成浪潮一样，君正掀起的多波浪花也谱写了传奇。刘强分析说：一波是快速成长期，每年在特定市场有所斩获；二波是起也平板电脑，败也平板电脑；三波是在 AI 浪潮中全面应对，在 AIoT 领域过关斩将。无疑，这些年的跌宕起伏也让君正积累了宝贵的经验，蓄势到达了一个新的顶点。

　　经过多番市场与技术的洗礼，君正形成了可持续发展的梯队化产品布局，在自主 CPU、视频编解码、图像处理、AI 引擎等多个领域形成了火力全开的核心技术。无疑，君正的蜕变之路亦折射出国内经历了从复读机、MP3、MP4、平板电脑到智能手机、安防监控、AIoT 的变迁和洗礼，随着半导体业成为大国博弈焦点，唯有产业升级、自主创新才是正道。而没有疑问的是，半导体产业没有弯道超车的讨巧，考验的是有没有十年磨一剑的冷静和坚持。

清华的互助　未来的赢面

　　在半导体业打拼，资本、并购与整合缺一不可。

　　君正切入智能视频芯片领域是在 2016 年，也是在那一年的 6 月，君正迎来了上市以来的第一次重大资产重组，试图以 120 亿元并购知名图像传感器芯片公司北京豪威。但这次因为监管政策原因最终没有成功。

在资本市场沉寂了一年半后，君正突然在 11 月 9 日晚发布了收购北京矽成的公告。当时间来到 2020 年，君正终于完成了对矽成的资产交割，在 2020 年 6 月将北京矽成纳入公司的合并报表。

刘强展示君正产品（2010 年）

此次强强联合也为君正未来的发展注入了全新的动能：一方面，北京矽成拥有存储芯片、模拟与互联芯片，结合君正自身在嵌入式 CPU 和 AI 领域的优势，形成"计算 + 存储 + 模拟"的技术和产品格局，有利于公司布局和拓展各产品线在汽车电子、工业控制和物联网等领域的应用；另一方面，北京矽成拥有全球化的市场资源，客户多为国际一线品牌客户。重组之后，形成了"海外 + 国内"并进的市场布局，有利于拓展市场规模，形成良好的规模效应及互补效应。

而效果也立竿见影。据 2020 年君正报告显示，其存储芯片业务贡献营业收入约 15.25 亿元，占公司总营业收入的七成。

这其中发挥关键作用的就是清华校友。刘强提及，在收购过程中，77 级的陈大同、85 级的潘建岳和 79 级的武平学长在其中扮演了关键角色，一方面是提供了牵线搭桥的机会，另一方面在资金的整合和助力上也出力甚多，为君正的"蛙跳"提供了新的跳板。

此外，清华校友会一众成功人士的品格和价值观，也深深地影响了刘强，让平时爱钻研历史的刘强更加谦逊和务实，也拥有了更大的格局和视野。

"如果说前 20 年是一个学习和积累的过程，后 20 年应该是君正发挥能量、创造更大价值的征程。君正将通过定位、人才和资源的整合，充分信任、兼收并蓄的管理机制，团结敬业的价值观，助力未来不断的进取。"刘强谈及此豪气十足。

"君子务本，本立而道生。"在 2005 年创立君正时，刘强立了一个 Flag：将国产 CPU 做成一个赢利的事业。如今的君正收入和利润快速成长，这份赢利的事业显然将"赢"得更多。

谱写 CIS 市场的清华传奇

在众多高端芯片大都被国外巨头牢牢把持的情形下，在 CIS 领域，国内却上演了一出与国外巨头直接叫板、同台竞技的大戏。

特别是作为全球 CIS 第一梯队的豪威（已被韦尔收购），可谓是半导体业之"荣光"。不仅在智能手机领域收获了一众"朋友圈"，在安防及汽车市场也收获丰实，在车用 CIS 市场占据 20% 以上份额。

而豪威自 1995 年由清华大学电子系 1977 级校友陈大同作为联合创始人创办于硅谷以来，它的成长、蜕变、起伏、荣耀均与清华系校友与资本息息相关。率先完成 CIS 革命的美国豪威于 2000 年在纳斯达克成功上市，后于 2014 年在陈大同的牵头之下，在清华系资本的运筹帷幄之下，完成了对其的跨境收购。为后来的韦尔股份收购中国豪威打下基础。2019 年 5 月，韦尔股份收购中国豪威获证监会通过。这项堪称"蛇吞象"的并购奇迹般地在清华系手中完成了。

至此，稳居全球图像传感器市场第三的豪威彻底扎根中国。这是半导体行业跨境收购的典型案例，也是声名赫赫的"清华系"合作的典范。其后，韦尔股份飞升的市值和豪威迅速回暖的业绩无不印证了这项并购的成功。

除在高端 CIS 市场攻城略地之外，同样是清华系的格科微，在深耕 20 年之后，在低端 CIS 已占据全球 30% 的出货量。据 Frost&Sullivan 统计，按出货量口径统计，2020 年格科微公司实现 20.4 亿颗 CIS 出货，占全球 29.7%。

而自 8 月成功在科创板上市之后，格科微也走在了向高端产品进军的大路上，并且还将募投 63.7 亿元用于 12 英寸 CIS 的工艺制造，5.8 亿元用于 CIS 研发，从 Fabless（无晶圆厂）向 Fab-Lite（轻晶圆厂）转变，谱写新的传奇篇章。

还有在安防、汽车领域异军突起的思特威，创始人也是清华系的校友。

受惠于智能手机三摄四摄的趋势，新能源汽车、安防等领域对摄像头的需求，CIS 将持续迎来高速增长期。市调机构 IC Insights 的数据显示 2018—2023 年全球 CIS 出货量年复合增长率达到 11.7%，2023 年有望突破 95 亿颗。而 Yole 的分析师们预计，未来五年的复合年增长率将达到 5.4%，2026 年的市场总额将达到 284 亿美元。2021 年会相对平稳，预测 CIS 市场在 2022 年将以 9% 的年增长率强劲反弹。

可以说，未来市场的争夺将更加激烈，不仅是技术参数上要持续精进，在产能方面如何步步为营亦是关键。但显然，CIS 已具备部分国产化替代的能力，并被给予了赶超国际先进水平的期望，期待国内 CIS 厂商持续发力自研技术创新，逐渐比肩国际先进水平，并改写 CIS 市场格局。

一个清华系合作典范

2016 年 2 月，原美国纳斯达克上市公司 OmniVision（美国豪威）被中信资本、华创投资、金石投资等投资机构组成的财团完成私有化收购，收购价格约 19 亿美元。此后几经波折，2019 年 5 月，韦尔股份成功将之收入囊中。至此，稳居全球图像传感器市场第三的豪威彻底扎根中国。这是半导体行业跨境收购的典型案例，也是声名赫赫的"清华系"合作的典范。

77 级校友陈大同作为联合创始人创办美国豪威的经历为豪威归国埋下伏笔。最终牵头促成美国豪威被中国财团收购的，也是陈大同。美国豪威退市后，股东纷争、业绩下滑、人心浮动之际，是 78 级校友吕大龙出面平息股东纷争，安排好并购再上市事宜。电子系 85 级虞仁荣最终完成韦尔股份收购豪威的"蛇吞象"壮举，在他的经营下，豪威的业绩实现近 10 倍增长。美国豪威前任 COO、现任总裁、同样出身清华大学的杨洪利则保证了豪威资产的顺利移交。此外，武岳峰资本创始人潘建岳、荣芯半导体法人兼董事长韩冰、工银国际融通资本董事总经理兼首席运营官贲金锋等清华人都在其中发挥了重要作用。

硅谷的华人创业传奇——OmniVision

美国豪威 1995 年成立于硅谷。对图像传感器而言，那是个值得铭记的年份。此前，日商把持的耦合装置技术（CCD）是主流，就在 1995 年 2 月，一家名为 Photobit 的公司成立，将 CMOS 图像传感器（CIS）技术商业化，"芯片相机"时代正式到来。当年 5 月，洪筱英、Raymond Wu、陈大同、T.C Tshu 四位华人创办了美国豪威。

彼时，全球从事 CIS 开发的只有 2～3 家创业公司。但到第二年，杀入 CIS 领域的公司已经激增至数十家，其中不乏英特尔、意法半导体、美光、海力士、惠普、索尼等巨无霸。夹杂其间，美国豪威显得很不起眼。4 位创始人，加上陈大同招来的清华微电子系的几位学弟——何新平、刘军、杨洪利、董其……就是这家公司创业初期的班底。

就是这样一家只有十几个人的初创公司，靠着每天 12 个小时以上、每周 6 天半的工作量，于 1997 年推出全球首颗单芯片彩色 CIS。较之传统 CCD 技术，CIS 在成本、体积和功耗上实现了数十倍乃至上百倍的改进，短短数年间掀起一场相机的革命。

率先完成技术突破的美国豪威也凭此抓住了这场革命浪潮带来的机遇。随后数年，CIS 开始大规模运用于电脑摄像头，美国豪威在此期间占据了全球一半以上的市场份额。

2000 年，美国豪威在纳斯达克成功上市。作为联合创始人的陈大同"事了拂衣去"，开启了另一段传奇般的创业历程。美国豪威则继续书写着自己的不凡，继电脑摄像头之后，相继成功抢下数码相机和传统功能手机市场。2007 年，跨时代的产品 iPhone 问世，美国豪威继续高歌猛进，成功打入苹果供应链。

那时节，这家由华人创办的企业风头无两，稳居全球 CIS 龙头地位。直到2011 年，索尼依靠自身在智能手机市场的品牌优势，率先将像素推进到 1300万，才结束了美国豪威在 CIS 领域长达十余年的统治。

此后，智能手机巨头三星全力投入 CIS 市场，在高端市场上美国豪威难敌手握终端优势的三星，屈居全球第三。在中低端市场上，格科微等后起之秀奋起直追。美国豪威一时竞争压力大增，为日后退市埋下伏笔。

半导体跨境收购经典之作——北京豪威

2014 年，美国豪威在各式竞争者的冲击下不复早年风光。时任美国豪威董事长的洪筱英亦有了落叶归根之念。由于与美国豪威的深厚渊源，当时已经投身投资界的陈大同成为将美国豪威收入国内的最佳人选。

但要完成这样一笔跨境收购殊为不易。首先就是资金问题，将 CIS 全球第三的美国豪威收入囊中，至少需要 15 亿美元左右，这个数额非一家投资机构可承担，而当时国内愿意投资半导体的人也并不多。这时，陈大同找上了出身清华大学热能工程系、在房地产和投资界均颇有名气的吕大龙。当时担任华清投资董事长的吕大龙，欣然参与了收购，登时解了陈大同的燃眉之急。

吕大龙，1978 年清华入学学籍照

2014 年 8 月，豪威科技公告宣布，收到以华创投资为首的投资财团的私有化收购要约，报价为每股 29 美元，总价值约 16.7 亿美元。但旋即被投资者以收购价格偏低为由发起集体诉讼。

2015 年 7 月，中信资本、华创投资、金石资本等投资机构发起成立了北京豪威科技有限公司，继续推进收购事宜。至 2016 年 2 月，北京豪威终于以约 19 亿美元的价格完成对美国豪威的收购。

但收购完成只是开始，稳定团队、提升业绩，通过上市让财务投资人顺利退出，成功完成过渡、融合，才是真正的收购成功。美国豪威却在收购完成后出现业绩大幅下滑。据北京豪威当时的审计报告，2016 年度豪威科技营收 79.6 亿元，净亏损 21.4 亿元。要知道即使美国豪威退市之前已不复当年之勇，其 2015 财年（截至 2015 年 4 月 30 日的一年）营收仍然有约人民币 89.1 亿元，净利润约合人民币 6 亿元。

吕大龙，清华园留影

并购初期引入过多股东的弊端也在此时爆发出来。此前收购美国豪威的 35 个大小股东分为不同派系，包括中信资本和金石资本为代表的财务投资派，华创投资、华清资本等在内的清华系资本等。收购完成后，中信资本和金石资本想退出，迅速变现。一时之间人心惶惶，北京豪威前途未卜。

陈大同当即请大股东吕大龙出面稳定大局。吕大龙与其他几位股东协商，出任北京豪威科技董事长。其后，韦尔股份创始人虞仁荣、武岳峰资本创始人潘建岳、荣芯半导体法人兼董事长韩冰、工银国际融通资本董事总经理兼首席运营官贾金锋等先后接手中信资本、金石资本和珠海融峰的股份。清华系资本全面掌控北京豪威，为后来的韦尔股份全面收购北京豪威打下基础。

百亿"蛇吞象"并购——韦尔股份

彼时，中国豪威的价值业界有目共睹，盯上这块优质资产的不在少数。北京君正董事长刘强和韦尔股份董事长虞仁荣都是中国豪威的"追求者"。美国豪威团队最初选择了刘强，但北京君正的收购行动因受到证监会新规影响以失败告终。虞仁荣便在众多"追求者"中雀屏中选。

出身清华大学无线通信系 85 级的虞仁荣向来是个资源整合的高手。2007 年成立韦尔股份之后，他不止一次通过并购壮大实力。2013 年，韦尔股份将主营电子元器件分销业务的香港华清和北京京鸿志整合到旗下，主营业务由半导体分立器件设计变为元器件分销与半导体分立器件研发及销售。2014 年，韦尔股份将北京泰和志收入囊中，业务拓展至 SoC 芯片。2015 年，韦尔股份将无锡中普微纳入麾下，射频芯片也进入韦尔股份的业务中。

然而真正让韦尔股份脱胎换骨的，还是对北京豪威的并购。2017 年 6 月 5 日，韦尔股份刚上市满 21 天，就宣布筹划收购中国豪威，进入重大资产重组停牌。但不久后，这次收购因条件不够成熟而流产。不过，在清华系资本的运作下，虞仁荣取得中国豪威部分股权，成为中国豪威董事会成员，为第二次收购埋下了伏笔。

2018 年 8 月 15 日，韦尔股份宣布正式收购中国豪威。次年 5 月，证监会附条件通过此项并购重组。豪威收购案至此尘埃落定。在时任美国豪威 COO 的杨洪利的支持下，美国豪威最重要的资产——经营团队被保存下来并顺利移交给韦尔股份。

彼时，中国豪威总资产几乎是韦尔股份的 5 倍，这项堪称"蛇吞象"的并购奇迹般地在清华系手中完成了。其后，韦尔股份飞升的市值和豪威迅速回暖的业绩无不印证了这项并购的成功。

这起并购成为韦尔股份飞升的转折点，成就了"中国芯片首富"虞仁荣，也留下了中国半导体行业属于清华的传说。

赵立新：CMOS 图像传感器的破旧立新者

赵立新

从湖南省南县走出的"小发明家"；成长为电路设计、工艺研发、封装测试的"全能手"；又因机缘带着 CMOS 图像传感器的发明专利回国创业，成为上海浦东半导体 Fabless 设计公司的"创始人"；而今 Fabless 设计公司向 FAB-lite 模式转型，成为上海临港 12 英寸特色晶圆厂的"大管家"。他就是突破 CMOS 图像传感器产业旧格局，开创图像传感器新技术的破旧立新者——赵立新！

他和他领导的格科微电子，2005

年，在中芯国际的上海厂，开发出全球最具竞争力的 CMOS 图像传感器前道工艺，2006 年，在上海推动日本凸版和中芯国际合资建立中国第一条彩色镀膜线，2007 年，推动苏州的晶方科技建立晶圆级别 CMOS 图像传感器封装产线，并成为中芯国际的大客户、凸版中芯的大客户、苏州晶方的大客户，从此，中国 CMOS 图像传感器产业链初步成型，中国造的 CMOS 图像传感器随着中国手机，卖到了全世界。

鬼使神差，进入图像传感器行业

大学填报志愿时，赵立新看到招生页面上介绍无线电电子学系，说 70% 的人毕业可以留在北京，这个对于他来说诱惑太大，就选择了这个专业。从此开启了他的"半导体人生"。

本科毕业后，赵立新加入清华大学微电子研究所，工作了 3 年；随后，读完研究生，加入新加坡的特许半导体公司，成为一名蚀刻工艺工程师。3 年后，去了美国硅谷的 ESS 公司做品质管理。

ESS 是硅谷一家华人开的芯片设计公司，主要有 DVD 解码器、音响芯片这样的产品，当时，非常多的清华人在里面工作，清华大学电子系著名的茅于海教授，就任该公司的首席科学家。清华大学的博士，现任安凯公司 CEO 的胡胜发，也在里面从事数字电路的设计工作。

由于赵立新是从新加坡特许半导体工艺线上来的，一开始，公司只是分配了他从事品质管理的工作，当时 ESS 的芯片主要是供中国大陆的客户，大陆客户对于可靠性的要求很低，让赵立新觉得工作非常平淡无聊，3 个月后，他了解到公司有部门需要芯片测试人员，他要求把工作改到这个部门。

这就是 ESS 研发 CMOS 图像传感器的部门，当时，研发的 CMOS 图像传感器已经投片到台湾 TSMC 去了，但是测试方案根本没有着落，芯片 3 个月就要回来，部门急缺用于图像传感器的测试系统，于是，赵立新现学现卖，硬是在两个月的时间里，在 PC 机上搭出一套 CMOS 图像传感器的专用测试系统，抢在芯片出厂前，把测试系统研发出来了，ESS 的第一款 CMOS 图像传感器回到公司，不到 3 天的时间，部门的领导就看到了芯片出来的图像，领导对赵立新大为赞赏。

当时 CMOS 图像传感器技术还非常不成熟，品质极差，如何提高感光单元的性能，如何提高电路读出的性能，是当时的难点。特别是提高感光单元的性能，需要动到台积电工艺线上的工艺制程，这就困难了。赵立新有在新加坡的工艺线上工作过的经验，于是他向领导主动请缨，又承担起 CMOS 传感器工艺优化的工作，往返于台湾与硅谷之间，推动 TSMC 产线上的工艺改进。

就这样，赵立新也就从一名 Foundry 工厂管刻蚀的工艺工程师，转型为 CMOS 图像传感器的测试验证、工艺开发的工程师。鬼使神差，进入到他为之奋斗一生的行业。

同学相助，开启半导体创业人生

就在 ESS 的 CMOS 图像传感器研发部门热火朝天做产品的时候，2001 年，硅谷互联网泡沫破灭，ESS 的 DVD 芯片销售滑坡，公司陷入困境。终于有一天宣布裁撤整个 CMOS 图像传感器部门。赵立新和他的同事们就被"扫地出门"了！

随后的赵立新进入了 UT 斯达康的北美研发中心，从事小灵通的基带芯片开发，靠他半桶水的模拟电路水平，改行成为一名模拟电路工程师。

赵立新自嘲他的基带模拟电路设计水平不高的原因是，他当年在硅谷自学模拟电路，去书店买书时，舍不得钱，只买了两本书。而那天，他清华大学的大师兄，陈大同博士，就买了 5 本，他回中国开办展讯，也设计基带的模拟电路。赵立新就是两本书的水平，而我们大同博士，就高赵立新至少一倍，5 本书的水平。

在 2001 年、2002 年时 UT 斯达康还很红火，但是，从 ESS 离开的赵立新，敏锐地觉得这家公司也会走下坡路，会出大问题，因为企业文化，公司高层之间矛盾重重，为了生计，他开始给自己找出路。

从小摆地摊培养的商业直觉，让赵立新决定了自己事业的方向。他判断图像传感器未来大有可为，而他自己在 CMOS 的工艺、电路的设计上也有一定的经验，特别适合他个人的发展。他没有跳槽去别的美国大公司拿高薪做模拟电路设计或者数字系统设计，而是把自己的全部时间用来研究图像传感器。在美国时，赵立新一边上班，一边去斯坦福图书馆研究传感器。在四年多的时间里，他把图像传感器相关所有的文章和专利几乎都学习了一遍。通过大量的学习并结合多年的工作经验，他在 UT 工作期间，申请了三项图像传感器方面的个人发明专利。

申请专利，准备创业时，赵立新认识了付磊，付磊是赵立新的大学同学张湘舟在中科院的研究生同学，真正的学霸。他是北京大学电子系的，当年出国拿到 MIT 的全额奖学金，MIT 毕业后，又在斯坦福读了 MBA，后来在硅谷从事风险投资的工作；20 年前做投资的人还比较少。"他几乎每个周六上午都来我家，讨论创业的事，中午吃完饭就回去。其实，我的创业条件，根本不符合硅谷 VC 的标准，他怎么会相信这个创业的想法能够成功？我自己当时都不是很相信，他那就是来我家蹭饭吃的，因为我媳妇烧的湖南菜非常好。"赵立新后来开玩笑道，创业成功真需要一个贤惠，会做饭的媳妇！如果不是媳妇的菜烧得好，这个蹭饭的学霸每周都来催作业，赵立新说不定搞几下就消停了，不会坚持到回国创业的。

2002 年的硅谷，也有很多国内地方政府、企业、学校去招商，招揽人才。赵立新在美国遇到了当时"863 计划"集成电路专项小组负责人严晓浪教授。"他说服我回中国做半导体设计。我说在国内做设计很难，国内没有技术沉淀，没有人才优势，也没有大笔的资金。芯片设计业和国内很成功的制造业不同，国内的制造成本优势，根本不是设计行业成功的关键因素，这里需要天才、创意，还需要对失败的容忍，也要烧很多钱，国内的文化还不允许。"赵立新谈到与严教授沟通时的场景，还记忆犹新。

在讨论到国内半导体的发展方向时，赵立新和严晓浪教授的看法也完全不同。当时，严教授认为要优先发展国产 CPU。但赵立新觉得 CPU 比较依赖软件和生态，相比之下，优先发展 Sensor 和 Memory 更适合中国的国情，对于中国的半导体代工厂，封装行业，整机产品都有大的促进，因此，从产业的角度，优先发展 Sensor 和 Memory，对中国半导体产业链的培育和发展更有意义。

这两人吵了半天，谁也没有说服谁，但是，这个吵架，让赵立新动了心思——要回国做一个 CMOS 传感器公司，证明自己的正确。

"当时虽然比较年轻，但并不是无知无畏的。"赵立新回想当时的状态时说，"当时我给老婆保证，如果凭这些专利在硅谷能拿到投资，就做；如果不行，就放弃，不要害家里人。因为我是很怕做老板的，小时候摆地摊做小老板的经历，还有和父亲做其他产品失败的经历，太痛苦，也太深刻了。"没有和严晓浪教授吵架的事，他并不准备回国开公司，现在，动了些回国的念头。

赵立新和付磊在硅谷折腾了半天，硅谷的 VC 不认可赵立新的工艺发明，没有拿到钱，刚好原来 UT 斯达康的领导，在公司政治斗争失败下岗后，来到中国做半导体投资。他听说赵立新有项目时，就极力推荐赵立新回国看一看。赵立新刚买好了机票，决定回国时，他接到了高中同学夏风的电话，夏风从赵立新的妹妹那里知道了这个项目。他马上打电话给赵立新，表示这个项目必须让他们看，也要考虑他们的投资，需要的 200 万美元不是问题。

照例，赵立新在上海见了 UT 斯达康的领导，在给一堆的"财神爷"做完 PPT，回答完各种问题后，项目也被投资部门否决掉了。理由是他没有创业成功的经历（track record），而且只有一杆枪，一个人，没有团队。这和赵立新在硅谷被 VC 否掉的回答是差不多的，没有人理会赵立新在工艺方面的 3 个发明专利。

创业拿到钱唯一的希望是高中同学夏风了，赵立新才知道他这位高中的昔日好友居然身价过亿。投资这个项目根本不是问题。

"我这位同学一直很崇拜我的。是我高中时的粉丝之一！夏风也是我们县高中尖子班上成绩最好的几个学生之一，高考进了华中工学院，就是现在的华中理工大学的电子系。平时的考试，我们的成绩都差不多，但是，他和我一起参加竞赛，区别就大了，他每次在县里的竞赛考试时就被淘汰，而我的物理、化学，都是从县里杀到市里，又从市里杀到省里，发明比赛更是杀到全国，最后在全国拿到金牌。他实在是服气得不行啊！"赵立新傲骄地说："夏风对于我的平时成绩，不太服气，他最佩服我做那些'没谱'的事情，比如竞赛什么的，他创业成功了，也想来考验一下他高中时偶像的创业水平，也有点和偶像比一比，拉下水的搞法。"

同学的爽快还是让赵立新大吃一惊，"当时想，这不可能吧。因为崇拜与真金白银的投资是两回事"。

随后就有了"深圳会友"的一幕。当时他们在同学的工厂边上，找了一个很破的小菜馆，有无数的苍蝇。"我们就一边赶苍蝇，一边谈话。"赵立新笑着说道。

夏风叫来他的好朋友，大学同学梁晓斌，也是他们企业的合伙人，说："兄弟，这是我最佩服的高中同学，从美国带来的芯片设计项目，要 200 万美元投资。风险非常大，但是，我是准备要投了，你投不投？"

梁晓斌更爽快了，说道："你相信的人就是我相信的人，兄弟们有福同享，有难同当，我的钱也不比你少，你投，我也投！"这样一人各出 100 万美元。

深圳的夏天还是比较热的，赵立新就这样穿着西装，系着领带，大汗淋漓赶着苍蝇，把 200 万美元的投资搞定了，他们是 PPT 也没有看，VC 的问题也没有问。

最后，赵立新忍不住问他们的投资逻辑是什么，他们的回答是，他们投资只看两点，第一是市场大的产品，第二是中国人做不出来的产品。他们的公司取名叫做族兴，他们的使命是要用自己的力量，促进民族产业的振兴。投资唯一的要求是要把技术留在国内，不在乎投资回报。

赵立新很受他们这种爱国情怀的感染，从此下定决心，不管有多大的困难，也要在中国把芯片设计公司开起来，也为民族的半导体事业振兴作出一点贡献！

独辟蹊径，打开手机图像传感器市场

就这样，格科微电子于 2003 年 12 月正式在上海浦东张江成立，从事 CMOS 图像传感器产品的设计、测试和销售业务。

CMOS 图像传感器是个战略性的好产品，全世界的公司都看到了，竞争激烈，格科微如何生存下来呢？

第一个办法比较简单，就是花钱省一点，让公司多活几天，有时，多活一会儿，机会就来了！

赵立新是"地摊 MBA"出身，深知钱的不易。从硅谷请一个豪华团队来，虽省事，但是太费钱，他就自己做。"一开始，我全招名牌大学高才生，国内本来就没有 CMOS 图像传感器方面有经验的人！"回想当年的艰苦创业，赵立新感慨万千。那时，赵立新白天拜访客户，找供应商，晚上带教徒弟，周末自己做设计，春节、"五一"、"十一"各做一个大设计。这种几乎全年无休的工作节奏，把赵立新差点累死了。

第二个办法是和中芯国际合作工艺的研发，SMIC 出产线资源，格科微出技术，成果共享，节约研发费用。

开发图像传感器的工艺是非常非常费钱的，一套掩膜版要上百万人民币，一片硅片就要上万，还有设备，工艺工程人力的投入，都非常昂贵。格科微在 SMIC 的研发用了四十多套版，上百上千的硅片，才达到量产要求，虽然采用 MPW 的方式，省了一些钱，但是，最后算账，把 SMIC 的 CIS 工艺研发成功，起码花了 1000 万美元以上。单靠格科微肯定是受不了的。幸好遇上了 SMIC，他们本来想从海外买来图像传感器的全套工艺流程，对方开价要一亿美元，但当 SMIC 真出钱时，对方却不卖了。逼得 SMIC 要自己研发，抠门的 SMIC 也拿出对方要价的 10%，就是 1000 万美元的研发费，来搞这个项目。格科微的命真好啊！

第三个办法是调整产品的市场定位，做中国市场急需的产品。

赵立新在硅谷写的创业 PPT，目标是用专利的技术做高端相机用的图像传感器产品，这是非常标准的硅谷的说法。回国后，通过了解市场，他的市场方向完全改变，从 PC 摄像头切入市场，再杀进手机市场这个主战场。

在创业初期，格科微犯了很多管理上的错误，比如核心技术被窃取、不重视销售团队建设、现金流险些断裂，但是在产品的技术和市场上，赵立新的"地摊 MBA"水平，还是发挥得不错的。

赵立新领导的格科微团队，在产品的创新力和竞争力上，那是天生的牛！他们把海外需要 30 多层 Mask 的工艺，居然用 23 层搞出来了，性能还不差，电路设计也非常大胆，比海外对手要小得多，很多风险大的创新他们都敢上。一下子，就把海外竞争对手打败了。

赵立新对于市场，对于销售还是非常厉害的。这里面有一个故事。

一个图像行业的前辈来拜访格科微，想要赵立新组一个饭局，类似华山论剑一样，把国内的几家图像传感器公司的 CEO 聚在一起，他好推销他的软件算法。当时国内有 4 家 CIS 的设计公司，平时不来往。但是要给老前辈面子，赵立新就把 3 家公司请到上海张江地铁站的一个非常时髦的必胜客比萨店，吃比萨，为什么吃比萨呢？因为听说有一位 CEO 得了肝炎，吃中餐容易传染。4 位在市场上拼杀的 CEO 见面了，不知所云地乱侃一通。其中，比亚迪微电子的 CEO 是冯蔚博士（北大毕业，有海外多年 CMOS 图像传感器研发经验，2004 年回国，比亚迪也想进入手机市场）。冯蔚博士问了竞争对手赵立新一个问题，说我们解剖了你们设计的芯片，发现很奇怪的一个事情，为什么你们芯片中，很多地方是空的？赵立新说，天机不可泄露，3 个月后，冯博士您就会知道的。

3 个月后，手机市场 CIS 芯片由大过剩变成大缺货，比亚迪的 CIS 芯片，由于芯片小，不能和海外竞争对手 PIN 脚兼容，失去了绝好进入市场的机会，而格科微的芯片，在芯片中空出地方，就是把芯片故意做大，这样可以和海外对手的产品兼容。虽然成本高，但是，缺货时，时间更重要，大批的客户开始采用格科微的芯片，要知道，赵立新是在公司财务非常困难的情况下，独断专行定义了这个产品，还顶住全公司的反对，备了相当多的货，赌海外对手缺货。不比性能，不比成本。格科微独辟蹊径，一战定乾坤，杀进了图像传感器的手机市场。而比亚迪失去这次市场机会后，就赶不上格科微的发展速度了。

众志成城，打造中国图像传感器产业链

赵立新回国开办图像传感器公司的时候，除了人才的问题，当时国内没有

CIS 产业链也是一个巨大的问题。前道 Fab 工艺没有，图像传感器的彩色镀膜工艺线、晶圆级别的 CSP 封装线更没有，整个产业链是空白。

赵立新一方面培养他的团队，培养相关人才；另一方面，着力打造国内的产业链。

在日本凸版公司和中芯国际合资建设专业的图像传感器彩色镀膜工艺线时，给了他们很大的支持，在他们开始生产的前几年，凸版中芯合资厂 90% 以上的订单，都是来源于格科微。

格科微在 2005 年到 2017 年间，也几乎贡献了中芯国际图像传感器产能 90% 的订单，在海思的订单没有成长起来前，2005 年到 2017 年这一段时间，格科微一直是中芯国际国内第一大的客户，只输给高通、博通、TI 这 3 家国际大客户。特别是 SMIC 生意不好的时候，比如 2008 年金融危机时，格科微在自己财务压力大的情况下，一次给中芯国际 10 万片的救命订单。SMIC 拿到订单后，在香港的股票就开始大涨，格科微为中芯国际的发展也立了大功。

由于格科微业务非常好，苏州地方政府拼命来招商，格科微就推荐他们建图像传感器的专业封装厂。地方政府的胆子也很大，听了格科微的意见，专程去找到有 CSP 技术的以色列公司，硬是买了下来，转到中国苏州，成立了苏州模范的高科技企业晶方科技。

晶方科技刚开始的困难是没有订单，几乎所有的订单，都来源于格科微，格科微连续做了几个爆款产品，很快产能就做满了，赚钱了。硬是把晶方科技顶到上市，直到上市后，格科微的订单量才掉到晶方科技的一半以下。

回想创业的不易，赵立新坦诚地说，他最大的压力，不是格科微不赚钱，发不出工资的事，是国内图像传感器的产业链不行，投资很多的钱，昂贵的产线等待订单的压力，真的非常大，如果格科微的产品竞争不过韩国企业，竞争不过日本企业等海外企业，那么国内的产业链订单就不够，国家财产会受到巨大损失，格科微有责任。

再接再厉，目标全球最好的摄像芯片

赵立新的理想是造出世界一流的传感器芯片。20 年来，一直坚持着。

虽然过去的 2021 年，公司实现 19 亿颗 CMOS 图像传感器出货，占据了全球 26.8% 的市场份额，位居行业第一；2021 年，销售额也达到 9 亿美元，全球排名第四。同时，2021 年，公司的显示产品 LCD 驱动芯片，以 2.5 亿颗位列全球 LCD 手机显示驱动芯片市场出货量第三，占据总出货量的 17%。这些成绩都

不错，但是，和赵立新创业的梦想——成为世界第一，还有很大的距离。

2021 年 8 月，格科微首次公开发行 A 股并在科创板上市。募集资金主要用于 12 英寸 CIS 集成电路特色工艺研发与产业化项目及 CMOS 图像传感器研发项目。

通过自建部分 12 英寸 BSI 晶圆后道制造产线的方式，格科微进一步巩固产能保障力度，大幅度提升格科微在高阶产品领域的研发能力，加速芯片研发迭代的效率，并加强对供应链产能波动风险的抵御能力。

CMOS 图像传感器研发项目结合格科微的产品规划及整体战略目标：一方面对现有产品进行成本优化和性能提升，进一步扩大公司在中低阶 CIS 产品中的竞争优势和市场份额；另一方面积极开发高像素产品，丰富产品梯次，为格科微的可持续发展提供有力的技术支撑。

未来，格科微将进一步聚焦手机摄像和显示解决方案领域，深化与终端品牌客户的合作关系，在产品定位方面实现从高性价比产品向高性能产品的拓展，在产品应用方面实现从副摄向主摄的拓展，在经营模式方面实现从 Fabless 向 Fab-Lite 的转变。而这一系列转变背后，不仅将大幅提升格科微的自主创新能力和盈利能力，也将加速推动 CMOS 图像传感器产业链的国产替代进程。

结语

赵立新说他母亲给他取的名字叫立新，是 20 世纪七八十年代，破旧立新的意思，他希望用这个名字来突破图像传感器产业的旧格局，创造图像传感器的新技术。

"格科微的使命，就是'让世界看到中国的创新，让世界感受到中国企业的君子之风'。公司成立至今，已经走过 19 个年头。'路漫漫其修远兮，吾将上下而求索'。在创新的道路上，格科微将继续一步一个脚印，格物致知，行稳致远。"

挑战"大芯片"的清华身影

当智能手机出现时，站上潮头的是基带和图像传感器芯片；当 AI 席卷世界时，引领风头的是 AI 芯片；当自动驾驶呼啸而来时，智驾芯片又站上巅峰。

这些芯片规模巨大、结构复杂，需要付出大量的人力和时间，并且要面对失败的巨大风险。所以，敢去挑战这些"大芯片"的创业者们，无不是胸怀大志的"先行者"。

这批"先行者"中的很多人都是 TEEC 的成员，他们秉承了清华"行胜于言"的校风，用实际行动书写了一幅科技立国、产业兴国的壮丽画卷。

陈大同和武平是 TEEC 中最早创业的那一拨，两人的经历也颇为相似。

陈大同先是带领团队攻坚克难，研发出全球第一颗单芯片 CMOS 彩色图像传感器，回国后又参与展讯的创办，促成手机国产化的革命。

展讯另一位创始人武平也立志"要在中国做一个技术上领先国际的企业"。经过多重磨难，他带领展讯实现多个芯片界的第一。相继离开展讯后，他们又开启投资人的生涯，成为中国芯片界的伯乐。

他们创立的豪威和展讯诞生于手机普及的大背景下，而随后的 AI 技术爆发则促进了燧原、黑芝麻、深鉴等新一代公司的创办。

赵立东看到 AI 无可限量的前景而创立燧原公司，并把目标锁定在 AI 训练端芯片上。单记章觉察出汽车业变革已到，与老友创办黑芝麻，潜心打造智驾芯片。更年轻的姚颂则放弃出国读博之路，投身于 AI 芯片的创业洪流，最终让深鉴获得国际芯片巨头的垂青。

回溯这群先行者的创业之路，可以让人们更加了解国内芯片业的奋起历程。现在，就先回到最初，从陈大同的创业经历开始讲起。

陈大同：缔造两家上市公司，转型半导体投资

在风起云涌的半导体业，他曾经创造过数次辉煌的战果：在美创立豪威，后成功在纳斯达克上市；回国创办展讯，在手机芯片领域拔得头筹；后又创立VC，在兆易创新、芯原、安集等的投资中大显身手，这一系列成就背后的掌舵人就是现任元禾璞华投委会主席陈大同。

1987年，陈大同参加第一次香山半导体国际会议时留影

从创业到投资

命运总是垂青有准备的人。

在知青时期就不懈学习的陈大同，于1977年迎来人生的新拐点：考入清华大学无线电系（现电子工程系），后转入半导体物理方向学习，先后获得学士、硕士和博士学位。之后，他来到美国伊利诺伊大学和斯坦福大学从事博士后研究。

完成学业后，他加入当时的美国国家半导体公司。期间，陈大同在挚友力邀下一起创立公司任CTO，用CMOS工艺开发图像传感器。随着豪威科技（OmniVision）的成立，陈大同也被动踏上创业之旅。

初生牛犊不怕虎，陈大同带领团队攻坚克难，最终研发出全球第一颗单芯片CMOS彩色图像传感器，不仅引发了一场新技术更替和产业革命，也赢得了巨大发展机会。豪威在成立5年后（2000年）登陆纳斯达克，成功上市。

创业成功之后，由于预测到产业技术转移潮流和心怀报国之志，陈大同回国与几位清华校友一起在大陆创办展讯，并且凭借"胆子大"和对几乎空白

市场的乐观，采用"快鱼吃慢鱼"的战术，先后研发和量产出难度极高的亚洲首颗 GSM/GPRS 基带芯片及全球首颗 TD-SCDMA 芯片，掀起了手机芯片国产化的革命。在拼杀几年之后，陈大同又于 2007 年将展讯带入上市的辉煌进程。

两次创业，两次都成功上市，这一成就着实令人瞩目。但陈大同并没有躺在过去的功劳簿上，而是走出舒适区，跨界到投资领域，这既是因他心中始终有一种难舍的"情结"，也缘于他的深度思考。

陈大同提到，展讯在中国创立并在美国上市意义重大，这意味着通过 VC 的投资，国内半导体企业也可开发世界级的产品，参与全球化竞争并上市，相当于走出一条新路。要知道，在 2005 年之前硅谷流行的 VC 体系在国内是基本缺失的。政府、国企、上市公司和民营企业基本不做 VC，也很少有专业 VC 机构为半导体投资。展讯的经历相当于为硅谷 VC 模式移植到中国开了一扇窗。而且，陈大同还认为，做 VC 可扶持更多的半导体创业公司，价值更高。

顺理成章，在展讯上市半年之后，陈大同进入清华校友创办的北极光创投担任投资合伙人，对国内高科技公司进行投资。之后 2008 年金融危机来临，同为清华校友的中投董事长考虑要投一些国内科技型公司，但中投体系的投资人基本都是金融背景出身，对科技型创业公司了解甚少，因此找到兼具海内外创业与投资经验的陈大同，与另几位清华校友合作成立华山资本。

自古华山一条路。陈大同在华山资本也是全身心投入，所投项目大部分是半导体，如兆易创新、芯原、安集等，还有 9 号平衡车、联合光电等也都是硬科技公司。

在 VC 投资领域安营扎寨几年之后，陈大同的投资之路又迎来新的机遇。2014 年，国家设立集成电路发展基金，政府资金与社会资本结合，需要找专业、有融资能力的投资团队。于是，华山和华登一起与清华合作，成立了元禾华创（现更名为元禾璞华），管理北京半导体产业基金的一部分，并收购了豪威科技和 ISSI 公司，大手笔让业界称奇。而 2019 年 7 月科创板的开市，更是让元禾璞华频频"上榜"，其投资的澜起科技、安集微电子、天准科技成为首批上市企业，在国内 PE/VC 市场掀起新一波热潮。

拧成一股绳

在陈大同经历的众多重要关口，清华校友在其中起到关键的助推作用。

陈大同提起，在国外求学与创业过程中，与清华校友就走得很近。豪威创立过程中，他就招呼了很多清华校友进入，差不多五成的技术人员被清华系包揽了。

回国之后，友谊的小船还在航行。在展讯创立之际，5 个联合创始人中就有 3 个是清华系的。并且，陈大同发现能一直跟着企业往前走的大都是清华校友，因为大家相互比较信任，理念一致。展讯后来的投资方，很多是清华校友主持的，在上市前后也获得了很多帮助。

TEEC 会员中既有做投资的，也有做设计和制造的，彼此之间经常交流，大家都可少走很多弯路。"投过兆易创新的有十多人是清华系的，后来并购豪威时，清华系成为主力，整个投资占了九成左右。"陈大同回忆道。

"大家都是为了做产业，而不是纯粹想赚快钱。而且头次合作成功之后，就建立了极大的信任度，后续就愿意继续合作。事实也证明，合作成功的公司后来都成了市值较高的公司。"陈大同说。

未来的方向

走过了风雨如磐的 20 年，如今的半导体业正迎来全新的历史关口。对于中美之间的科技摩擦，陈大同仍持乐观态度。他总结说："半导体产业从美国转到日本，然后从日本转到韩国和中国台湾地区，再转到中国大陆，这是历史潮流。"

陈大同认为中国应该专心做好自己的产品和市场，然后走向全球，"中国产品的竞争力这么强，如果美国不让卖，那就卖到欧洲、亚非拉、俄罗斯等地，这些市场加起来绝对超过美国"。

而且，美国催促台积电等在美建厂是为了服务其本土客户、市场，这将导致美国以外的市场被中国有竞争力的产品所蚕食。陈大同指出："虽然中国半导体业被美国卡脖子，短期很难受，但卡得住一时，卡不住永远，越痛苦越能加快攻关，如果是长期慢慢的卡，反而会产生阻力。"

十分看好半导体业未来的陈大同将半导体的应用划分为三个时代：第一个时代是 PC 年代，芯片销售额达到 2000 多亿美元；第二个时代是智能手机等为代表的移动设备时代，规模达 4000 多亿美元；未来是汽车时代，半导体规模也将翻番至 8000 多亿美元。

对于目前的行业投资，陈大同说："被卡脖子的领域是真正战略性的，应该是国家考虑的，对 VC 来说要更加市场化，在战略性的大趋势当中找到市场化的机会。"以实际情况来分析，中美摩擦之后，国家要推进设备产业，后来发现做设备还是会被卡住，因为所需的关键部件、特殊原材料都要进口，这就创造了新的市场机会。他强调："如何用市场化的方式解决产业链的卡脖子的问题，这该是产业最关心的事。"

他提到，中国半导体业不可能短期解决所有问题，有需求周期对 VC 来说正是投资的好机会，可关注包括汽车电子、物联网、AI、工业应用等市场。虽然众多投资涌入产生一些乱象，但任何产业发展都有内在规律，所谓无泡沫不繁荣。以往中国的光伏、LED、面板等产业发展初期都比较乱，最后都是优胜劣汰。这种泡沫会产生很多的小公司，到最后会逐渐沉淀下来，"最后不是相马，而是真正的赛马，赛马出来才有生命力"。

对于投资半导体的选择，陈大同也提出了中肯的建议："如果对半导体业了解很深，沉淀了很多年，那可以投封装、测试、材料等方向，深入到半导体的产业链当中去。反之就尽量不要这么深入，因为这都是一时的机会。半导体产业链最长远的机会还是来自设计，因为应用是无穷的，设计方向也就是无穷的，包括工业、射频、大功率、高压、高计算芯片等都值得关注。美国半导体设计巨头真正发展起来都是因为跟着应用走，不断迭代优化，而国内也迟早会出现比肩的设计巨头。"

武平：从芯片创业先行者到引路人

从 1990 年博士毕业后出国闯荡，到 2001 年回国创办展讯通信，再到 2011 年创立武岳峰资本，武平的职业生涯被划分出 3 个泾渭分明的 10 年。

研究生时期的武平

这其中，武平的身份，经历了从芯片创业先行者到引路人的转变。但武平认为贯穿始终的，是一种产业报国的使命感，以及 TEEC 校友间鼎力支持和相互协作的情谊。

"每当面对困难和挑战，它们都给予我莫大的勇气和信心。"武平说。

首批半导体创业海归

早期的成长经历，学业之路的漫漫求索，国外多年的见闻震撼，让武平对祖国和半导体产业有着一份特殊的感情。

这也是为什么在新世纪初，国家发展集成电路产业的号角甫一吹响，身在海外多年的武平便义无反顾地响应召唤、回国创业的重要原因。

"我们是 20 世纪七八十年代第一批海归的半导体人，还是有点理想主义的。"武平说。

对武平而言，回国创业是一种报效国家的责任和使命，而这种想法也是当时众多在海外的清华学子的共同心声。

2001 年，武平率清华师兄弟在内的 37 人豪华海归团来到上海，成立展讯通信，独立研发有自主知识产权的手机基带芯片，目标是"在中国做一个技术程度从一开始就是国际领先的企业"。

因为创始团队熠熠生辉的背景，展讯生来自带光环，但命运似乎总是与这家中国最知名的 IC 设计企业开玩笑，颇有几分苦其心志、劳其筋骨之意。

实际上，当时的海归创业看似"性感"，实则"骨感"。从公司成立伊始，展讯便遭遇了融资问题。

彼时，国内的半导体产业正处于起步阶段，并没有市场化的风险投资机构。一些具备投资能力的国企，又受到政策、法规的限制，无法给予创始团队在股份、薪酬等方面足够的保证。同时，互联网泡沫刚刚破灭，整个硅谷"哀嚎一片"，海外融资更不容易。

创始团队的待遇无法保证，显然无法吸引到如此众多的高端人才，而如果不把国外一流的人才拉回来，又很难将中国半导体的技术水平提升到一流。

最终，花了将近一年半的时间，武平才拉来首轮投资 650 万美元，代价则是投资方占据一半股份。

"就当时创业的时机选择而言，那时候真是寒冬里创业，非常艰难。不像现在的半导体行业的创业者，是春天里创业，甚至可以说是夏天里创业，热得一塌糊涂。"武平说。

报国之路并非坦途

展讯的成立，在中国半导体产业发展史上书写了浓墨重彩的一笔。

在武平任职展讯 CEO 的近 10 年间，展讯曾有过率先研发出中国第一个移动通信 GSM/GPRSs 手机芯片（2002）、中国 3G 通信标准（TD-SCDMA）手机芯片（2004）、获得国家科技进步一等奖（2006）、登陆美国纳斯达克（2007）等高光时刻；也创下过首破亿元收入，首个走到主流平台和海外市场的 IC 设计企业，中国 3G 概念第一股，首个上市的芯片平台公司和市值最大的 IC 设计企业等多个国内第一。武平也获得过"何梁何利基金科技创新奖""国务院首届华人华侨创业奖""中国半导体企业领军人物"等诸多荣誉。

但更多时候，武平以及展讯承受着巨大压力：耗资数亿的 TD 芯片超前 4 年研发成功，但国内发展 3G 的迟滞，使展讯 5 年的投入颗粒无收；中国移动手机电视的非市场化运作，资本市场的沉重压力，竞争对手的恶意打压；股价低迷，从 IPO 首日的高点 15.95 美元一度跌到 0.7 美元不到的谷底。

用武平的话说，这 10 年，展讯几经生死，也让他认识到，报国之路有时也并非坦途。

2002 年，展讯开启第二轮融资，难度远超想象。受"9·11"事件的影响，美国资本市场处于"冻结"状态。本应该是大幅溢价融资的机会，但"恐袭事件"使得展讯的谈判能力大打折扣。

据武平回忆，当时他接触的部分投资商采取拖延战术，希望等展讯耗尽谈判资源与资金后再以低价入股。

最难的时候，为了争取有利的谈判地位，武平找了 12 名在硅谷的清华校友（多为 TEEC 成员），一共凑了 150 万美元作为过桥资金硬顶着，其间公司所

展讯创始人 2004 年在夏威夷：（左起）冀晋（77 级电子系），范仁勇（南大 78 级），陈大同（77 级电子系），武平（79 级电子系）

有高管降薪一半，创始人停薪。最终，在众多朋友帮助下，展讯从海外融资近2100 万美元。

"资金到位那天，财务告诉我，公司账面上的资金数字是零。"武平说。

这样的例子还发生在 2003 年"非典"、2008 年金融危机等艰难时刻。展讯在这个过程中遭遇很多危机可谓九死一生。这其中，令武平最多感慨的，是面对困难和挑战时，展讯创始团队特别是 TEEC 校友之间的鼎力支持和相互协作。

"大家的互相支持和无私的帮助是十分感人的。我很感激团队，在很多关键时刻，整个团队几乎是无条件地来支持我。展讯应该是第一个由大量清华校友参与投资的半导体高科技企业，在那个年代可能也是 TEEC 中获得支持最多的企业，展讯的成功跟这些创始人的密切合作，包括跟 TEEC 的支持是分不开的。"武平说。

展讯 10 年成败得失

2008 年以后，随着股票锁定期的结束，昔日的创业战友相继离开展讯，武平成为最后的坚守者。2009 年 2 月，他辞去 CEO 的职务，仅保留董事长头衔，这也标志着他在展讯的淡出。

对于这样一个寄托了对国家和事业的情感、一手创立的企业，转身离开，就武平而言，无疑承受了巨大的痛苦。

差不多一年的时间，武平都在反思展讯的得失成败，以及未来去向何处。

"当年我们是第一批海归创业的半导体人，死了一批人，也活下来了一批。我们这批人都是凭着一点匹夫之勇往前冲，收获了很多经验教训。"武平说。

2000 年到 2004 年，4 个在美国创立的归国创业团队，只有展讯活了下来。2001 年到 2009 年，不管在欧洲还是硅谷，在这个行业中，全球唯一实现上市的就是展讯。毫无疑问，展讯是成功的。

但展讯遭遇的最大问题是，虽然数次绝处逢生，但代价昂贵，在数次融资过程中，创始人的股份被稀释过多，失去了对公司的控制权。

2004 年和 2006 年，展讯又先后进行了两轮融资，主要为了研发 TD 以及2G 芯片量产。张江创投、联想创投、华虹国际、上海实业等国内机构也陆续跟进。虽然融资价格比较高，但稀释的仍然是创始团队的股份。在上市前，展讯已经形成了海外投资人主导的股权结构，整个创业团队加员工也不过约 18% 的股份。

"第一轮融资后，我们几个核心创始人的股份数量都近两位数，但后来，都变成了个位数。其实这是自杀式的融资，我们早期的几位创始人聊天时，曾经说过一句话：我们自己要是早点有钱的话，就不要让海外的资金吃掉这么多股份，后面的路不会这样，但这是没办法的事情。"武平坦言。

在武平看来，通常有两种人在公司经历困境时能够真正把公司救起来：一种是具有高度责任感和管理能力的职业经理人；另一种绝大多数都是创始人。

武平认为一个公司在产业周期和危机中起伏是正常的事。在企业发展到一定阶段，引入职业经理人也应该，但不能因为外部的一些原因，或因为某些看法层面的不同，去轻易地改变创始团队，这对高科技公司非常不利。

"一个公司要有长期的布局，创始团队扮演的角色非常重要，因此要给创始团队很大空间和机会。在中国，高科技创业公司内部的管理加技术团队的股份合起来最好占主导地位。这样的话好运作，员工也有主人翁精神。总之，创始团队一定要尽最大努力把公司很好地控制起来。"武平说。

创而优则投扶持产业

离开展讯后，摆在武平面前有两条路。一条是再创一个芯片公司，另一条是转行做投资。

前一条路显然更好走，武平已经有了成功创业并上市的经验，走起来应该顺风顺水，而且已经有十几亿元的投资摆在他面前。后一条路则是一条全新的创业路径，一切从头开始。

"这个落差是很大的。"武平坦言。

但展讯的经历让武平明白，相对于优秀的半导体创业团队，国内更稀缺的是能够尊重创业团队，尊重产业发展规律，持续扶持其成长的产业资本。

2011 年，武平和同为 TEEC 的校友潘建岳、李峰一起，共同创办了"武岳峰资本"，致力于扶持半导体、新兴信息技术等产业的创业发展。

目前，武岳峰资本主要聚焦于硬科技方面，成为从天使到 VC 到产业并购，覆盖产业全周期的基金平台，旗下管理十余支人民币与美元基金，管理资产总额达 500 亿元人民币，投资项目分布全球，总数超过 200 个。截至目前，基金在集成电路领域排名前十位的投资项目总市值超过万亿元人民币。

武平坦言，现在做投资时，面对一个创始团队的起伏和挫折，心态比一般的投资者更加宽容。考虑更多的是如何帮助创业者，而不是把创始团队换掉，或者采取非常极端的措施。

回看过去的 20 年，对于半导体行业的创业者而言，武平认为有几处不同。

首先，时代不同，如今半导体领域的创业氛围环境历史最佳，而 20 年前创业时，则是改革开放之后创业环境初步形成阶段，包括一些 VC 等投资机构也刚刚出现，融资并不容易，国家政策，特别是各种落地的支持等都有很大不同。

其次，如今年轻人创业的资源要比当时丰富，不管是融资还是政府等方面资源。此外，高校中也会有类似清华 TEEC 青创营这样的机构，一些年轻人创业中遇到的疑问，大都会得到更多的指导甚至资金帮助，犯错的机会比原来要少很多。

最后，当年创业如同开疆辟土，没有先行者的经验，摸着石头过河，自信心有不足的地方，现在的创业者自信心更强。

如今，武平参与创立的武岳峰资本，已由半导体创业的先行者，成为更多芯片初创企业的引路人、行业发展的操盘手。从产业中出来的人更懂产业，这些优秀的投资人凭借在行业的经验、资源，将持续为中国半导体产业贡献力量。

赵立东：唯脚踏实地者才能志存高远

AI 训练芯片因高算力、高应用价值而成为芯片厂商们争夺的新高地。在这个赛道上云集了芯片界的顶级公司，竞争空前激烈。但是，一家年轻的中国公司却不畏强手，迎难而上，展示了中国芯片从业者的自信和实力。

这家年轻的公司就是来自上海的燧原科技。2021 年世界人工智能大会上，燧原科技一口气发布了第二代人工智能训练产品——包括"邃思 2.0"芯片、基于邃思 2.0 的"云燧 T20"训练加速卡和"云燧 T21"训练 OAM 模组，全面升级的"驭算 TopsRider"软件平台以及全新的"云燧集群"，由此成为国内首家发布第二代人工智能训练产品组合的公司。而这次亮眼的发布距该公司在 2019 年 12 月 11 日发布首代产品只有 19 个月的时间。年轻的燧原在 AI 芯片界已经创造了属于自己的"速度神话"。

"志存高远、脚踏实地"是燧原科技的创始人赵立东为公司定下的座右铭。像多位校友一样，这位清华无线电系 85 级的毕业生也在硅谷开启了自己的半导体生涯，后又辗转于国内外多家半导体公司，经历多番曲折，终于圆了自己的造芯之梦。

学业和出道

本想去学国际贸易的赵立东在父亲的坚持下选择了去清华读书，因为清华的风格非常符合父亲希望他踏踏实实做事的愿望。

进入清华之后，赵立东也确实感受到了清华行胜于言的校风，别的学校本科读 4 年，当时的清华却要花 5 年时间，其中的 1 年专门来进行实习，严格践行理论联系实际的教学宗旨。

这 5 年时间为赵立东今后的发展打下了深厚的基础，让他受用终身。同时，他也体察到了清华人的另一面，并非是外界所说的智商高、情商不高的刻板形象，而是同样的通情达理。赵立东印象最深刻的就是曾给自己授课的路大金教授。在日常教学上一丝不苟的路教授，在期末考试打分时却会对多数人"网开一面"，这种既严格又关怀的风格正是清华师生之间融洽氛围的体现。

清华毕业之后，赵立东赴美攻读硕士，之后在硅谷的 S3 Graphics 公司开启了自己的芯片生涯。他加盟的这家公司可不简单，当时在硅谷可谓风光一时，

赵立东，2020 年 IC CHINA 主题演讲

曾开创了 3D 显卡之先河。赵立东在这家公司工作了 6 年，从工程师做到高级经理，实现了职业生涯的第一次蜕变。

离开 S3 Graphic 之后，他加盟了清华校友邓锋（后创办了著名的北极光创投）所开办的网屏技术公司（NetScreen）。邓锋比赵立东高 4 级，曾是他在清华读书时的辅导员。网屏公司专攻网络安全芯片，于 2001 年在纳斯达克成功上市，后于 2004 年被瞻博网络（Juniper Networks）以 42 亿美元收购。赵立东在这里也工作了 6 年，这也算是跟清华校友在行业中的初次结缘。

在 2006 年底，赵立东准备加入显卡芯片公司 ATI。恰逢 ATI 被 AMD 并购，他也一并加入了 AMD 公司，而即将展开的这一段经历也将成为他日后创立燧原科技的重要基础。

从硅谷到国内

随着 AMD 收购 ATI，两方的中国团队需要合并，赵立东被委以重任。

他从硅谷回到了上海，在完成两方团队整合基础上，促成了以上海为中心的中国研发中心的成立。当时，AMD 本部正处于风雨飘摇的境地，产品做不过英特尔，效益连年下滑，人员流失严重。与之相反，中国研发中心则是不断延揽各路人才，从合并之初的不足 180 人发展到最后接近 2000 人。而且，所招之人皆为清华、北大、复旦、交大和浙大的硕博生。

这些精英之所以愿意加盟，就是看中了 AMD 中国研发中心的独特性，可以接触到高端项目和技术。英特尔、英伟达等业界知名企业都在上海设立了研发中心，但只有 AMD 上海研发中心最终具备开发核心产品的能力。从最开始的 IP 验证，到 IP 开发，再到 SoC 的验证、SoC 的开发，然后是板卡、软件，AMD 中国研发中心的开发能力最终可以覆盖整个产品链。

更为重要的是，研发中心培养了一批能力突出的本土领军人才，他们可以带领全球的研发团队完成一个完整的项目，这在所有中国境内的跨国公司中都是独一无二的。

此时，AMD 在中国的销售额已经占到了其全球总销售额的 1/3，很多重要客户在中国。赵立东因此萌生了一个更大的愿望：让中国团队具有产品定义的能力，这样就能打通整个产品链条。只是由于种种原因，这个愿望最终没能实现。不过，这也为日后燧原科技的成立埋下了一颗种子。

正在此时，国内的半导体行业发生了两件大事，一是 2014 年 9 月国家成立了大基金，二是紫光展锐获得了英特尔公司 15 亿美元的投资。

赵立东感觉到国内的半导体行业腾飞的时刻到了。恰好，刚加盟紫光集团的清华校友任志军发出了邀请，赵立东于是就汇入了国内半导体发展的洪流之中。

在紫光集团的 3 年多，赵立东参与了公司多个重大项目的投资，随着对国内半导体行业的深入了解，想亲自下场创业的念头也更加强烈。2017 年底他终于下定决心开始创业，燧原科技也就此诞生。

燧原诞生，志存高远

在紫光集团工作的几年中，赵立东对中国消费类芯片的市场现状有了很深入的了解。意识到光拼价格不利于公司的健康发展，他希望自己的公司拼技术门槛，走一条不一样的路。

在对市场认真调研之后，赵立东和团队将目光放在了高端芯片上。考虑到 CPU 或 GPU 都有数十年所形成的生态，他们决定投身于新生的 AI 领域。最终，AI 技术链顶端的 AI 训练芯片成为公司的目标。

这也是一个极具挑战的任务，因为在 2018 年时，除了谷歌以外，世界上少有公司敢涉足 AI 训练芯片领域。赵立东和团队已经做好了准备，但是由于技术的超前性，很多投资人还是处于观望的态度而不敢出手。

在这个关键的时刻，是清华校友伸来了援助之手。赵立东的清华学长，著名投资人陈大同和兆易创新创始人朱一明以个人名义进行了天使投资，同时专注集成电路行业投资的两家清华校友的投资平台达泰资本和武岳峰资本共同领投了这轮投资，燧原科技成立的种子轮基金由此而来。其后武岳峰资本和达泰资本又领投或参与了燧原科技后续的多轮融资。赵立东的清华同学，格科微的 CEO 赵立新也为燧原科技的创业初期无偿支持办公场地。

在半导体圈中，清华校友之间的相互扶持业界闻名。燧原科技后续的融资过程中，都出现了不少清华校友的身影。赵立新将此归结为志同道合，"找投资人就像谈恋爱一样，与清华的投资人谈，大家理念相同，做事的方法也相同，很快就能一拍即合"。

有了诸多校友的支持，燧原科技很快就展开了羽翼。从 2018 年 4 月开始研发到 2019 年 12 月第一代训练产品发布，燧原科技仅用了 19 个月的时间，并在 6 个月之后正式量产。

如此迅速的开发及量产过程，赵立东将首因归结为公司拥有的顶级开发团队。这个团队中的很多人都拥有 15 年以上在世界顶级芯片公司从事芯片研发的实战经验，他们的加盟均是受到同一理想的感召：做一个国产的大芯片。

赵立东在 WAIC2021 上向市领导讲解燧原产品

"对这些顶尖人才讲给多少股票，多少工资，他们可能并不屑，但是跟世界水平去 PK，他的兴趣一下就来了。"赵立东认为树立共同的愿景才是吸纳高端人才的正确做法。

正是由于顶级团队带来的丰富实战经验，化解了开发中的多重风险，让公司的第一代产品一次流片成功。

另一方面，开发的顺畅也来自于周密的战略计划。在立项之初，团队就做了一番细致的规划。以选择晶圆代工厂为例，他们选择了熟悉的格芯，因为对其工艺和团队非常了解，可以在价格、交期、技术支持等细节上获得强力的支持。同时，燧原科技也坚持选择经过量产验证的 IP，确保芯片开发过程中不再增加其他的风险。

综合这诸多因素，燧原科技开局的成功水到渠成。在 2020 年，燧原科技成功实现了由云燧 T10 加速卡组成的 AI 训练集群在客户数据中心的商务落地，云燧 T10 已经在互联网的头部客户落地商用，而云燧 i10 也帮助大型股份制商业银行建设全栈信创 AI 软硬平台，实现金融行业 OCR 的规模化应用。

2021 年，云燧 T11 落地国家级著名实验室，以液冷智能算力集群搭建绿色算力中心，在提供高算力的同时，也降低了碳排放量，符合国家的绿色低碳战略。此外，燧原的第二代人工智能训练和推理产品也在泛互联网、传统行业和新基建领域逐步落地。

如今的燧原已是 AI 芯片界冉冉升起的一颗超新星，但由于资本的推动，这个赛道涌入了更多的竞争者，竞争更为激烈。对此，赵立东却并不担心，"开发一颗大芯片，需要几百人在两三年的时间内一直保持很强的执行力，这个光靠融资是做不到的，只有靠信念和理想才能真正凝聚起整个团队，最终达成这个目标"。

以"做大芯片，拼硬科技"为信念，志存高远，脚踏实地，赵立东和他的团队正在为国产大芯片的崛起而奋斗着。

单记章：造芯长路，执着是唯一法宝

2021 年 7 月 27 日，黑芝麻智能"华山二号"最新一款芯片 A1000Pro 流片完成回到公司并成功运行，再次刷新了国产车规级自动驾驶芯片的算力纪录，这已经不是黑芝麻智能的芯片第一次拿到国产自动驾驶芯片"性能之最"的称号了。"现在国产的车规级大算力自动驾驶芯片在性能功能上并不落后于国外

单记章

的芯片企业，我们也连续 3 年做到了新款芯片性能翻倍，而且跟国内几乎所有的头部车企都展开了合作。"公司创始人兼 CEO 单记章接受采访时，话语中透着一丝自豪。

L2 及以上自动驾驶芯片都被国外几家芯片公司垄断，黑芝麻智能的出现为实现国产自动驾驶产业链的自主化打开了一个缺口。作为一个芯片行业的老兵，单记章在职业生涯的下半场要再次将不可能变为可能。

三年磨剑

单记章在 2016 年离开了工作 20 多年的豪威科技（以下简称"豪威"），与高中时期结识的清华校友刘卫红共同创办了黑芝麻智能。他们的目标是利用在视觉感知领域的技术专长，以 AI 技术为基础，为自动驾驶提供核心芯片以及完整的解决方案。

在国内，自动驾驶产业方兴未艾，专注于相关算法和平台的公司已有不少，可几乎没有公司涉足自动驾驶计算芯片的开发，其难度之大足见一斑。而黑芝麻与特斯拉几乎同时开始自动驾驶芯片的研发，不但创国内的先河，也应了"英雄所见略同"那句话。

黑芝麻智能的核心团队均来自英伟达、微软、高通、安霸、Marvell、arm等芯片巨擘，有着丰富的芯片设计经验。但是在决定设计这一颗前无古人的芯片之初，不少人还是心里没底。有人问单记章："咱们真的要做这样一颗芯片吗？"还有人因此选择离开。单记章对此不为所动，因为清华人认准了方向就一定要坚持走下去。

不能像财大气粗的特斯拉一样豪掷千金，黑芝麻智能毕竟是资源有限的初创公司，单记章就和团队选择另外一条道路，"我们先从核心 IP 做起，这也是硅谷的文化所在，要在技术上领先就要从核心技术入手，建一个跟别人不一样的技术体系，筑起自己的护城河"。

在建立起核心技术的同时，靠着出售算法、IP 和解决方案，黑芝麻一直保有稳定的现金流，这也是单记章给公司设定的底线，自动驾驶毕竟是个漫长的赛道，能坚持下去才是王道。

"我们花了很长时间来打磨核心 IP，这是我们的做事方式，先打造核心技术，当你把这些东西准备好了，实际上就能自己掌控节奏了。"潜心 3 年研发，单记章带领团队以扎实和务实的风格低调前行，终于迎来产品大爆发的时刻。

2019 年，华山一号问世；2020 年，华山二号 A1000 和华山二号 A1000L 推出，同年，华山一号正式实现量产。上汽、一汽、比亚迪等国内头部企业都向黑芝麻伸来橄榄枝，其中与一汽红旗联合研发的智驾大脑，基于黑芝麻智能华山二号 A1000 自动驾驶芯片打造，将应用于红旗旗舰 SUV 车型。2021 年，黑芝麻智能第二款大算力自动驾驶芯片华山二号 A1000 Pro 发布并流片成功，性能比肩英伟达，国产最强芯诞生。经过这几年的快速发展，黑芝麻智能已经成长为全国乃至全球领先的车规级自动驾驶芯片的供应商。

豪威生涯

单记章的芯片生涯始于硅谷。当年他从清华研究生毕业的时候，由在美华人专家创办的豪威开始在国内招人，公司的 4 位创始人中有两位来自清华，所以希望多揽得几位清华学子。作为微电子专业科班出身，单记章得到了这个机会，决心一试身手。在他加入公司没多久之后，就被委派一个非常重要的任务，做一颗图像处理芯片。

时间紧、任务重，年轻的单记章和同事们靠着一股拼劲，通宵加班苦战一个多月，每天从早上 9 点一直工作到第二天早上的 5 点，睡几个小时后接着再干。芯片研发成功之后，单记章又发挥了自学的编程功力，写好了驱动程序，并帮客户写好了界面，只要填上自己公司的名字，再加上一个图片，马上就可以上市。

有了这枚 ISP 的配合，豪威的图像传感器获得巨大的成功，创办后仅用了 4 年多时间，就于 2000 年在纳斯达克成功上市。之后，豪威不但成功抢下传统相机及手机等照相机市场，在苹果的 iPhone 于 2007 年推出时，也打入苹果供应链，直到 2011 年，豪威的 CIS 芯片出货量一直居全球第一。

单记章也随着公司一同成长，从一个研发人员，成为公司图像处理部门的负责人。让他引以为傲的是，他带领团队做出了车用的高动态图像处理芯片，结合公司的 CIS，基本打败了所有竞争对手，占领了欧洲 90% 的车用市场。随后，又与上海世博会合作，为中国馆和世博轴提供了人流控制方案，也是全球第一次大规模采用以人工智能为基础的视觉监控方案。

思维清晰，表述精准，说服别人态度耐心，单记章在处理商务问题上的潜力也逐渐显露。最终，他完成了由一个技术专家向公司管理者的全面转型。

到 2016 年离开豪威公司时，单记章已经是公司的技术副总，管理着图像处理和软件两大部门，带领着分布在世界各地的 200 多人的团队。

创业岁月

2016 年，在 AI 算法击败人类顶尖棋手的刺激下，蹒跚多年的自动驾驶技术开始策马狂奔，以谷歌和特斯拉为首的科技巨头不断将新技术融入项目开发中。

单记章此前与车厂已有很深的接触，经过长时间的观察和思考后，他终于决定进入这个充满朝气的赛道。

为此，他找来老友刘卫红加盟。时任博世底盘制动事业部亚太区总裁的刘卫红是单记章在黄冈中学的同学，研究生时也在清华读书。每当单记章回上海出差的时候，两人更是经常围绕汽车话题进行交流。

以前的汽车都是机械为主，前途不大了，AI 能带给汽车新生。怀着同样的认识，单记章提出创业的想法和思路后，两人一拍即合，黑芝麻智能由此而生。

为了组建一个战斗力强的核心团队，单记章亲自从业内招贤揽才，公司主管以上的干部都是他亲自面谈招聘的。全公司汇聚了来自传感器、图像处理、视频处理、图像编码、神经网络、人工智能、并行计算、高速通信等领域平均超 15 年产业经验的资深产业专家。至今，这些人没有一个离开公司。

优秀的人才总是能互相吸引。无独有偶，黑芝麻智能的核心团队大多数都毕业于清华大学，单记章毕业于清华大学电子系，刘卫红毕业于清华大学化工系，其他核心成员还有来自清华自动化系、汽车系、精仪系等，得益于清华大学多年的教育，黑芝麻智能的团队散发着"理工男"式的求真务实、简单直接的气质，这也让公司的发展变得更加高效。

单记章有一个愿望，希望帮助更多清华学子实现自己的理想。为此，黑芝麻对清华大学教育基金会进行了捐助，同时跟电子系、汽车系展开了技术方面的合作，致力于把清华的先进技术更快地应用到产业中去。

不过，搭建团队只是第一步，还要让团队运行顺畅，进而完善公司的组织架构。此外，还要在技术上作最终决策，为融资去面对不同的投资人。"只有教训，没有经验。每天都要面对新的教训，所以每件事都要非常谨慎地去对待。"单记章认为这是创业以来最大的感受。

但在忙忙碌碌之中，他依然对研发情有独钟，还不时与年轻的工程师探讨技术细节。公司很多的专利都是单记章与工程师一起讨论出来的，如果大家都觉得一个点子很好，就立刻去写专利。这种捕获灵感的好办法，让黑芝麻智能一直在专利方面领先于对手。

从 2016 年创业至今，黑芝麻已走过了 5 年的历程，目前公司发展的节奏都与单记章的预期相符。有人认为他们的运气不错，初创的时候赶上 AI 热潮，随后是国内自动驾驶的热潮，现在则是半导体的热潮。对此，单记章有自己的看法。

"这不仅是运气的问题。运气是要靠自己把握，时间窗口对所有人都是公平的。如果你没有坚持，就有可能错过那个点。"单记章认为运气与坚持是相辅相成的，胜利从不属于那些不停追逐风口的人。"我们对业界或产业的发展时间节点有很深的认识，能抓住主题，直奔主战场，然后坚持下来，这才是关键。"

创业前的 20 年职场生涯，他都是在豪威一家公司度过的，这在盛行跳槽文化的硅谷中极为少见。正是这份执着和坚守，也让单记章攻克了一个个难关，有了今日的从容和自信。"公司的主要产品名称'华山'，取自'自古华山一条路'的典故，就是必须成功，不给自己留有余地。"单记章表示。

在硅谷多年，单记章最欣赏的就是那些踏踏实实做技术的公司。"硅谷很多公司确实是挺坚持自己的一些东西，虽然也会有偏差，能坚持自己理念还是很让人尊敬，这也是取得成功必不可少的要素。"

如今，他也把这份坚持注入公司的文化中，让公司具有了一股韧劲。在充满竞争和变数的赛道上，单记章带领的团队正在成为一颗光彩夺目的新星。

姚颂：让成功得到最大化复制

深鉴科技正式成立于 2016 年 3 月，是一家专注于神经网络、深度压缩技术，并致力于 AI 芯片开发的创业公司，其研究成果在顶级会议 ICLR 2016 和 FPGA 2017 上两次获得最佳论文奖。该公司在 2017 年连续获得了数千万美元 A 轮及 4000 万美元 A+ 轮融资。2017 年 10 月，深鉴科技推出自研 AI 芯片"听涛"。2018 年 7 月，成立不到 3 年，深鉴科技被 FPGA 领导厂商赛灵思以 3 亿多美元收购。

作为 AI 领域的初创公司，深鉴科技的成功让业界为之振奋，也把背后的联合创始人姚颂推到了聚光灯下。

毕业即创业

深鉴科技被收购时，其联合创始人、CEO 姚颂才刚 25 岁，长着一张娃娃脸的姚颂怎么看都像邻家刚毕业的大男孩。但他却已是收获人生第一桶金的创业公司 CEO。

出道就迎来高光时刻的姚颂其实在学生时期就已展露不凡：保送入读清华大学电子系，即便在高手如云的清华，仍能在学习上名列前茅，本科阶段即发表多篇论文，拿过 ACM 学生科研竞赛金牌；学习之外，他积极参与课外活动，担任过清华电子系科协主席，主办电设等一系列科创赛事。

2015 年毕业前夕，姚颂获得卡内基梅隆大学的博士录取通知书，就在大家无比羡慕之际，姚颂却放弃出国读博，选择创业，与同样出身自清华的汪玉（现任清华大学电子系主任）、韩松（现任 MIT EECS 副教授）联合创立深鉴科技，任 CEO。

"创业的想法其实是一点点发展起来的，大三时到美国开会期间，见到硅谷的一些师兄们，他们也都在谈论创业；而我自己是一个喜欢有激情有挑战的人，不希望待在一个没有变化、一眼可以望到头的环境中；大学期间的科研又

2018 年 1 月，Xilinx CEO Victor Peng 召集深鉴科技四位合伙人（右二为姚颂），并提出收购意向

让我在深度学习、人工智能芯片这个当时即将爆发的新兴技术领域有了一定的技术积累。在感觉到人工智能对计算芯片的要求即将爆发之时，在这些因素的共同推动下，毕业即创业也就成了顺理成章的事儿。"谈及当时放弃读博选择创业的这段历程，姚颂说得甚是轻松。

但接下来创业准备期的融资与初期经营问题，着实让爱"折腾"的姚颂受够了"折腾"。

深鉴科技成立筹备时期，深度学习、人工智能等虽已在技术研发进展上展现出诱人前景，但在产业界仍不为大众所知。当时，谷歌的 AlphaGo 与世界围棋冠军的大赛还没举行，大众对人工智能的概念理解尚不清晰，整个 AI 行业的投资环境异常艰难，大学生创业的"草根"项目深鉴科技就更不用说了，尤其还是让投资人难以理解的高科技硬件设计领域，拿到投资可谓难上加难。

"当时大概连续有 3 个月吧，我每天都在被人拒绝，那种绝望的感觉尤为深刻。"如今，再说起那段暗黑历程时姚颂一脸平静，"我们为此画了一个比较大的圆：100 人，我给自己定的上限是见 100 个投资人。幸运的是，没到 100个，我在被拒绝了差不多 50 次后，终于迎来了认可我们的投资人。"

正所谓"天将降大任于斯人也，必先苦其心志，劳其筋骨……"一样，这段融资的暗黑历程，也成为姚颂个人能力快速提升的重要阶段。"一方面磨炼了我的心态，让我做事的心态越来越沉稳，另一方面，不同投资人所提出的意见和建议也让我们进一步优化了整个企业的经营思路，让企业更快步入发展正轨。"

解决融资难题的同时，姚颂还面临着新创公司成立初期手忙脚乱的各种挑战。作为 CEO 的姚颂，还要同时兼任公司多部门的领导角色，对于一个 23 岁刚走出校门的毕业生，要管理几十位不同背景的员工，还要制定公司战略规划、选择市场、跑销售……可以说，除研发之外的几乎所有事情，都要姚颂亲力亲为。姚颂直言，"逼迫自己去做不擅长、去干不情愿的事情，那段时间确实非常苦。"但这就像升级打怪，克服了一个个挑战，才能练就一身不凡功夫。

从清华学生到初创公司 CEO，再到所创企业被跨国公司巨头赛灵思收购，短短几年，姚颂即完成三连跳，成为世人眼中的"成功"人士。但姚颂却不愿坐享安逸，不安分的心让他再次选择去"折腾"。

成立"SEE Fund"基金

前不久，姚颂发起成立了"SEE Fund"基金，并已完成 2 亿元的首期基金募集。

SEE Fund 基金专注于硬科技投资，围绕清华电子信息相关领域，瞄准半导体、泛电子信息科技和工业互联网 3 个细分赛道的早期项目，目标是在 5 年内构筑起百家企业的生态。SEE Fund 拥有相当华丽的 LP 阵容，囊括了国内最顶级的投资机构和具有产业背景的清华系机构，例如：红杉中国、蚂蚁集团、中关村科学城科创基金、字节跳动、高瓴、经纬中国、清华控股、真格基金等。

SEE Fund 基金的成立可以说与清华密不可分。深鉴科技成功之后，姚颂与之后成为清华大学电子系主任的汪玉一直思考的一个问题是，如何让清华培育出更多的"深鉴科技"，让学术研究出身的清华人做出比深鉴科技更好的创业企业，创造更多社会价值，并回馈清华。"我们一致认为，我们有责任建立这样的一个纽带，把人才、资金、产业以及清华电子信息相关资源链接起来，这就是 SEE Fund 基金。"姚颂说。

事实上，姚颂创办的深鉴科技就是由清华大学提供纵深课题研究经费的项目发展而来，姚颂在校期间以师生共创的形式，将学校内的知识产权和自身研究成果结合创业，并在项目退出后将部分收益捐赠学校，学校也获取以专利权入股的分红，将总收益继续反哺教育。SEE Fund 基金在设立之初也作出了同样的承诺：将每期基金中管理团队收益的 30% 回馈清华。

这恰恰印证了清华企业家协会（TEEC）的"受助、互助、助人"的理念。据姚颂透露，深鉴科技的成长一路伴随着清华老师、校友的帮助与支持。在早期融资阶段，陈大同、邓锋等清华师兄都曾给过谆谆指导，深鉴科技的天使轮投资、第一个无人机领域客户、第一个互联网领域客户的获得都离不开清华校友的帮助，"因为这些清华校友、师兄能真正了解我们，理解我们的价值所在"。

谈及如何帮助更多的科技创业者走向成功，姚颂深有体会地指出，"创业者做基金投资，就像站在一个旋转门内，你可以从不同视角，更好地兼顾两方面的需求，例如，投资人型创业者，可以将投资经历中看到的不同公司间发生的各种各样的问题，借鉴到自己所做的企业中；而创业者型投资人，反过来又可以感同身受，更切身地理解和体会创业者的问题，从而作出正确的投资判断。"

姚颂信心满满地表示："对于未来的发展我是非常乐观的，不管是技术研发、企业生产制造还是投资环境，目前我们国家都在从过去的跟随型向引领型转变。对于半导体领域来说，要向价值链的高端冲刺，反制美国的高科技遏制，我觉得最重要的一点是人才，中国尤其缺乏技术型创业公司的 CEO。我们在做的事情就是把创立深鉴科技的经验总结并输出，以激励更多的创业者，尤其是大学生创业者，助力成就更多的技术型创业公司 CEO，结合 SEE Fund 基金，助力更多高科技创业企业走向成功。"

这批清华创业者有一个共同点，在创业之前，都有一条更为平坦的路可以选择，但是他们义无反顾地走上了这条崎岖之路，其情怀和理想都是让人非常敬佩的。

芯片行业是国家科技实力的脊柱之一，而大芯片则是芯片行业的高地，无背水一战的信念和信心是不能成功的。这批创业者心怀梦想，大胆创新又脚踏实地，这些特质都是中国芯片行业所最为需要的。要响应这个时代的号召，中国芯片业需要更多的这种创业者站出来。

他们，为万物智联提供"芯"动力

连接沟通是人类社会的根本需求。

早在周王朝时期，为了即时通报战事情报，人们发明了烽火通信，可谓最早期的无线通信技术。随着科技的进步，人类进入信息化时代，在半导体集成电路的迅猛发展推动下，人们对互联沟通的要求也越来越高。进入 21 世纪，移动互联网的大发展，真正开启了智能网联时代，而这一切的背后，都离不开赋能百亿物联网设备的互联及智能的各种 SoC 小芯片。

逐浪物联网大潮，国内的创业者们也不甘落后，这其中，就有不少来自 TEEC 的创业者，深耕物联网 SoC 领域，已成为中国物联网半导体供应商中的中坚力量。

安凯微创始人胡胜发，从手机处理器到物联网核心芯片，在飞速迭代的技术大潮中，见证了中国信息产业的时代变迁；博通集成张鹏飞，硅谷首次创业成功后，毅然回国再创业成立博通集成，目前已成为国内智慧高速 ETC 领域最大的供应商；拥有清华微电子学位的赵国光曾在国内最早量产多颗爆款射频芯片的锐迪科任职高管，后于 2015 年与同样出身清华的张亮共同创立恒玄科技，目前已成为业内领先的无线智能音视频 AIOT SoC 芯片供应商，其芯片广泛应用于智能蓝牙 TWS 耳机、智能手表、智能音箱等可穿戴和智能家居终端产品。

物联网的发展开启了一个巨大的增量市场，面对数百亿的联网设备需求大蛋糕，新创企业该从何入手？从本章的几位清华企业家的创业历程中或许能找到想要的答案。

胡胜发：从 2G 时代走到物联网

2000 年国务院出台《鼓励软件产业和集成电路产业发展的若干政策》，从此国内半导体产业才真正进入商业化发展阶段。据统计，2000 年中国集成电路设计企事业单位总数只有 98 家，到 2003 年已发展到 463 家，3 年间增加了近 4 倍。大浪淘沙，至今 20 余年，能从那一时期存活至今的民营 IC 设计公司屈指可数。安凯微电子就是这为数不多的早期中国芯创业公司之一，其创立者胡胜发更是那个年代少有的海归创业者之一。

胡胜发

作为"清华系"芯片公司中最早在国内落地生根的一批，胡胜发与安凯微见证了国内半导体产业发展，也随行业脉动浮沉，更参与了部分中国芯里程碑式的事件。国内学习机、点读机市场第一次爆发期，安凯微一度占据 60% 市场份额；MP4 大行其道的年代，纽曼、爱国者等国内 MP4 巨头都是安凯微的客户；中国第一家在美国上市的国产手机厂商——中电通信，2007 年推出国内第一款指纹加密技术手机，所搭载的芯片就是胡胜发团队的成果……如今这家历经 20 年风雨的芯片设计公司致力于为物联网智能硬件提供核心芯片。年近耳顺的胡胜发依然活跃在中国芯创新创业的一线，享受着活力不减的人生。

意外的创业

对胡胜发来说，走上创业之路是个意外选择。那时他清华大学博士毕业，因导师推荐到美国科罗拉多大学继续攻读社会学博士。为了维持家庭生计，他在修完主要课程后就到硅谷打工。在此期间，他先后在 Sykes Enterprises、ESS Technology、Sigma Designs 等纳斯达克上市公司工作，从研究助理一路做到部门经理，软件、硬件乃至算法，都曾是他的工作内容。那是他一生中最辛苦的一段时光，既要兼顾工作和学习，又要照顾刚刚有新生命降生的家庭，每天睡眠时间很少，只能通过保持运动、一有空就闭目养神等方式恢复精力。

2001 年 TEEC 的前身 TEG（Tsinghua Entrepreneur Group，TEG）在硅谷成立，成员为清华大学在硅谷创业的近 30 位校友，包括陈大同、邓锋等人。由于胡胜发在清华大学期间曾担任学生科学技术协会会长，组织了两届清华大学学生课外科技作品竞赛展览（后来全国大学生挑战杯竞赛的雏形），而 TEG 最早的成员都曾是竞赛展览的骨干，所以他虽然没有创业的想法，却是 TEG 的成员。作为一群创业者中唯一的职业经理人，其他校友很自然地鼓动他加入创业之列，特别是那时不少校友创办的公司已取得相当出色的成绩。在他们的鼓励和帮助下，2000 年，安凯微在美国成立了。

那时候国内没有钱，只能在美国融资。硅谷的创业企业何其多，要拿到融资没那么容易。胡胜发回忆说，他去找投资的时候，一个投资人就提出："你让大同（陈大同）推荐，我就给你投资。"时任豪威科技（OmniVision）CTO 的陈大同是清华校友中的成功典范，在业界颇有影响力。于是胡胜发就去找了陈大同。陈大同二话不说写了推荐信，安凯微的融资得以顺利进行。作为学长的陈大同用个人信誉担保所隐含的信任与担当，至今令胡胜发印象深刻。

从创立到转型

乍然由一个工程师变为一个企业家，胡胜发遇到了前所未有的挑战。一名优秀的工程师总是倾向于追逐最前沿的技术，而企业家需要考虑的却远远不止技术本身，这让胡胜发在最初的公司定位上发生了偏差。世纪之交，正是通信技术从 2G 过渡向 2.5G、3G 的关键时期，就在 1999 年芬兰以招标的方式发放了全球第一张 3G 许可证，2000 年 5 月国际电信联盟（ITU）确定三大主流无线接口标准。3G 似乎已经喷薄欲出，武平、陈大同等人便是在这种契机下创立了定位于 3G 手机核心芯片的展讯。几乎同时创办安凯微的胡胜发也因此将公司的主业定为手持终端设备所需的应用处理器。因为胡胜发判断从 2.5G 开启数据时代到 3G 全方位步入移动数据服务，由于日益丰富的媒体与应用功能需对应用处理器进行不断升级，应用处理器将成为手持终端架构中的主角。

站在智能手机已经全面普及的今天回望，胡胜发的判断惊人地超前且正确。然而，正是因为太超前了，这个方向并不适合作为创业项目，更不适合当时连像样的芯片设计公司都没有的中国。要知道真正将世界带入 3G 时代的跨时代的产品 iPhone 出现于 2007 年，而中国的 3G 元年还要到 2009 年才到来。那时节甚至国内山寨手机市场都尚在发育中，毕竟几乎以一己之力培育起了山寨手机市场的展讯还在创业之初。胡胜发和他的公司扎根成长所需要的生态，国内还远未培育成熟。

胡胜发在硅谷打工时练就的软件、硬件、算法全套技术在这时发挥了作用。他领导团队从操作系统代码写起，写了 44 款必备应用，以一己之力覆盖了一整条产业链。2007 年，中电通信（CECT）赴美上市，推出了国内第一款指纹手机，其中搭载的芯片与系统就是胡胜发团队的成果。而真正将指纹识别技术推向普及的 iPhone 5S 要 6 年后才正式问世。巅峰时期，胡胜发的安凯微一个月净利润达到 1000 万元人民币，新闻联播结束后黄金时段的广告全是搭载其公司芯片的终端产品，学习机、点读机市场 60％被安凯微占据。因此，即便公司初期定位不合实际，安凯微依然存活下来。但独木终究难以成林，生存已属不易，安凯微始终没有得到太大的发展。

直到创业 10 年后，胡胜发才意识到公司定位的问题。巧合的是，促使胡胜发改弦更张的契机同样与 TEEC 有关。2010 年，作为 TEEC 成员之一，清科集团创始人、董事长倪正东在美国组织了一场活动，邀请胡胜发前往，向美国人介绍国内产业发展状况，并组织了参观学习。就在参观学习中，胡胜发发现当时美国领先企业，如 IBM，已经开始提出 IoT（Internet of Things，物联网）的概念，而国内因为 3G 刚刚起步还在谈移动互联网。他忽然意识到作为创业公司在国内的生态下瞄准数百亿上千亿美元的大市场跟硅谷大公司硬碰硬是不合适的，从小处入手发展才是创业公司的生存之道。经过公司内部讨论，胡胜发决定围绕移动互联网及未来的物联网，进行战略调整，主做移动互联网周边设备的核心芯片。

享受创业

随着 21 世纪跨进第三个 10 年，胡胜发坚持在创业之路已 20 余年，他也即将迈进耳顺之年。不过，至今他仍然保持忙碌而规律的作息：每天早上 6 点多起床，跑步一个多小时，然后冲凉吃饭，9 点多到公司，一直到晚上 10 点之后下班回家，12 点左右睡觉。

清华大学的体育运动氛围非常浓厚，"为祖国健康工作 50 年"的口号，深深根植于每个学子的心中。胡胜发在清华大学读本硕博的 13 年中养成了锻炼的习惯，日后无论是出国深造、硅谷工作还是国内创业，这个习惯始终没有丢下。他兴致勃勃地提到："前一阵我回清华看望我的导师，在清华荷塘边有人出租冰鞋，我立马租了一双，上去滑了半个小时。又找回青春学子的感觉了。"

创业的辛苦远非安安稳稳做个工程师所能比，胡胜发有时候也会忍不住想，如果当年没有创业会怎么样。创业之前，他已经做到 Sigma Designs 的设计部经理，月薪 1 万美元，还有一些股票，而 Sigma Designs 当时已经是数字电视领域的领先企业。留下来可以说前途无量，走出创业这一步却是前途未卜。但他依然选择迈出了这一步，也始终不曾后悔过。因为清华学子骨子里对创新的追求、创造价值的执着，只有在这艰难而漫长的创业过程中才得以舒展。他说："我还是很享受现在这种（生活）。每天可以见到很多合作伙伴，大家在一起一定会讨论要创造什么东西，都是新的东西，讨论起来就很兴奋。"

张鹏飞：一位创业者背后的成功法则

博通集成（BEKEN）是国内物联网无线连接芯片领域的知名上市企业。BEKEN（BEACON）的意思是灯塔、烽火，是人类历史上最早的无线通信技术，博通集成以此命名，寓意其致力于无线传输芯片开发的责任与使命。

作为"清华系"芯片公司的一员，博通集成创始人、董事长兼 CEO 张鹏飞一直认为自己"很幸运"，在创业的道路上一路走来顺风顺水。但众所周知，创业并非易事，在"10 个创业 9 个失败"的大环境下，张鹏飞是如何成为老天选中的那个"幸运儿"的呢？

清华 11 年

这要从张鹏飞的清华读书经历说起。

从小就立志成为一名科学家的张鹏飞，在 1983 年考入清华大学微电子专业后，一门心思做学问、搞科研。从本科、硕士到博士，张鹏飞认准微电子专业，师从微电子大师钱佩信教授，潜心钻研半导体器件物理。直到博士毕业前，张鹏飞有幸参与钱老师主导的一个创业项目——华兴公司，国内最早的半导体工艺装备研发公司。主要核心技术是采用红外辐射的精确加热技术。在半导体生产工艺中，均匀精确加热技术在多个工业步骤中至关重要，例如：氧化、淀积、刻蚀和退火等。产品研发涉及的领域很广，包括高频电磁场感应、红外测温、电机驱动和控制等。

基于前期产业技术的丰富储备和积累，这次创业最后取得成功，研发的国内第一台快速热处理设备 RTP100 被顺利应用到了当时的晶圆代工厂产线上。

这个项目不仅得到了商业上的成功，在技术上也取得了突破，获得了当年的国家发明奖和中国专利金奖。

1993 年在北京清华大学读书的张鹏飞
（张鹏飞在清华实验室工作，旁边的设备是国内第一台半导体快速热处理设备 RTP100）

这次经历让张鹏飞意识到，自己真正的兴趣并非做研究写论文，而是把理论转化为产品，把高科技转化为用户体验，将学到的知识转化为有竞争力的产品，造福世人。

从本科、硕士到博士，清华的 11 年时光，不仅让张鹏飞打牢了知识基础，也将一颗创业的种子埋在心中。

硅谷 11 年

带着初始的创业思想，1994 年，张鹏飞来到了美国 UCLA（加州大学洛杉矶分校）做博士后研究。

20 世纪 90 年代，半导体行业出现了一个新的技术方向——射频集成电路设计。而在此前，业界一直认为射频电路只能用分立元器件来搭建，其中一个最重要的原因是电感无法集成，必须以独立的分立器件放在集成电路外面；另外由于工艺不够先进，晶体管的运行速度也无法满足射频电路的高频需求。

但是到了 20 世纪 90 年代中期，伯克利、UCLA、斯坦福等高校研究机构的

张鹏飞 2000 年 美国圣荷西实验室
（张鹏飞在硅谷的实验室，当时参与开发的正是 2.4GHz/5.8GHz 双频 Wi-Fi 芯片）

教授、科学家们陆续解决了这些问题。当时正在 UCLA 做博士后研究的张鹏飞有幸亲身体验到了半导体发展的这些最前沿技术，他敏锐地意识到，射频集成电路正式开始从学院研究走向工业界了。

俗话说，机会总是留给有准备的人，这段时间在 UCLA 的积累，为张鹏飞接下来在射频集成电路领域的创业打下了直接的技术基础。

当年的硅谷，创业的氛围热火朝天，产业机会非常多，例如，发现一个新的平面工艺，就可能带动出一个全新的产业领域；做出一个计算器芯片、手表芯片，也能成就一家企业。

选对方向是成功的关键，面对如此多的机会，该如何作出自己的选择呢？在对几家半导体产业成功公司的发展历程分析比较后，张鹏飞发现，真正对产业做出影响的成功企业，都是在某个技术领域实现深入聚焦与延展的公司。

结合当时的射频集成电路发展风口，张鹏飞与合作伙伴将创业目标投向了射频集成电路设计，这就是 Resonext Communications 公司。1998 年，他们成功设计出了双频 2.4GHz/5.8GHz 全集成 Wi-Fi 芯片，是世界上第一款双频全集成 Wi-Fi 芯片，在当时的硅谷，Resonext Communications 在这一领域算得上数一数二的公司。

2002 年，Resonext Communications 公司以 1.3 亿美元被当时的射频 PA 巨头 RFMD 公司收购（2015 年，RFMD 与 TriQuint 合并，后改名为 Qorvo）。这直接促成了张鹏飞 2005 年回国创立博通集成。

"当时决定卖出公司，很大程度上是受到了国内政策环境的感召。"张鹏飞深有感触地表示，"2000 年，国务院出台 18 号文，国内的半导体商业化发展开始起步，我们觉得，要想对产业作出真正贡献，最大的机会在国内。"

将硅谷的成功经验再次复制

带着硅谷的成功经验、技术团队和初始资金，张鹏飞毅然选择回国创业。2005 年，博通集成在上海成立。

这其中，促使张鹏飞归国创业的还有一个关键人物高秉强教授，他也是博通集成的第一位投资人。

高秉强是香港科技大学的创校教授，曾在伯克利大学任教。"他在伯克利做的是非常重要的研究工作，是建立 CMOS 器件的晶体管模型 BSIM，直到今天，我们做芯片设计，没有他的模型是无法进行的。"张鹏飞不无钦佩地表示。与高教授的相识，源于清华期间，那时，高教授经常来清华讲学，张鹏飞

2019年4月博通集成在A股主板挂牌上市

就是座下认真听讲的学生。

看到国内半导体发展的强大生命力，高秉强选择离开美国，开始在国内投资半导体。在高秉强的带动下，张鹏飞深入考察了国内半导体产业的发展状况。当年，中芯国际与展讯（2013年纳入清华紫光集团，后与锐迪科合并为展锐）的业务都已经步入正轨。张鹏飞找到清华学长武平（展讯创始人）了解情况，武平告诉张鹏飞，射频无线通信是很重要的战略要地，国内在这一领域技术上严重缺失，现在回来机会正好。清华校友的创业切身感受，加上在信息交流、政策指导方面毫无保留的支持，更是明确了张鹏飞归国创业的决心。

凭借在射频集成电路设计领域的雄厚技术积累以及强大的人才团队，博通集成成立第二年就实现了盈利。张鹏飞指出："这要得益于初期的目标选择，另外就是聚焦这一领域持续的投入和积累。"

创立初期，博通集成将产品定位为无绳电话芯片设计。当时，无绳电话就像后来普及的手机一样，是移动通信的主力产品。凭借之前在国外无线通信领域技术、市场、渠道等方面的积累，无绳电话产品为他们赢得了丰厚的利润，也为下一步的产品开发保证了研发投入。

在产品规划上，与国内的产业相结合，真正解决国计民生的挑战，这是博通集成产品定位的另一指导思想。早在2007年，博通集成就深度参与到国家智

不停车收费

全国第一颗 ETC 芯片

慧高速的标准制定中，目前已成为国内智慧高速 ETC 领域最大的供应商，形成了围绕智慧高速的一整套产品方案，包括 ETC 芯片、5.8GHz 收发器、低功耗的 MCU、加密芯片、读卡器芯片等。在智能家居领域，博通集成可提供国内品类最齐全的蓝牙系列产品，在 Wi-Fi 产品线上，博通集成做到了国内出货量最大。尤其是在汽车应用领域，博通集成的车规芯片已经进入宝马、奔驰等一线车企供应链。

发展至今，博通集成已建立起完整的无线传输产品平台，支持丰富的无线协议和通信标准，为包括多个世界知名品牌在内的国内外客户提供低功耗、高性能的无线射频和微处理器 SoC 芯片，为智能交通和物联网提供完整的解决方案。

人生信条：just don't stop

谈及时下半导体产业被"卡脖子"的现状，张鹏飞乐观地表示："这说明我们有脖子可卡，30 年之前我们不用担心卡脖子，因为我们的半导体产业完全不成气候。前几年我们在半导体领域还是做了一些事情的，只不过有短板，所以被卡脖子。"对于材料、设备、芯片方面的短板，张鹏飞认为有些领域只要努力发展，3 ～ 5 年就有可能解决这一问题。例如，以前大家不愿意用国产芯片，并不是没有，而是行业排斥国产产品，没有给国货试用迭代的机会，现在这个试用问题解决了，相信被卡脖子的问题也会迎刃而解，但不可否认，有些领域的"卡脖子"问题，需要从长计议，可能需要 5 至 10 年，甚至更长的时间，进行长期持续的投入，大力度的投入。国家从政府到产业已经认识到了半

马拉松比赛中的张鹏飞

导体的高科技基础重要属性。另外，半导体产业是全球化的产业，即便美国现在要人为割裂，要与我们脱钩，但从我们的认识上，仍然要保持全球化开放合作的态度，即便与美国部分脱钩，我们仍要努力保持与美国之外的其他国家地区开放合作。

"Whatever comes，just don't stop"，酷爱跑步的张鹏飞对耐克创始人的这句名言甚为赞同。他表示："做企业和人生一样，不同的阶段，会面临不同的挑战，我们所要做的就是去不断解决这些新挑战，just do it，just don't stop，一直长期地积累和努力，付出就一定能够得到回报！"

赵国光：速度与激情齐飞

在长周期、高风险的半导体行业，一家企业进入安全线的平均速度通常是8 到 10 年。但 2015 年成立的主营为智能音视频 SoC 芯片的恒玄科技仅仅用了5 年时间，就成功登陆科创板，呈现出超越行业规律的速度。他们是如何创造出这惊人的速度与激情的呢？

恒玄的速度

追本溯源，5 年即上市的恒玄到底做对了哪些事情？

恒玄科技是由两位清华校友张亮和赵国光联合创立的，我们采访到了其中一位创始人赵国光，希望从他的经历中寻找答案。

从清华微电子硕士毕业之后，赵国光进入业界最早开发 Wi-Fi 芯片的 RFIC 公司，2004 年机缘巧合加入了日后在大陆芯片史上书写传奇的锐迪科。赵国光总结那段峥嵘岁月说：一方面是创始人及研发团队积累的丰富经验，并不断快速技术迭代优化；另一方面抓住了手机市场的风口，从小灵通到大灵通、再从功能机到智能机，锐迪科以射频芯片起家，因势得利，成为那一时代的先锋。

在锐迪科的 11 年中，赵国光历任设计经理、运营总监、运营副总裁，在技术、运营、管理等各方面都得到了历练。2015 年，在职业发展的十字路口，在心中创业梦想的激励下，创立了恒玄科技。

新成立的恒玄首先要解决的问题就是选择赛道，这考验的不仅仅是资金、技术、市场等的执行力，更考验创始人的格局与前瞻性。

2014 年 6 月，国务院印发《国家集成电路产业发展推进纲要》，将物联网领域的芯片设计工作列为主要任务和发展重点。同年，国家发改委联合四部门发布《关于印发国家规划布局内重点软件和集成电路设计领域的通知》，强调将物联网芯片列为重点集成电路设计领域。从国家层面肯定了物联网芯片设计的重要战略地位和发展意义。在经过细致的调研和缜密的思考之后，恒玄决定选择小众但大有可为的 TWS 蓝牙音频芯片。一方面是考虑做标准化产品需不断

2020 年 12 月恒玄科技在上海证券交易所科创板上市（右为赵国光）

迭代适应新标准协议，而且因标准化导致同质化，从而容易陷入价格战；另一方面，音频和图像芯片是没有标准的，属于没有最好只有更好的产品流派，客户一般都会要求定制化，而且市场需求也一直持续发展，应当可以做一个小而美的公司。

好的开始等于成功了一半。恒玄集中火力投入到这一产品的开发与推广，经过一年多的研发之后，正巧赶上 2016 年底苹果强势推出了 AirPods，带动了 TWS 蓝牙耳机的大风潮，恒玄迎来开门红。运气的背后是以恒玄的硬实力为后盾的。赵国光提及，当时一些芯片大厂也有类似方案，但都没有解决无线蓝牙耳机左右耳同时通话的技术挑战，而恒玄自主研发了 IBRT 技术，解决了耗电不均、左右耳机延时过长的问题，而随着苹果的 AirPods 成为现象级产品，其他手机厂商如华为、小米、OPPO 等也及时跟进切入，并且需要高性价比方案，恒玄抓住了这一时间窗口，经过几番锤炼后成功获得正反馈。

此后，恒玄再接再厉推出了降噪功能，成为业内首家实现主动降噪蓝牙单芯片量产的厂商，帮助其客户进一步追赶苹果。并且恒玄还多路并进，在 Type-C 音频芯片领域发力，与世界顶级厂商 Synaptics、Cirrus Logic 的产品相比，技术指标非常接近。据公开数据显示，恒玄科技用于 TWS 无线蓝牙耳机的芯片出货量在主流品牌中实现了领先。

恒玄产品已进入主要终端品牌厂商，包括三星、华为、OPPO、vivo、小米等手机品牌及哈曼、Sony、Skullcandy、漫步者、万魔等专业音频厂商。此外，其产品亦在谷歌、阿里、百度等互联网公司的音频产品中得到应用。可以说，品牌客户的深度及广度成为恒玄重要的竞争优势和商业壁垒。

看似恒玄一路发展顺风顺水，只是其中的艰辛不为外人知道而已。赵国光说，进入大品牌客户供应链是非常难的，对公司认证要求非常高。在这个过程中恒玄也暴露了很多自身的问题，但正是通过大品牌大客户的牵引，逼着恒玄不断改进不断进步，经过五六代的迭代，产品接近一流水平，成功跻身主力品牌供应链阵营。这样恒玄才得以在这一赛道中站稳脚跟，同时也让恒玄通过 TWS 耳机作为渗透切入点，进入更大的赛道即智能物联网市场，将应用不断延伸扩展到如智能音箱、智能手表等领域，走上了快车道。

清华的抱团

如今恒玄欣欣向荣的发展，离不开清华系几次强有力的助攻，不然也许就是另外的故事了。

毕竟，创业公司不论是资金、产品、供应链、客户等，随便一个坑都会让创业公司摔一个跟头。赵国光还记得，尽管那时国家大基金一期刚推出不久，但对大陆半导体业的投资还远不如现在这么火，而且不少投资机构认为蓝牙耳机芯片产品不太入流，因此恒玄在资本市场并不太受追捧。

恒玄的两位创始人，张亮与赵国光，都是清华系的，和衷共济的 DNA 让恒玄得到的助力多多。赵国光记得，通过清华学长的推荐，国内知名的投资机构元禾璞华开始接洽恒玄，而投委会主席陈大同在这一领域有多年的技术、管理和投资经验，他的投资也产生了羊群效应，后来陆续有清华的基金以及知名投资机构跟进，为恒玄的发轫强力输血。

此外，一众清华圈的各种资源支持亦是雪中送炭。一方面清华师兄师弟为恒玄在资本、研发、供应链、渠道等方面提供了诸多有益的建议，另一方面提供了诸多宝贵的资源支持，包括上市会计师事务所的推荐、券商的引入等，还有上下游资源的联合等。

赵国光由衷地感慨说，清华系校友一方面热心组织各种交流活动，资源对接；另一方面特别互帮互助，互敬友爱。或许正是由于这种能量密度，也让清华系在大陆半导体业开创了功勋卓著的成就与高度。

在这一过程中，赵国光很有感触地提到，在 2013 年之前，国内做芯片其实很难，没有实打实的终端品牌，大部分都是山寨机。国内很多第一代半导体设计公司跟着山寨机发展起来，但也陷入一个怪圈，因为山寨机大都是低端的，没法带动国内芯片产业提升，这其实是一个相互制约的过程。稍微有些知名度的品牌客户不愿意采用国内芯片，也导致国内芯片只能在低端徘徊。恒玄的初心就是要将产品打入品牌客户，这代表一种实力、一种品质、一种信仰，也代表国内半导体设计企业终将与本土终端客户实现正向促进、共生共荣。

未来的激情

走过"速度"壮大的时光，恒玄下一步将迎来怎样激情澎湃的岁月？

对于未来的发展，恒玄胸有成竹，半导体业行业先行者的技术壁垒明显。恒玄不断拓展向 SoC 主控芯片进发，将在研发设计、制造工艺以及软硬件协同开发等技术上不断着力提升，满足智能终端产品的升级以及无线智能音视频技术普遍应用的需要。未来将以前瞻的研发及专利布局、持续的技术积累、快速的产品演进、灵活的客户服务，不断推出有竞争力的芯片产品及解决方案。

作为技术驱动型企业，要想持续领先，技术创新不可或缺。一个典型的例证就是近年来，恒玄科技研发逐年加码，研发投入约占营业收入的 20% 左右。

而从市场大势来看，增势依然强劲。根据 Canalys 的数据，2021 年 TWS 耳机将同比增长 39%，达到 3.5 亿对；2021 年智能音箱将销售 1.63 亿个，同比增长 21%。根据 Gartner 的预测，2021 年手表将有 18.1% 的增速，相比较 2020 年销售额为 690 亿美元，2021 年销售额将会有 815 亿美元。

可以说，恒玄"用势得利"的激情篇章仍将持续上演。

对于目前不确定性加大、波谲云诡的国际环境，赵国光仍主张，国内半导体业一定要着力于全球化，尽管全球化可能会遇到挫折，但长期来看，全球化仍是趋势，只有全球化才能提升和验证企业的核心竞争力。如果仅着眼于国产替代，将会让芯片厂商很难走出去，对企业的长期发展不利。

"毕竟，2000 年左右，大陆芯片业甚至都不会正向设计，与美国设计水平更是相差 20 年左右，后来一批海归回国创业带动大陆芯片业起步，随着政策的支持、资金的投入以及人才的引入，国内从设计、制造、封测产业生态逐步发展初具规模。到如今，大陆设计业与美国相比大概差距为 5 年，一些高端芯片可能是 10 年，但从差距 20 年到现在可能平均差距为 5 年，这就是在不断进步的过程。从不会做到会做、再到做好、做得强，国内芯片设计业一直在不断前进，未来机会还很大，大有可为。"赵国光的话饱含对国内设计业走过艰辛历程之后拾级而上的无限期望。

永不消逝的电波背后

如果说手机基带芯片是数字芯片皇冠上的明珠，那么射频无疑就是模拟芯片皇冠上的明珠。

过去十几年里，通信行业经历了从 2G 到 3G 到 4G 到 5G 的发展历程，射频技术也不断升级，数量不断增加。一支 5G 手机射频芯片平均价值量达到 25 ～ 30 美元，预计 2025 年全球移动终端射频前端总市场将达到 250 亿美元。值得注意的是，GPS 卫星、蓝牙、Wi-Fi、NFC 等各种无线连接，也都需要射频芯片支持。我们的生活也越来越"无线"；随时随地网聊和看视频，随时随地处理工作，开上导航一脚油门直接出发，无线的未来是"无限"的。

如此水涨船高的巨量市场，自然引无数英雄竞折腰。从 2000 年起，中国成为全球最大的移动通信市场，国产手机大发展，对国内芯片起到了很大的拉动作用，国产的 GSM PA（射频功率放大芯片）就达到了很大的发货量，成为中国射频芯片发展的第一次飞跃。

而在围绕射频芯片的争霸战中，上演了从 1999 至 2011 年国外巨头垄断期到 2012—2019 年上阵父子兵、打虎亲兄弟，国内厂商杀出重围的跌宕起伏的剧情。

其中 TEEC 中一批杰出的创业者，正成为中国大陆射频芯片行业的中坚力量。他们是无线通信时代的护航者，也是清华校训的践行者。

国内最早做出爆款射频产品（GSM PA）的锐迪科，其高管张亮拥有清华微电子学位，后创立恒玄科技（蓝牙耳机 SoC）并成功上市。

手机射频芯片行业领头羊是许志翰领衔的卓胜微，从 GPS LNA 这个细分领域成功切入市场。2012 年凭借开创型的 RF CMOS 工艺的 LNA 拿到了三星的大单，从此平步青云。2019 年成功上市，市值超千亿元。

2011 年，龙华带领深圳国民技术"射频功率放大器产品部"开发的 3G PA 成功用于 TD-SCDMA 智能手机。2015 年，他带领团队从国民技术分拆成立飞骧科技，已经是有枪有炮，和一般的创业公司比不可同日而语了。

2011 年 11 月 11 日这个特殊的日子，李阳和伙伴从美国回来创办广州慧智微，提出射频前端可重构技术，用软件的方式来定义硬件。在 2015 年成功推出产品并拿到品牌大厂的百万订单。

也就在 2012 年 9 月，杨清华辞掉中科院的科研工作创办贵州中科汉天下，专注于射频功放、BAW 滤波器和 MEMS 器件设计研发。

2018 年，张海涛从美国归来创立芯百特，避开火热的手机赛道，专攻应用于微基站、Wi-Fi AP 的射频芯片。

许志翰：芯片界最为曲折的创业历史

"在当今这个年代，做芯片产业的伙伴们，要聚焦到好的品牌客户，好的合作伙伴，要做出高品质、高性能，能够给客户带来价值的产品，如果真有这样的耐下心来好好做的东西，它的前景一定会美好。"

——许志翰

卓胜微的发展跌宕起伏。其成就的规模、速度虽具偶然性，但在初创企业如何成功方面，却给出了一些普遍性的启示。

1990年许志翰考入清华大学计算机系，在校期间结识了很多终生的好友。其中就包括清华85级电子工程系冯晨晖，和北大90级物理系唐壮。3

2006年初创时期（左起）许志翰、唐壮、冯晨晖

人先后去美国留学、工作，没有走时髦的互联网路线，而是专注在半导体集成电路领域。留美期间，3人常常聚会，除叙旧之外，更多是讨论技术问题及行业前景。当时虽没有明确的愿景浮现，但一种足以在未来共同抵御风雨的默契与信任已悄然种下。

2000年后，中国成为全球最大电子消费品市场。消费的爆发也带动了整机产业发展。芯片需求爆炸式上涨，但因国内芯片行业尚在起步阶段，元器件基本依靠进口。世纪之交，有了一个海外归国创业做芯片的小高潮。2005年底，许志翰看到了地面电视和手机电视接收芯片的机会，与两位好友商讨后，决定回国创业。此时，许志翰与唐壮的共同好友，也是清华同学的姚立生肯定了他们的设想，成为卓胜微的天使投资人，并分享他在手机行业中的资源。随后，清华师兄张帆创始的红杉资本中国基金投资卓胜微400万美元。许志翰说："当时也看不到愿景，只是觉得有这样的资源、时机点合适，就回来了。"

卓胜微创业初始选择的产品路线是手机数字电视芯片。它的功能是给手机或便携终端带来来自空中无线信号的数字电视节目。在当年，这是很时髦的概念和应用。2009 年下半年，三星手机全面支持手机电视功能。三星作为手机大厂，为了供应链安全，采用双供应商策略，经过严格测试后，在近 30 家手机电视芯片公司中选用了卓胜微的一揽子方案，并实现规模出货。当时的卓胜微还是一家只有四五十人的小公司，其体量并不匹配三星选择供应商的常规逻辑。略去过程中的艰辛与委屈不谈，许志翰回忆，这是卓胜微团队第一次靠自己的能力系统性地搞定大客户，而这一经历修正了创业之初的设想——并非只要有好的技术、产品就一定可以有市场和客户。以上只是基础，而做大客户，需要专门的开拓、很多的资源、努力和一些机缘巧合。

还没有来得及享用成功的果实，新的挑战又已到来。随着苹果 iPhone 问世，从 2010 年开始，国产手机厂商纷纷开启了智能手机研发。智能手机海量的应用也代替了手机电视。一夜之间，手机电视芯片被众多客户抛弃。已经创业 5 年的卓胜微面临生死挑战。

2011 年底，许志翰到处寻找新的市场机会，这年喝的酒比之前加起来喝的都多。在无数次碰壁后，他发现手机电视中的核心射频芯片技术在智能手机时代有不一样的应用前景。智能手机需要定位功能，空中的 GPS 信号太弱，手机上需要增加一个信号放大功能的 LNA 芯片。当时这样的芯片都被欧美供应商把控，价格高，并且因为是特殊工艺，供应产能很小，不能满足快速增长的智能手机市场需求。卓胜微能否用技术创新的方式解决这个困境，从而为公司发展找到一线机会呢？茫茫大海中，似乎看到了一线陆地的远影。

这年年终，公司账上的钱几乎烧光，只够支撑两个月的现金，发工资都成了头疼的事情，更不要说研发。在最接近放弃的时间点上，有一周，每天晚上等员工下班后，3 位创业者就在上海办公室窄窄的走廊里，围着一张小茶几聊到深夜，抽很多的烟。老冯慢条斯理、老唐脾气火爆，老许自认为介于二者之间。3 人的聊天时而聚焦、时而散漫，等过去、现在、未来，技术、产品、应用，个人、团队、公司都聊过之后，他们决定继续，利用一切资源赌下去！

3 个合伙人在那时领悟到的核心问题是，技术怎样能跟市场的需求紧密结合，创业者是不是能认清自己的局限，知道该怎么做，提升市场感觉？因为对市场方向和团队能力都有了明确的信心，3 人决定破釜沉舟，战略放弃手机电视芯片业务，全部投入到射频领域。公司从 100 多人缩编到 40 人左右，只保留射频芯片的核心研发人员，每个月费用降低到 100 万元左右。在资金筹措过程中，有一个阶段，甚至要依靠家人支持，进行私人借贷维持公司运营。被团队的拼搏精神所感动，2012 年底清华 89 级黄竖师兄带领的沉渡资本入股支持，2013 年陈大同、武平师兄创立的展讯战略投资加入，卓胜微走出了至暗时刻。

2013 年 1 月，卓胜微推出了业界首款用台积电 CMOS 工艺生产的 GPS LNA 芯片，并快速占领市场。2014 年公司推出业界领先的射频开关产品，2015 年公司开始盈利，并开始推出一系列射频芯片产品，服务主流的安卓智能手机客户。2015 年到 2021 年，公司以年平均增长率超过 100% 的速度发展。2019 年，卓胜微成功上市，市值一度超千亿元，投资人获得了丰厚回报。

复盘卓胜微的历程，固然有运气的成分，抓住了智能手机发展的好机会，但在必然性方面，起关键作用的是团队的技术能力、市场方向、精神力量。很多年后，当别人问起在公司几乎要活不下去的时候，什么对团队决定继续起了决定性的作用？许志翰说："我们的三观、理念都是一致的，就是相信科技改变未来；相信优秀的团队一定能做出优秀的产品；相信抓住合适的市场机会一定能成功。"这样的话乍听来正确得近乎敷衍，但卓胜微恰恰是靠朴素的原则运转的。3 位创始人在回国之初简单地讨论了一下分工，随即固定下来，从未细究谁更吃亏，谁占便宜。在最艰难的一年里留下的四十多个员工，许志翰认为他们的特点也是如此：理念一致、坚持、朴素、能吃苦。卓胜微不但度过了危难的考验，也没有在发展顺利之后产生复杂的办公室政治，即与这样的团队气质有关。

如今，卓胜微已成为射频领域的龙头企业，而 3 位合伙人最大的欣慰并非是身价的提升，而是没有辜负过去 20 年改革开放与科技进步的时运。谈到对未来的愿景，许志翰说，既然已经幸而获得了这样的机遇，达到了这样的高度，就希望能将公司带到更高的平台，更为半导体行业的后继者们进行一些必要的开拓，虽然理想有可能受到未来经济政治与国际关系不确定因素的制约，但依然值得为它投入。而在社会责任方面，公司与个人都应在物质与精神方面为社会做更多的事，为未来培育种子。

李阳：耐得住寂寞，坚持自主技术

2021 年 2 月，慧智微电子摘得 GTI Honorary Award 大奖，成为该奖项设立以来首次获此殊荣的中国射频前端公司，同期获得该奖项的另外 3 家公司是高通、土耳其通信和华为。一年前，搭载慧智微 5G PA 模组的首批手机终端批量生产。拆解机构 eWisetech 的报告称该模组是集成度最高的 5G 射频前端模组。

2011 年创办慧智微时，李阳不曾想到这家以 4G 为契机成立的公司，真正迎来爆发会是在 5G 时代。不过，正如他自己所说，"作为一个创新者，要一步一步往上挪，很难昂首高歌一帆风顺"，这也是"做比较难但可能正确的事"必须经历的磨炼。

做难而正确的事是李阳一直以来的坚持，在他看来，做技术上的跟随者固然可能是更好的商业选择，但不走自主路线终究难以超越对手，更将遭遇先行者的专利壁垒。慧智微的诞生便起自于他的一个创新思路，尽管这条不同于当时世界主流技术的路线花了他足足 4 年时间才走通，也未能在市场已被占据的情况下为他带来巨大的商业成功，却让他在新一代通信技术到来之前已经做了足够的技术积累，在 5G 时代水到渠成地跻身国内主要玩家之列。

从清华博士到哈佛博士后

本科出身清华大学的李阳是个世人眼中标准的"学霸"。1991 年从东北老家进入清华大学电子工程系主攻微波方向，5 年后本科毕业留校直接攻博，2001 年取得博士学位。整整 10 年，清华大学的校风校训在他身上烙下了深刻的印记。从世界观到方法论，乃至专业积累，都是在此期间完成的。忆及母校，李阳充满感情："很感恩，也很幸运。"

2020 年"中国芯"大会，慧智微 5G 产品获评"2020 年度重大创新突破产品"奖

离开大学校园，李阳做的第一件事情就是创业。那正是《鼓励软件产业和集成电路产业发展的若干政策》（18 号文）出台不久，国内创业掀起第一次小高潮的初期。不同于如今大学生创业的火热，当时走出校园便选择创业的人极少。李阳却偏偏选择了这条少有人走的路，他的创业方向是蓝牙。那一年蓝牙 1.1 版刚刚问世，日后应用最广泛的蓝牙 2.0+EDR 标准 3 年后才会出现。人生没有彩排，只有现场直播。虽然那次创业没能成功，但李阳在此过程中收获和领悟不少，也成为他日后再创业的养分。

2003 年，李阳赴美留学，到哈佛大学攻读博士后。做博士后期间，他所在的 RFIC 实验室，做的正是射频技术，从此他与射频技术结下不解之缘。

2004 年起，他先后进入波士顿本地一家无线传感网络公司、Peregrine（派更半导体）在新英格兰地区的设计中心、Skyworks（思佳讯）公司，从事 3G、4G 射频功率放大器（PA）的研发工作。直到回国创业为止，他在美国待了足足 8 年。

对他而言，这是一段极其宝贵的技术积累期。在此期间，他融合了射频前端两大半导体工艺——SOI 和砷化镓 HBT 的设计经验，前者发生于 Peregrine 时期，后者则是他在 Skyworks 的主要工作。特别是对 SOI 的研发，令他受益匪浅。那是在 Peregrine 工作期间，他首次接触到早期的绝缘硅技术——SOS（Silicon On Sapphire，蓝宝石上硅）。SOS 正是日后称霸 5G 射频领域的 SOI（Silicon On Insulator）的前身，对蓝宝石衬底的研究为更为通用的绝缘体硅 SOI 的发展奠定了基础。作为业界最早研究用 SOI 设计射频芯片的公司，Peregrine 2005 年前后已开始用 SOI 做手机射频开关、基站开关、数字控制器、功率放大器等，李阳便参与了 RF-SOI 的早期技术开发工作。

此外，在公司的支持下，李阳还利用业余时间在享誉全球的巴布森商学院取得了 MBA 学位。他的 MBA 同学中不乏通信行业的创业者和射频巨头的高管，他日后的创业伙伴郭耀辉便是其中之一。就在与这些同学的交流中，李阳第二次创业的想法开始产生并逐渐成熟。

从 4G 射频前端突破到 5G 时代爆发

正值 4G 全球商用到来之际，由于 4G 相比 3G 频段大幅增加，为了支持全球频段，4G 手机里需要放很多的功率放大器，随之而来的是射频前端成本和面积增加，这是终端厂商难以接受的。彼时正在 Skyworks 负责 4G PA 研发的李阳就萌生想法：能不能用可调可配置能力更强的工艺来做射频前端，使得射频前端有可调谐和可配置功能？答案是肯定的。他当即就意识到在 4G 大规模商用之后，可配置性更强的 PA 将迎来难得的商机。曾在国内从事手机研发的郭耀辉也肯定了李阳的设想。

2011 年底，李阳和郭耀辉一起回国创立慧智微，正式开始了 4G 射频自主创新技术的探索。目标是利用可配置功能把射频前端变得更智能，来应对更多场景下的不同配置的需求。虽然概念简单，但具体实现过程非常有挑战，需要解决射频前端的一系列问题，比如新架构下满足协议的大功率输出、足够宽的调谐范围、调谐后实现更有优势的性能。

2012 年慧智微实验室组装可重构射频前端芯片

那时新生的慧智微还只有李阳和郭耀辉两个人，连招聘面试都是借用朋友的公司，仅招募最初的团队，他们就用了 3 个多月。有了基本的团队，他们开始在不考虑产品化的情况下，验证技术方案，到产品原型开发成功已经是 2013 年了。原型开发的成功，给了李阳团队极大的信心。之后，李阳带领团队将技术原型快速转向产品开发，到 2014 年底，全球首款商用可重构射频前端有了第一个小批量产品。而产品真正实现规模量产出货则已是 2015 年中。

用了整整 4 年，李阳终于把设想中的创新技术方案，打磨成了一个 4G 射频前端产品。这 4 年中，李阳遇到过多少挫折他自己都记不清了。作为一个技术研发者，李阳起初坚信只要技术足够好、优势足够大，自然不愁销路。所以不曾考虑管脚兼容的问题，最初慧智微设计的产品是和别家管脚不兼容的，虽然体积更小、支持的频段更多，也有厂商小批量试用，但最终没能持续下去。于是此后，李阳就开始推出管脚兼容产品。他说："像这种教训挺多的，如果你要走一条跟随的路，很多坑就不趟了，像我们想做自主技术，可能就会踩很多坑，但我觉得每

2014 年慧智微开发的可重构射频前端芯片原型

一个挫折都会带给你一些对商业本质、对客户的一些思考。"

甚至在管脚兼容产品推出之后很长时间，慧智微的路都走得不算平顺。那时候，Skyworks 等国际巨头已有成熟的 4G 射频解决方案。同期，由前 RFMD（后与 TriQuint 合并成为 Qrovo）人员成立的唯捷创芯已成为国内最大的 4G 射频设计公司。而中科汉天下采用长尾市场策略，收割了大量 2G、3G 射频市场份额。慧智微的产品只是给市场增加了一种选择。李阳回忆说："那个时候其实对一个创新的产品来讲，不是一个好的时候，因为在那个时候大家并不需要更好的性能，当前的解决方案已经很好满足了那个时候的需求。"

然而正是这段并不平顺的历程，让李阳与他的慧智微完成了技术积累，并构建起了可重构技术架构基础知识产权的壁垒，更搭建出了一个善于创新、主动思考的团队，为 5G 时代的爆发奠定基础。

从家国情怀到策略思考

当然，从商业利益考虑，做国外巨头的技术跟随者可能更经济。但自主创新是李阳不能放弃的追求，这多少与清华学子的家国情怀有关。事实上，尚未归国之前，李阳有一次回到清华母校，看到师弟师妹们做实验时依然是在申请使用美国芯片时，便已萌生要改变现状，让大家用上国产高性能芯片的想法，只是一直没有契机促使他付诸行动，直到看到 3G 向 4G 演进中潜在的创业机会。

在美国期间，李阳当时所在波士顿区域周围高校林立，不少清华校友在附近深造、工作、创业，校友之间沟通交流频繁。在归国前，RDA 联合创始人、恒玄科技董事长张亮，卓胜微创始人兼 CEO 许志翰，博通集成创始人张鹏飞等校友中归国创业的"前辈"给李阳提供了非常中肯的建议。李阳的慧智微成功在广州落地，这些校友功不可没。有一些校友还直接成为他的投资人，比如元禾璞华陈大同等。他们分享的创业经验，也给创业初期的李阳不小助力。他坦言："这样的话能少走很多弯路，大家都是属于非常成功的企业家，都是走技术路线的，所以他们的经验就更值得参考和借鉴。"

在与清华校友的交流中，李阳能感受到浓浓的家国情怀，感受到大家希望在这个大时代做些事，实现创业报国、产业报国的心愿，在美国打压中国半导体产业的当下，这一点尤为关键。在李阳看来："我感觉每个领域大家都需要做一些比较难，但可能是正确的事。如果有很多人这么耕耘，把自己手头一小摊事做好，咱们国家的力量就会增加很多。"

而半导体需要长期深耕和创新的特点，决定了发展半导体需要充分的"策略思考"。而李阳"策略思考"的结果就是自主创新。他认为，跟进和模仿海外的技术，是永远无法超越对方的。他说："如果你每一个节点是按照别人的路线走，这时你可能正好是落入到别人的策略里，无法形成长期有效竞争。"更重要的是，射频领域早已有海外巨头深耕多年，无论是技术完善度还是核心专利，都非本土创业公司可比。做技术跟随者始终无法形成自己的知识产权壁垒，难以避开对方的技术封锁。唯有自主创新才是技术突围的策略选择。

这是李阳从长期策略角度作的思考，也是慧智微坚持做自主技术创新的原因。回望一路行来的坎坷，李阳表示，如果重来一次他的选择不会有任何变化，依然会"扎扎实实做一些事情"。耐得住寂寞才守得住繁华。人生成长如此、企业发展如此、半导体产业亦如此。他提及，半导体是一个长期积累的过程，补短板需要长期的深耕和创新，无法一蹴而就，习惯找局部捷径，其结果往往是"求快得慢"。

产业情怀柔似水，热血铸就中国芯。李阳希望可以通过技术创新，走创新报国，产业强国之路，使中国可以摆脱对国际厂商的依赖。

张海涛：立志让中国芯登上射频之巅

2021 年中国 IC 风云榜颁奖典礼上星光熠熠，中国半导体行业未来的栋梁们纷纷登台亮相。其中一家企业颇为引人注目，那就是来自深圳的芯百特微电子有限公司。成立不过 3 年的芯百特，却已经在 5G 技术最为核心的高性能射频前端领域取得优异的表现，为中国芯在核心领域的突破贡献了非常宝贵的力量。

公司创始人张海涛也曾是清华园中的学子，毕业后远赴美国求学，在获得博士学位后，先后在高通、Qrovo 等几大世界级顶尖射频芯片公司工作多年。中兴事件之后，他深感国家缺芯之痛，毅然踏上回国创业之路，带领团队潜心产品研发和市场开拓，终于让国内 5G 基站用上了优秀的射频国产芯。

校友相助，赴美取经

张海涛

受做电子工程师的父亲的影响，张海涛自小对电子技术就表现了极大的兴趣。高中毕业时，学习成绩出众的他被保送进清华大学微电子专业。

在清华园度过了 7 年充实又愉快的时光后，张海涛在一位旅美多年的清华校友协助下，以半工半读的形式赴美留学。

他一边攻读博士，一边在这位校友创办的公司实习。这家公司在射频领域已精耕细作多年，吸收了很多技术大咖，技术领先于当时的业界。张海涛在公司里学做了 GaAs 器件、Wi-Fi 和手机等移动设备用的 PA 等，为以后的职业发展打下了坚实的基础。

获得博士学位以后，他又先后在 TriQuint 公司（TriQuint 公司后来与 RFMD 公司合并成为射频三巨头之一的 Qorvo 公司）、RFaxis、高通公司从事研发工作。因为像海绵一样拼命吸收各种知识，抓住一切机会学习，张海涛的技术进步很快，工作期间就曾独立运作过苹果 iPhone 5 和 iPhone 6 的 PA、滤波器等项目，成长为能独当一面的技术好手。

2018 年爆发的中兴事件成为张海涛回国创业的导火索。当时，在高通工作的每一位员工都收到了一封意在隐晦警告的信。这种做法深深刺激了张海涛的民族自尊心，也让他看到了中国芯片产业的新机会。

不过，独立创业并非张海涛最初所想，只是经过一段时间的摸索，他最终还是选择了这条道路，芯百特公司因此诞生。

站上 5G 潮头

PA、滤波器、天线并称为基站射频行业细分市场的三大核心产品。我国的基站射频行业发展较为迅速，但 PA、滤波器等核心器件的高端环节仍与先进国家存在较大差距。据统计，中国大陆射频 PA 和开关芯片厂商销售额大约为 3 亿美元，而全球射频 PA 和开关产品需求金额约为 60 亿美元，可见国内厂商仍在起步阶段，提升空间巨大。

进入 5G 商用时代后，基站信号覆盖和传输率都有了更高的标准。同时，只采用宏基站的模式在 5G 时代存在许多局限性，因此宏基站＋微基站将成为 5G 领域的主流方案，这也为国产 PA 提供了很好的应用空间。

张海涛经过仔细深入的分析，决定以 PA 为主攻方向。"基站的射频部分存在集成化的趋势，PA 是其中相当难做的部分，且国内与欧美的差距相对较大，国产化率比较低，尤其是非手机类的国产化率更低，这就是国产替代的难得机遇。"

在创建芯百特之前，张海涛做足了功课，对国内的 PA 产业发展状况进行了深入的调研，加之多年磨炼的技术功底，最终确定了很精确的产品定位和路线图。"我们公司设立之初所写的 BP（商业计划书），里面规划的产品跟现在产品的吻合度也非常高。"

因为研发实力出众，芯百特很快就获得了资本机构的青睐。在 2019 年，芯百特就完成数千万元的 A 轮融资，由复朴投资领投，UMC 资本、湖北小米长江产业基金跟投。

来自清华校友的帮助在公司融资过程中也起到了很大的作用。国内半导体圈多位著名的投资人也是清华校友，十分看好芯百特的前景，推荐了很多宝贵的资源，也促成了公司日后融资的顺利完成。

有了资本的青睐，芯百特团队一边潜心研发一边积极开拓市场，全力付出终于在 2020 年换取丰厚的回报。当年，公司在各个产品领域都取得了突破性进展。其中，Wi-Fi5 产品大量出货，Wi-Fi6 新产品量产，同时 5G 微基站和 UWB 等产品也在客户端成功导入。芯百特性能出众的产品已在市场上得到了客户的一致认可。

进入 2021 年，芯百特的表现又更进一步，出货已达千万量级，进入了国内主要设备商的供应链，并在海外运营商市场有所斩获。

创业就是修炼

像很多理工科的创业者一样，张海涛也为创业做了很多改变。他原来喜欢读名著，现在则多是在等飞机的时候读些创业的书。最爱的运动高尔夫球回国后一次没玩，平时的爱好只剩健身和读书了。尽管生活看似单调了，节奏也加快了，但是张海涛还是非常开心的，因为"终于能做自己喜欢的事了"。

谈起自己创业以来最大的感受，张海涛认为芯片设计只是其中很小的一部分，公司管理、法律规定、市场规则等，创业者需要的是全方位的学习和提升。

"理工科人的思维方式，对自己、对别人都要求完美，这就容易产生冲突。"为了让公司顺利运转，减少这种不必要的摩擦。张海涛就从自己开始做起，和员工打成一片，公司所有管理信息都实现公开透明。他希望团队成员能够互相尊重，彼此成就。"我们团队的前进方式是波浪形的，有冲劲也有韧性，不管遇到什么样的问题和挑战，大家齐心协力，最后都能达到目的。"

张海涛将创业看作一个很好的个人提升机会。"在打工的时候没有机会，只有到创业阶段才会'全方面'地犯错，完了之后才能学到很多以前根本没有意识到的东西，所以就交了很多学费。"他坦言这个过程非常磨炼个人的内心，只有把结果看淡，才能更加享受创业的过程。

杨清华：苦练内功的造芯人

　　杨清华是汉天下的创始人兼董事长，2012年放弃中科院研究员职位选择创业，成立汉天下，主做射频芯片。经过多年的打拼，目前汉天下已成为国内射频前端领域领先企业。

　　作为"清华系"芯片公司的一员，杨清华的事业与清华大学有着不可分割的关联。作为TEEC会员，杨清华认为，TEEC搭建起了与母校交流合作的平台。尤其是对于清华系创业者，在创业的历程中，借助清华校友会的平台，可以更好地进行政策和资源交流互换，人才信息的交流及推荐，激发校友热情，汇聚校友才智，同时也能更好地回馈母校及社会。

杨清华在清华校园留影（前排右一为杨清华）

知命不认命

在高校学习工作期间，杨清华目睹了很多科研项目往往停留在研究阶段，专利和论文出来后科研项目就戛然而止，未能再进一步深入落地到产业化，而这些科研项目如果能够进一步应用到产业中，将让技术真正转化为产品，让更多的人受益。

不甘于自己所从事的科研项目和技术仅停留在专利和理论层面，杨清华萌生了创业的想法，为了国产芯片的国产化及产业化走上创业之路，担负起项目转化的重任。

2012 年杨清华毅然辞掉了硕士生导师的职位创业，成立了汉天下公司，主攻手机芯片开发。

在手机芯片中，主要包括基带芯片、射频芯片、存储芯片。杨清华做的主要是射频前端芯片开发以及应用解决方案的研发和推广。公司创办 9 个月即研发推出第一款产品 CMOS PA。再凭借市场敏锐度、产品性能、价格、备货便捷等，汉天下迅速成为国内射频芯片中的黑马。目前，公司核心产品为应用于 4G/5G 移动终端的基于 MEMS 技术的体声波滤波器芯片及射频模组芯片。

2015 年，随着 5G 应用临近，射频前端模块的复杂度逐渐提高，给移动终端射频前端的设计带来了很多挑战。为了进一步实现自主可控的产业化发展，汉天下在苏州工业园区筹建一条自有并专用的 4G/5G 用高性能 MEMS 滤波器研发线；通过该研发线进行完全的自主设计和工艺研发，再交由代工厂进行大规模量产，即自有 Fab 研发 +Foundry 量产的循环双驱动模式，形成较完整的创新研发和产业化体系，实现 4G/5G 用高性能 MEMS 滤波器等产品的快速迭代。

在 2018 年整个经济下行和行业寒冬的背景下，公司依然能保持业绩不下滑，到 2018 年底，公司累计芯片出货量超过 30 亿颗。目前，汉天下产品已进入国内外上百家客户的方案，包括三星、诺基亚、传音、天珑、中兴、TCL 等企业。

未来，汉天下将在无源射频芯片、有源射频芯片以及射频前端模组等全射频产业链进行布局规划，持续引入资金支持，稳定布局，力争成为全系列射频前端芯片供应商。

为"中国芯"忧思疾呼

虽然汉天下在国内射频芯片领域取得了一些成绩，但是杨清华并没有陶醉其中，而是一直思索着"中国芯"如何能够突破掣肘，更加良性地发展。

目前国内的射频芯片公司存在小而散、产品同质化严重的问题。相对于美日巨头，无法摆脱中低端路线和低毛利率的现实，国内企业依然面临着残酷的生存问题。

时下，"卡脖子"问题已引发国内产业上下的关注，尽管政府政策、国家基金和社会资本给予了更多关注和投入，半导体行业已成为炙手可热的投资热土，但杨清华却一针见血地指出："IC从业者切莫受到互联网思维的影响，不可以融资多少为目的，不能抱以短平快解决问题的心态，不可以估值为王；而是要静下心来踏踏实实把产品做好，持续专注地投入；同时，资本的介入将吸引更多的从业者和团队加入到竞争行列里，特别是射频芯片领域的滤波器/双工器芯片，将会出现百花齐放、欣欣向荣的假象，实则是更加残酷和更加白热化的竞争"。

为此，杨清华提议，国内的芯片从业者要联手整合，整合的路径有两条：一是自上而下的技术角度整合，实现技术互补性；二是市场角度整合，实现市场、品牌和客户的壮大。只有携起手来，才能有机会挑战国际IDM厂商的设计、工艺和集成封装先进技术。

半导体市场不是一个完全竞争的市场，它需要政府的支持、引导和投资。几十年来，中国芯片取得长足进步，这与国家政策指导、集成电路设计、代工技术日趋成熟以及人才储备高速增长、市场需求持续驱动有着不可分割的关联，更是离不开如杨清华这样的苦练内功的一大批造芯人。目前在大数据、人工智能、物联网等新一代信息技术驱动下，集成电路产业面临产品及技术的更新迭代的关键时期，作为国之重器，作为一个国家国力和生产力的重要表现，中国在集成电路的发展上必须要厘清思路、把握好战略方向。

大国博弈之中，小小的芯片已成为承载国运之战。而习近平总书记反复告诫我们，关键核心技术是要不来、买不来、讨不来的。我国集成电路产业成功的要素不仅在于政策的助力、资金的支持、技术的创新，在其中起核心作用的是人才，特别是战斗在一线的企业家。他们需要雄才大略，在竞争激烈的市场中洞察机遇、选取支点、一往无前；他们需要瞄准目标，面对市场和技术的不确定性攻坚克难；他们需要负重前行，为中国半导体业的发展添砖加瓦，绽放光芒。

无疑，这些清华创业人都浸透着理想主义情怀，诚然，商业世界是逐利，更是残酷的，而他们很好地将理想和现实平衡好，他们都不自觉地把国外巨头

北京邮电大学杨清华兼职教授聘任仪式

作为赶超的目标，而不是仅仅盯着本土友商，内卷竞争。小到一项工艺，细到一个架构，他们都在尝试去做创新，无论是在弯道超车，或者换道超车的机会，他们都不轻言放弃，这种不自觉的创新已经渗透到他们的基因，他们时时刻刻都在践行着母校"自强不息，厚德载物"的校训，并大而化之，谱写了国内射频业从无到有、从小到大、从大到强的崭新篇章。

互联网篇：站在浪潮之巅

中国互联网20年，清华英雄时代刚启幕

中国互联网的起源是什么时候？如果将这个问题抛给目前中国的互联网从业人员，你很有可能会得到五花八门的答案。第一根光纤？第一封邮件？第一个论坛？还是第一家互联网公司的诞生？

没有标准答案。

在学术上，学者们往往把这一天归属于中国第一封邮件的发出，1987年，"Across the Great Wall we can reach every corner in the world"从北京710所的IBM-PC机上发给了位于日内瓦的西欧核子中心，邮件翻译成中文"走过长城，走向世界"，短短一句话，却传递出中国迫切与世界平等、迅速沟通的愿望。

在实践中，中国互联网起源的里程碑或许应该是1994年：以NCFC项目的名义，中国实现了与国际互联网的全功能连接。这个项目全称为"中国国家计算机与网络设施（The National Computing and Networking Facility of China）"，由中科院牵头、清华和北大共同承担，代表人物是胡启恒、胡道元。

同样是在1994年，清华大学参与承建CERNET（中国教育和科研计算机网），清华大学计算机系教授吴建平、胡道元成为中国互联网第一批"布道者"。

时至2000年，随着中国互联网全面提速，新浪、搜狐、网易三大门户网站确立，阿里、腾讯也已初成，共同揭开了中国互联网真正的序幕。

此后20年间，中国互联网从小众走向大众，从启蒙时代，经历PC互联网时代、移动互联网时代，再到数据互联网时代，清华园里也走出了张朝阳、王兴、王小川、龚宇、池宇峰、宿华、刘晓松、周亚辉、周枫、陈磊等互联网企业家，点亮了全国"互联网络"。

这是光荣与梦想的20年，但属于清华人的互联网故事其实才刚刚开始。

互联网的启蒙之光

一切都肇始于 1994 年的那个春天。

当时的中国，面临着接入互联网的 4 道关口——经费、政治、技术和政策，这 4 道关口，有千钧之重，像 4 块巨大的岩石，死死地堵在了中国连接国际互联网的道路上。

中国互联网先驱们写建议书，向国家要经费；与美国代表反复磋商，靠国际友人游说，突破政治封锁；打越洋电话解决技术问题；大年三十找相关部委领导解决政策壁垒……经过多方努力，终于在 1994 年 4 月 20 日，中关村地区教育和科研示范网络第一次从北京连到美国 Internet 国际专线，中国被国际正式承认为真正拥有全功能 Internet 的国家。

此时，吴建平向国家教育委员会提交了一份报告。这位 1977 年从清华毕业后就留校任教至今的计算机专家心急如焚：尽管中关村教育科研示范网络已完成，但对于全国高教系统来说还远远不够。于是，吴建平作为主要起草人之一，上呈了一份长达 8000 字的建议书，通过国家教委提交给国家计委。

提议迅速被批准。4 个月后，一个名为中国教育和科研计算机网（CERNET）的项目诞生。清华大学带领 10 所高校建设了这一中国首个互联网全国主干网 CERNET，项目负责人是吴建平，其首要目的是实现中国与国际学术计算机的网络互联。正如胡道元多年后所言，CERNET 的建成

关于印发《中国教育和科研计算机网（CERNET）分担部分通信运行费用的管理办法（试行）》的通知，1997 年 1 月 28 日（清华大学科学博物馆藏）

极大地促进了我国教育和科研事业的发展、人才的培养和信息化建设。

实际上，早在 20 世纪 50 年代就成立了计算机系、1978 年就开始了计算机网络研究工作的清华大学，在 16 年后的 1994 年牵头负责建设 CERNET，也是"事出有因"。

为了承担建设的重任，1994 年 6 月，清华大学信息网络工程研究中心成立，吴建平被任命为中心主任。

1996 年，100 台连通着互联网的计算机进驻清华大学"计算机开放实验室"，正式打开了清华学子的互联网新世界大门。1997 年，清华大学顺利与美国加州大学开了一场网络会议，时任加州大学伯克利分校校长的田长霖在致辞中，高度赞扬了清华大学在中国 Internet 的领先地位。

清华园里创业探索

大多数的科技发明，最终都要从实验室走向人群，互联网之于清华也是如此。在探索、实现了互联网技术的研发后，清华即将展开一场具体的互联网实践。

慕岩在百合网创业初期，穿着红双喜，其实自己还单身

1997 年，清华 91 级计算机系的慕岩心潮澎湃地写下"清华科技创业者协会"创立宣言，96 级工程力学系研究生倪正东在食堂吃饭时看到了宣传单，激动地敲开了慕岩宿舍的门。

1998 年，慕岩和倪正东等科创协会同学被"麻省理工学院创业大赛奖金 5 万美元"的新闻点燃，决定借鉴效仿，在学校的大力支持下，举办了全亚洲首创的"清华大学创业计划竞赛"，轰动一时。倪正东至今记得，当时协会里年龄最小的叫王兴，他被分配去校园里张贴海报，这种地推能力与王兴后来创办的美团，似乎也有着冥冥之中的关联。

1999 年，教育部正式批准大学生可以休学创业。在团中央的支持下，第二届"清华大学创业计划竞赛"升级推广至全国高校范围，也就成了后来众所周知的"挑战杯"中国大学生创业计划大赛。在这次大赛中，也走出了一众知名的清华互联网创业者，如童之磊、慕岩、田范江、方兴东等。

同样是在 1998 年，清华 92 级电子工程系校友周云帆与他的两个美国同学共同创办了 ChinaRen。ChinaRen 之于清华是一个特别的存在，这个中国曾经最大的互联网青年社区，办公地点就设在清华南门外的三才堂，吸引了周枫、王小川、胡宁、许朝军、周杰等当时一批清华计算机系的优秀学生加入。

一定程度上，ChinaRen 仿佛是清华计算机系最大的校外实验室，最多时，整个计算机系有一半学生都在这里工作或实习——这群 20 岁的年轻人，将所有关于科技与互联网的最初想象都付诸于此。

无论是清华创业计划竞赛还是 ChinaRen，尽管当时参与其中的清华学子尚不知晓意味几何，但时间很快会证明，他们都将是中国互联网的第一批探索者。

星火燎原，全国互联

还是在 1998 年，清华 81 级物理系校友张朝阳从美国回到北京，创办了一家属于中国人的门户网站——搜狐。

与此同时期，清华 91 级博士校友刘晓松南下深圳创业，接触到中国南方最早"捣鼓"互联网的一批人，其中一个叫丁磊，一个叫马化腾。

当时深圳处于市场的前沿，但技术人才奇缺，刘晓松找到丁磊做技术顾问。1997 年，远在北京的胡道元教授派研究生黄峥嵘驰援苦苦创新的刘晓松，与丁磊、曾李青一起完成深圳之窗 BBS 站的开发设计。

1997 年，丁磊在广州创办了中国另一家门户网站——网易。1999 年，刘晓松作为联合创始人入股腾讯，参与了中国最大互联网公司的崛起——这是中国风险投资史上被封为神话的一笔投资。

2000 年，随着中国互联网全面提速，搜狐、新浪、网易三大门户网站相继在美国纳斯达克上市，标志着中国互联网公司走上国际舞台。而彼时阿里、腾讯也已初具雏形，共同揭开了中国互联网的序幕——尽管当下只是星星之火，但所有人都宿命般地相信定有燎原之势。

从门户网站开始，中国的互联网创业也开始分化出更多的领域，清华人的创业身影也不绝如缕。

1999 年，清华 87 级自动化系校友龚宇与 83 级自动化师兄吴波创办了焦点房地产网。焦点网的业主论坛成为那个时代新中国第一代拥有私有房产者团结起来维护自身权益的基地。焦点网于 2003 年被校友张朝阳创办的搜狐网收购。

2000 年，清华 93 级汽车工程系校友童之磊创办了中文在线，他曾在首届"挑战杯"上凭借"易得方舟"获得一等奖。

2004 年，清华 97 级精密仪器系校友程杭，创办了中国直男最爱的虎扑网。

2005 年，清华 91 级计算机系校友田范江和慕岩，创办了中国首个线上实名婚恋社交网站百合网；清华 95 级物理系校友杨勃，创办了聚集中国最多文艺青年的豆瓣网……

抢占移动数据高地

2008 年，举世瞩目的奥运会在北京举行；也是这一年，包括北京在内的全国 8 个城市正式启动 TD—SCDMA 3G 的测试和试商用；这标志着，3G 开始全面走入寻常百姓家。随之而来的是智能手机的普及，一个被称为移动互联网的时代来临了。

从某种程度上来说，这是一个更容易诞生伟大公司、成就伟大创业者的时代。

借着互联网技术的迭代，清华 89 级化学系校友池宇峰创办的完美世界，从游戏公司变成全球领先的文化娱乐产业集团；清华 95 级精密仪器系校友周亚辉创办的昆仑万维，经历页游、手游，如今征战出海、移动支付等多个领域；清华 87 级自动化系校友龚宇从搜狐离开，创办了中国三大视频网站之一——爱奇艺。

一批又一批优秀清华校友秉承着创新创业的精神，身影遍及中国互联网行业的各个角落。

2014 年，中国移动互联网正式迈入 4G 时代，加速赋能衣食住行的方方面面。美团 CEO 王兴在多个场合反复提"下半场"概念，以数据和科技为驱动力的互联网变革，成为过去几年最重要的商业主题。

而在技术革新上，清华人自然不遑多让。

清华 97 级电子工程系校友王兴，联手同班同学王慧文、穆荣均，迎来了他们创业生涯中可能最大的成就——美团。这家市值过万亿的科技零售企业，无疑是数据互联网时期的典型代表。

清华 97 级计算机系校友陈磊，主导研发了拼多多的分布式人工智能技术，这一创新技术成为支撑拼多多在电商领域异军突起的底层算法。2020 年，拼多多仅创立 5 年之际，陈磊接替黄峥成为新任 CEO，又于次年接任董事长。

同样依靠数据算法打天下的还有快手，其联合创始人宿华是清华 2000 级软件学院校友，正是他让快手从一个简单的工具化产品逐渐迈向短视频社交领域。

敏感于时代机遇，兴奋于技术革新，发现问题、解决问题——这是互联网领域清华企业家成功的共性。

技术派的英雄时代

2020 年，被称为中国 5G 商用的元年。在大数据、人工智能与 5G 的赋能下，世界将走向万物互联的智能生活时代。而经过 20 年的发展，"互联网"其实早已跳脱出它最初的简单定义——它不仅革新了大众信息沟通的效率，同时也重构了诸多产业链条。

随着互联网在产业端的不断扩展，包括智能终端、工业机器人、自动驾驶、企业服务等产业顺势不断升级，新经济产业运转也将重新迎来创新潮流。

商业世界正在向技术派靠拢，这对于更擅长科研、技术变革的清华人来说，正是大展身手的好时候。比如 5G 基建背后的重要企业华为，其云计算 BG 总裁余承东，正是清华 90 级电子系（硕）校友；比如，清华 99 级工业工程系校友黄鼎隆创办的码隆科技，正在使用全球领先的计算机视觉、大数据、云计算和人工智能技术，为众多企业提供前沿的计算机视觉技术服务；比如，清华姚班 06 级校友印奇、唐文斌和杨沐共同创办的世界级人工智能公司旷视科技，将聚焦个人物联网、城市物联网、供应链物联网，提供包括算法、软件和硬件产品在内的全栈式、一体化解决方案。

如果说，过去 20 年中国互联网历史中，清华企业家的一些遗憾实属必然，比如掌握技术者未必是最大的时代获益者。那么如今，当科学技术愈发重要时，属于清华人的英雄时代刚刚揭开帷幕。

引用丘吉尔最著名的一段话来形容便是——这不是结束，甚至这也并非结束的序幕已然到来，但或许，这是序幕已经结束！ [2]

2　此段引用自英国前首相温斯顿·丘吉尔演讲

This is not the end.

It is not even the beginning of the end.

But it is，perhaps，the end of the beginning.

启蒙时代，清华的互联网少年

20世纪90年代，互联网还是一个时代的奢侈品。

作为中国最顶尖的学府，清华在技术上是最"时髦"的——1996年，100台连通着互联网的计算机进驻清华圆形教室，被称为"计算机开放实验室"。

觉醒的96级计算机系

彼时，"博客教父"方兴东正在清华大学读博，因担任图书馆助教之便，他率先"触网"，并敏锐地感知到，互联网将是世界的未来。"当然最吸引我的，是互联网开放的价值观。"从此，他的工作再也没有离开互联网，并成为了"中国博客之父"。

"作为大多数本科生唯一能够接触计算机的地方，很长一段时间里，计算机开放实验室门口总能排起长队。"清华96级计算机系的周枫迄今依然记得排队等待上机的那种焦躁。因为在那之前的两年里，清华园里为数不多能够联通互联网的计算机，仅供老师及高年级研究生研究使用。而现在这100台计算机，所有的本科生，仅需用最低廉的成本——刷校园卡，"滴"的一声后，便连通了一个全新的世界。

2000年，清华96级计算机系毕业照

当时，这群不知所措的学生并不知道能用这互联网做些什么。"网也很慢，打开一个网页需要很久。"96级计算机系的胡宁最先找到了一个叫作 Hotmail 的国外邮箱系统，注册了一个只有 4 个字母的名字，"现在这个邮箱我还在用，那是我真正和互联网接触的标志"。

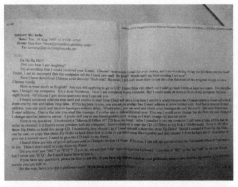

1997 年，王小川在清华九号楼收到表哥从加拿大发来的电子邮件

同样注册 Hotmail 的还有周枫。6年后，他用这个邮箱申请了加州大学伯克利分校。"Hotmail 是印度创业者比尔·巴蒂亚 1994 年做的，几年后获得了资本市场的认可，他便将其出售。"这让周枫第一次对互联网的商业化有了具象感知。

同为 96 级计算机系的王小川对互联网的颠覆性爽感来自九号宿舍楼。进入清华后虽然到实验室能上网，但还不够方便。当时，91 级的慕岩借由宿舍里新装的电话机，违规搭了可以拨去计算机开放实验室的网线，让王小川等人在 1997 年便实现了足不出户的"网络自由"。正是在这里，王小川第一次在宿舍通过电子邮件与远在加拿大的表哥实现了远程联络。"那是一种发自内心的激动与开心，脸上的笑容根本藏不住。"

1996 年，清华 96 级计算机系 3 班合影，二排左三为王小川

寒假回到老家成都，王小川开始被一种从未听过的略显尖锐的"滋呀"声音所吸引，那是调制解调器（俗称"猫"）接通网络的声音，声音的另一端，连接着一个新的时代。"那是我听过最美妙的声音。"回忆起19岁时的"梦幻"体验，王小川感觉恍如昨日，他当时甚至还练就了一个技能，"我能够听出到底是33K（传输速度）的猫还是56K的猫"，说这话时，这位当今中国互联网行业举足轻重的"大佬"竟笑得像个得意的孩子。

和王小川一样，他的同系同学周枫、胡宁、胡琛、周杰、许朝军、庄莉等，也对互联网感到着迷。而他们当时并不知道，自己后来都会成为中国互联网20年历史的书写者。

九号楼与 ChinaRen

1998年的一天，九号楼男生宿舍来了3名穿着打扮明显不是学生的年轻人，他们拦住了一个学生问道："你们计算机系技术最好的人在哪里？"被问的学生一愣，想起了当时的科技协会主席周枫，便指着一个宿舍门说："在那里，叫周枫。"

2016年ChinaRen老同事聚会，有周云帆、杨宁、周枫、庄莉和王小川

3人来到周枫宿舍，自报家门——周云帆、陈一舟、杨宁。周云帆是北京人，本科毕业于清华大学电子工程系，1999年获得美国斯坦福大学电机工程系硕士学位。杨宁和陈一舟是周云帆在美国时的同学。杨宁自小在美国长大，当时中文不大好，发邮件只能用英文。

这三人向周枫描绘了一番中国互联网的美好前景，也解释了国外风险投资的概念。他们希望周枫能够帮助他们一起做技术工作。"学生其实很好说服。"与周枫一起被说服的，还有许朝军和王小川。一年后，胡宁用3天时间做出一个推箱子的小游戏，也成功加入了团队。

ChinaRen的办公地点设在清华南门外的三才堂，四层楼的土黄色房子里，周枫负责邮箱研发、王小川做内容发布系统和搜索、胡宁做游戏引擎、许朝军做社交。

这几乎奠定了他们未来的职业方向：周枫博士毕业后到网易负责的是邮箱研发；很长一段时间里，许朝军都没有放弃对社交产品的探索；王小川在搜狐11个月做出搜索引擎的事迹至今仍被人提及。

那真是一个人才辈出的草莽年代！ChinaRen仿佛是清华计算机系最大的校外实验室，一群20岁左右的年轻人，每当有新的点子，就聚在一起激烈地交锋、碰撞、融合，然后在三才堂将想法落到实处。

最快的时候，一个产品从构思到研发成型上线，甚至只用了一个月的时间，这个速度哪怕在现在人才高度集中、以高效著称的互联网大厂看来，都是极其恐怖的。

踩着时代的机遇，带着无畏的勇气，再背靠清华这个超级平台，他们笃定，自己就是这个时代最聪明的大脑。

不过，这毕竟只是中国互联网的启蒙时代，他们究竟能做点什么呢？

如果用现在的目光去回望1997—2010年这长达14年的时光，似乎都浸染着copy America的痕迹，ChinaRen也不例外，这是中国最早的模式创业时代。

"任何国外有的服务在国内都可以做，新闻网站、BBS、E-mail，尽管国外已经有了相对成型的形态，但因语言差异、理解逻辑，以及受制于传输速度，大家还是拼命想在国内做出自己的产品形态。"周枫回忆道。

清华校园之外，接触互联网的网民开始增加，但国内的互联网资源太匮乏了，最早一批接触互联网的国人如饥似渴地寻求着与外界的联系，终究是供小于求。直接导致的结果是，ChinaRen的雪球越滚越大。很快，ChinaRen的用户已经破千万。

这是个什么概念？根据中国互联网络信息中心（CNNIC）当时的统计数据，截至 2000 年 6 月 30 日，中国内地互联网用户为 1690 万户。也就是说，超过半数的中国网民都是 ChinaRen 的用户。这群还没有毕业的学生，甚至开始担忧用户过多了。以周枫主导的邮箱为例，需要把用户的信息存储在服务器上，最早的邮箱仅有 10M 存储量，不足 100 封邮件邮箱就已经内存告急。昂贵的服务器在那个年代，比钻石还要珍贵。

国外有什么，我们就造什么；网民需要什么，我们就开发什么。ChinaRen 无所不包。如果非要总结 ChinaRen 是什么，它更像以社交为基础的杂货铺，在这个杂货铺里，有新闻、有邮箱服务、有游戏，也有搜索引擎。当然最火的，要数如今身在澳洲的廖阳所做的个人主页，那是一种博客之前的主页形态。

三才堂里快要坐不下了。最多的时候，ChinaRen 的员工达三四百人，清华计算机系一半的学生都在内。这也成了中国互联网历史上的一个奇观——一群兼职的大学生创业者，带着全职员工，创造了中国最早的互联网公司之一。从这个层面来看，有人评论，清华才是中国互联网的摇篮。

王小川的整个大四时光，除了上课，大部分时间都是在 ChinaRen 度过的。当然，ChinaRen 也给予了他们这批大学生丰厚的酬劳：90 年代末，实习月薪高达 7000 甚至上万元。"你突然成了周围最富有的人。"而这时，清华附近的房子不过 3000 元 / 平方米。

金钱的回报只是显层。在更深处，这群 20 世纪 90 年代末的清华人，突然感受到了知识的力量，那是知识和创造所带来的体面。

"草莽时代，像极了车库创业。"胡宁说。作为 96 级计算机系少有的女生，亦是 ChinaRen 为数不多的女性工程师，她在 20 年后复盘同窗人生轨迹时，忽然发现大多数女孩都更倾向于选择相对稳定的人生，而她成了那个最爱折腾的。不难联想，这与她 20 岁那年在 ChinaRen 的"集体创业"有关。

搜狐与分岔路口

就在 96 级的清华少年接受互联网启蒙的同时，他们的清华 81 级大学长张朝阳，结束了在美国麻省理工学院（MIT）的博士后研究，带着来自他 MIT 老师尼葛洛庞帝教授和爱德华·罗伯特教授的 17 万美元风险投资，回到北京准备创业。

1996 年，张朝阳创办了爱特信（ITC），这是中国第一家依靠风险投资创建的互联网公司，其中一部分业务是分类搜索，取名"搜乎"。

2001 年搜狐新春晚会，有张朝阳、周云帆、杨宁、廖阳、王小川

当时中国互联网基础设施建设还很初级。1996 年，中国的 CERNET 到美国的国际线路带宽仅有 2M；到了 1997 年，中国还只有不到 30 万台联网计算机、区区 62 万网络用户以及可怜的 1500 个互联网站点，国际出口带宽也仅为 25M。

1998 年，"搜乎"升级为"搜狐"，独立成为公司。

2000 年，搜狐在美国纳斯达克挂牌上市，与新浪、网易形成中国门户网站三足鼎立之势。

也是这一年，第一波互联网泡沫正式破灭——2000 年 3 月 10 日，纳斯达克指数到达 5048.62 最高点，紧接着迅速跌落，到 11 月底跌破 2600 点。如同一场瘟疫在蔓延，全球成百上千的互联网公司开始裁员、被并购甚至关门，昔日风光无限的互联网市场现出倦容。

ChinaRen 也未能幸免。

就在此时，这群 ChinaRen 清华学子的命运与 81 级学长张朝阳交汇到了一起，而他们的抉择也将决定此后各自的互联网征程。

2000 年 9 月，刚刚上市 2 个月的搜狐宣布收购 ChinaRen，后者的创业团队分得搜狐股票。但周云帆、杨宁、陈一舟三位 ChinaRen 的创始人在并入搜狐后并不习惯，甚至在后来接受媒体采访时称"在那场赌局上，我们输了精光，被清出了场"。他们随后卖了些股份，当中还有人短暂离开，回到美国。

2002 年，当他们在中国再聚首时，互联网环境大变模样，移动电话已经开始普及。他们再次共同创办了空中网，致力于 MMS（彩信）、WAP（手机上网）、JAVA（手机游戏）等 2.5G、3G 业务，中国移动、中国联通、中国电信、中国网通都成为他们的重要合作伙伴。2004 年，空中网在纳斯达克挂牌上市，弥补了 4 年前卖掉 ChinaRen 的遗憾。

和他们一样，周枫、胡宁、许朝军、胡琛、周杰等在 ChinaRen 奋斗过的 96 级学子，在与搜狐短暂交汇后也各奔东西。有的出国，去了更大的互联网世界；有的留在国内，进行属于自己的互联网探索。

只有王小川，与搜狐从此结缘 20 年。彼时的王小川还在清华读研，他随 ChinaRen 并入搜狐后，于 2004 年带领团队正式打造搜狗，2010 年出任搜狗公司 CEO，2017 年带领搜狗在纽交所独立挂牌上市。直到 2021 年，搜狗终于彻底与搜狐分离，并入腾讯。王小川松了口气，"我终于和过去的 20 年完成了告别"。

而在王小川创办的搜狗里，亦不乏清华人的身影，包括 98 级计算机系校友搜狗 COO 茹立云、搜狗 CTO 杨洪涛，95 级电子工程系校友搜狗 CMO 洪涛、02 级电子工程系校友搜狗高级副总裁许静芳等，都持续陪伴在王小川左右，创造了中国搜索领域的一座高峰。

回归母体

见证经历了中国互联网从萌芽到兴盛的 20 年，这批曾经因 ChinaRen 结缘的清华校友，均成了中国互联网行业举足轻重的领军力量。"我们身上可能有种相同的气质，就是不安现状。"周杰说。

20 年后，93 级的周云帆已弃商从政，现任科学技术部信息中心主任；当年在 ChinaRen 主导邮箱业务的周枫也因一封邮件被网易丁磊招至麾下，后来创办了网易有道并带领公司独立上市；胡琛也是网易有道的联合创始人之一，随后他又在团 800、人人网、网易易信、QQ 音乐担任高管；胡宁则一次又一次创业，亦曾在微软、360 等公司担任高管；周杰在成为谷歌首位华人总监后，又创办了浪淘金科技；庄莉担任过蔚来汽车 VP，随后又自创镁佳科技，当然她还有另一个身份，就是周枫的太太，他们的爱情佳话至今仍常为清华人称道。

20 年后，这群已过不惑之年的清华校友也对当年 ChinaRen 的创业有一定的反思。互联网泡沫的大环境是外因，但缺乏经验与商业思维一定是绕不开的问题，"公司主要依靠风险投资运转，没有任何收益，却给兼职学生开出近万元月薪"。几乎所有亲历者都会提到这一点。

回想起当年的研发困境，胡宁感叹道："当初不少环节的开发其实是有问题的，甚至没有从设计到开发再到测试一整套的研发流程，更多时候是靠个体的聪明和想象去填补。"

当然，这些深一脚浅一脚的探索与反思，最终化成了宝贵的经验，助力他们继续冲锋陷阵。而今与其说 ChinaRen 是一家公司，他们更愿意称之为"一群学生开天辟地的创新实验"。

胡宁认为，尽管当初在中国互联网启蒙年代的探索存在种种缺憾，但这一批极具创造力的大脑，体现了清华精神对时代的浸染，"清华人始终秉持用技术让生活变得更美好的初心"。也正是这批人，才是一切价值的核心。

清华 110 周年校庆之时，王小川再次回到清华，有人问他："你觉得这是一个寻找初心的过程吗？"

"没有初心，因为她就是你的母体。"王小川回答。

移动时代，当"科学家"来到人群

说起清华人，外界总有一些刻板印象，比如：懂技术但不懂生活、会解难题却不解风情、写情书不如写代码，等等。

"清华人对欲望的理解不够深入，有的甚至没有正常人的欲望。"此话出自王小川之口。他是典型的清华式天才少年，"当年读大学时，别人都在看校花，只有我在看代码"。

这些是事实，却不是事实的全部。

其实，在过去20年间，有一群被认为更具"科学家"气质的清华人，他们从象牙塔来到人群里，利用自己擅长的互联网技术，赋能人们的物质生活和精神生活。

比如美团的王兴和创始团队、快手的宿华、拼多多的陈磊、爱奇艺的龚宇、昆仑万维的周亚辉、完美世界的池宇峰、百合网的田范江与慕岩、虎扑体育的程杭、豆瓣网的杨勃……

如果说互联网企业是一台巨大的"机器"，那么清华人就是机器的CPU（中央处理器），他们的技术基因让机器可以飞速运转，他们的内敛沉稳维持了机器的稳定性能，他们的自强不息则促使着机器不断更新迭代，在变革中无往不利。

清华人也懂社交

"清华人其实不那么善于社交，这是一个更需要生活直觉、感性思维的领域，似乎与更强调科学精神的清华底色不符。"清华 91 级博士校友刘晓松评价道。他曾于 1999 年投资社交巨头腾讯，而作为 TEEC 前主席，自然忧心着中国社交领域巨头里缺乏清华身影的情况。

但清华也有例外，比如快手，作为当今中国最具代表性的短视频社交平台之一，就是由清华 2001 级校友宿华创办的。

快手凭借有趣、接地气的短视频链接了 4 亿人的网络社交，但见过宿华的人，都很难将这些标签和他画上等号。

宿华本人低调，甚至有些腼腆。他 1982 年出生于湖南湘西，从小就和机器更加亲密。当别人家的孩子用小霸王打游戏时，他却用小霸王自学编程、沉迷代码，"那是人类思想和灵感的一种表达方式"，宿华曾说。

2001 年，宿华以优异成绩进入清华大学机械工程学院精密仪器与机械学系，一年后转系到软件学院，正式开启码农之路，他当时的网名据说就叫 "Big Bug"。2006 年，为了能尽早挣钱减轻父母还债压力，已经被保送博士的宿华从清华退学，加入谷歌正式成为一名软件研发工程师。

谷歌带给宿华最大的冲击，是科技如何赋能生活。这期间他开始大量涉足人工智能领域，尽管当时脑海中的图谱并不清晰，但宿华已经感受到自己站在 AI 与互联网交叉的路口。

2008 年金融危机，宿华选择离开谷歌，开始第一次创业，用从谷歌学到的实战经验尝试做视频广告系统，但那一年腾讯视频、爱奇艺都还没有上线。没有客户，没有投资，宿华的第一次创业失败了。但宿华觉得没啥大不了，"失败了那就换个姿势再来"。

此后几年，宿华多次辗转创业都不成功。2010 年，谷歌退出中国市场，经过连续创业失败的宿华选择暂时加入百度，担任凤巢系统的核心工程师之一。此间，宿华在不断实践中验证了他对 AI 的设想，同时也更加理解人和内容之间应该怎样更好地建立联系，而这些都成了他日后打造快手的宝贵经验。

2013 年，在朋友的介绍下，宿华加入了程一笑的快手 GIF 团队，他们两人价值观一致，能力也互补。宿华将他对于互联网、社交、分发技术的积累全都应用到快手的实践中，让其从一个简单的工具化产品逐渐迈向短视频社交领域。

真正让快手脱颖而出的，是它满足了"基层文娱社交刚需"。宿华曾多次提到，快手用户的地域分布结构和中国移动互联网的人群分布结构基本一致，"真实的世界就是由各种各样的人组成的"。也正是因此，快手的广告语最终定位为"拥抱每一种生活"。

2021年伊始，快手在香港联交所主板挂牌上市。从2008年到2021年，十多年的摸爬滚打，快手的上市记录了宿华梦想的实现；而他也希望，快手能够帮助并记录下更多普通人实现自己的中国梦。

除了快手，互联网社交领域还有不少清华人的身影，比如中国线上实名婚恋社交的开创者百合网，就是由清华91级计算机系同班同学田范江和慕岩于2005年共同创办——当"科学家"来到人群，他们不仅能做社交，还能做红娘，这就是清华人带给互联网的惊喜。

打开游戏新世界

和做社交一样，早年外界也从来不相信清华人会做游戏。毕竟就连慕岩都亲自盖章："上学那会儿，清华学生都追求解决科学难题，享受生活、打游戏都会被认为是一样浪费。"

但周亚辉和池宇峰是两个例外，他们另辟蹊径，各自创办了昆仑万维和完美世界。

1995年，周亚辉考入清华大学精密仪器系，开始本硕连读。从舒适自在的云南来到高手云集的清华，被"吊打"得很惨。此后很长时间里，他被缺乏自信折磨，"我只能拼命地奋发图强，不停地往上生长，自己都不知道是怎么熬过来的"。

1999年读研期间，清华出台了休学创业政策，周亚辉主动报名，成为该项目第12个学生。休学后，周亚辉带着清华科技园给的50万元开始创业，做了原创动漫网站火神网。创业不如预想中顺利，最困难的时候，周亚辉靠着每天吃3块钱一份的蛋炒饭度日。火神网坚持了4年，最终以失败收场。2004年，首次创业失败的周亚辉选择重返清华攻读研究生。

毕业后，周亚辉没有立即投身第二次创业，而是进入陈一舟创办的千橡网。回顾自己首次创业的失败经历，周亚辉将其归结为对互联网技术的陌生。他听说千橡网里技术高手如云，抱着取经心态加入。幸运的是，这段经历让周亚辉对互联网形成了更具体的理解，尤其是参与开发《猫游记》的过程，让他看到了页游产品的前景。于是 2008 年，周亚辉离开千橡网，开始第二次创业——昆仑万维。

当时正值中国页游起飞时期，昆仑万维推出的首款页游《三国风云》大受欢迎，第一个月便实现了盈利。然而，页游领域盘踞着网易和腾讯两大巨头，昆仑万维只能在夹缝中求新求变。

2009 年，昆仑万维站上了游戏出海的山头；2013 年，赶在巨头之前抓住了手游的机遇；2014 年，又站在了代理海外热门手游的风口：在海外，昆仑万维曾是韩国、东南亚等市场的 TOP5 游戏发行商；在国内，拥有《全民奇迹》《愤怒的小鸟 2》等产品的代理权；2015 年，昆仑万维登陆深交所创业板，成为国内游戏市场不可忽视的存在。

除企业家外，周亚辉还身兼投资人身份，投资了 20 多家互联网公司，包括映客、趣店、达达等。

游戏领域不止周亚辉和昆仑万维，清华 89 级化学系的池宇峰创办的完美世界，也早已从游戏公司变成全球领先的文化娱乐产业集团，涵盖影视、游戏、电竞、动画等板块。

他们当年开辟的小路，变成了新世界的大门，吸引着后续更多清华校友加入互联网游戏创业的大军。

清华之光照进互联网

一些重要历史节点上，有时会分出几束耀眼的光，多年后这些光束又在新的时空重聚。

在 1996 年的匈牙利奥赛上，和陈磊一起站在金牌领奖台的还有另一个天才少年王小川。比赛结束后不久，王小川率先进入清华大学计算机系，成为陈磊未来的学长，并在清华完成本、硕、博学业。

在校期间，王小川与一群清华校友共同加入 ChinaRen，其中包括他的同班同学周枫。他俩随 ChinaRen 并入清华学长张朝阳的搜狐后又各奔东西，后来王小川创办搜狗，周枫创办网易有道，两人各自闪耀。

在 1996 年王小川踏入清华园的同时，龚宇刚从清华博士毕业，两束平行光擦肩而过。然而在 7 年后，龚宇创办的焦点地产网被搜狐收购，他也随之进入搜狐；与此同时，刚刚硕士毕业的王小川正式加入搜狐，两人从此共事 7 年，直至龚宇创办爱奇艺。

　　而在 1997 年陈磊进入清华的时候，与他同时保送清华的还有他的福建老乡王兴。多年后，王兴与同班同学王慧文、师弟穆荣均组成的团队共同创办了美团，而陈磊联创的拼多多也蒸蒸日上，与美团一同引领数据互联网时代浪潮……

　　此类故事不胜枚举。随着这些光束不断地交织与分离，清华人及其精神遍及中国互联网行业各个角落。

　　回望中国互联网 20 年，清华园里的"科学家"从象牙塔来到人群里，有的在洪流中革新，有的选择另辟蹊径；有的冲在浪尖，有的隐身幕后……无论何种选择，尽管有所错失，从启蒙时代、移动互联网时代、数据互联网时代，再到未来的产业互联网时代，清华人参与了中国互联网发展中每一次技术浪潮的迭起，在时代交叠中创造了巨大的浪花。

数据时代，美团与清华精神

1998 年，一群清华学子启动了全亚洲首创的"清华大学创业计划竞赛"。这一竞赛后来升级为"挑战杯"，成了由共青团中央等单位主办的全国性大学生科技创业"奥林匹克"盛会。

清华创业计划竞赛就像一个火苗，点燃了众多清华学子心中的创业之光，改变了他们的人生。在随后的 20 年里，由此走出了一批批团结在一起的创业者。

ChinaRen、搜狐、搜狗、网易有道、美团……这些中国互联网史上不可或缺的企业当中，核心人物很多都出自清华。

美团的清华创业者

2003 年，清华 97 级电子工程系校友王兴放弃美国学业、回国创业，第一站就选在母校清华。他在学校附近租了套房子，准备做第一个社交创业项目，当时的创业伙伴王慧文，是他在清华认识的第一个同学兼宿舍室友。后来，两人又一起创办过校内网。2010 年王兴创办美团后，王慧文在第二年停掉自己创办的淘房网，加入美团。

从最初到现在，从校园到创业，王慧文都是王兴不可或缺的"关键先生"。

王兴和王慧文住过的 619 宿舍，被称为清华最牛宿舍。王兴曾在一次演讲中提道："我们清华本科一宿舍六个人，一个从头和我一起创业，一个自己创业后来加入我们，一个去北影当老师，另外两个都在互联网创业，都拿了 VC 的投资，都在路上。"

另一个加入美团的室友叫毛一年，他于 2015 年回国创办了"二郎神科技"，做无人机智能信息处理技术。2019 年，美团全资收购二郎神科技，毛一年顺势加入美团。

室友之外，王兴还有一位师弟也是美团的联合创始人，他就是清华 98 级自动化系的穆荣均，他同时也是 TEEC 的会员。两人于 2008 年在网上认识，此后穆荣均追随王兴至今。在美团，穆荣均的职位是联创兼高级副总裁，执掌人力资源、公司事务平台等部门。

他们超过 10 年的合作，似乎也正契合了美团的价值观——长期有耐心。而在此背后，或许是美团"清华团队"共享的清华精神发挥了不可小觑的作用。

因此，在这一层面上"拆解"美团，似乎有了更为深刻的意义。

王兴的"九败一胜"

"拆解"美团，从梳理王兴的创业经历开始。

过去 20 年间，王兴一直没停下过脚步。早在清华园里，他便参加创业计划竞赛；在留学时，他看到美国社交网络潜在的巨大机会，毅然放弃学业回国创业。

王兴创业的第一个项目叫"多多友"，是一个根据六度理论创立的社交网站，注册之后，通过虚拟的网络世界，便可认识好友。
后来，他又做了一个"游子图"，是专门面对海外华人
用户的服务网站。虽然多多友和游子图都吸引到一定的
用户，但都没有找到稳定的盈利点，最终以失败告终。

王兴

2005 年，效仿美国的 Facebook，王兴创办了校内网
（即后来的人人网），这款产品刚刚发布 3 个月就吸引
了 3 万用户。但当红杉中国的投资人问到，校内网如何
盈利之时，王兴的回答依然不够明晰，于是，红杉转身
投资了校内网的竞争对手占座网。一年后，校内网不得不以数百万美元的价格
被千橡网收购。

创客王兴并没有因此气馁。一年后，他带着"饭否"再次卷土重来。饭否
依然是社交类网站，类似于国外的 Twitter，创办两年时间里已经拥有百万用
户。然而由于平台内部监管不够，发展势头正好的饭否突然间倒下，王兴的努
力再一次付诸东流。

在形形色色的创业者中，连续创业两三次的多有之，超过 4 次失败依然能坚
挺重来的绝非常见。于是，当这位创业者第五次卷土重来，一时间追随者众。

2010 年，王兴创办美团，这一次他比以往更凶猛，更具备战斗力，并且持
续进阶。正是过往持续失败的经历，让他更深刻地感知到，创业是一个九死一
生的事情："所以创业的时候必须去做一个你真的相信和热爱的事情，就算失
败你也会觉得付出这个过程是值得的。"

进击的互联网巨人

2015 年在中国互联网史上是一个独特的年份，行业内几大并购案在此时
产生，微影时代与格瓦拉、滴滴与快的、58 同城与赶集网，以及美团与大众点
评。前面几家在交易完成之后，行业基本都进入平稳期，唯独美团例外。

美团没有"蜜月期"。这或许与王兴"九败一胜"的创业经历有关，他从
不认为企业有一天是"安全"的，并且在不止一个场合，直言美团永远离破产
只有 6 个月时间。

很长一段时间里，很多人都不知道该如何形容美团这家公司。但在许多清
华人看来，97 级校友王兴创办的这家公司，仅用十年时间，已然成为数据时代
清华人互联网创业的集大成者。

最初，这是一家团购公司，后来它加入了卖电影票的业务，之后还被认为

是一家外卖公司、一家餐饮公司或是一家旅行公司。再后来，它又进入了打车市场、支付市场，甚至开起了线下零售店，又在社区里搞零售……它进入的领域太多了，以至于很难准确描述。

唯一可以确定的是，它的核心是清晰的，所有业务紧紧围绕其使命"帮大家吃得更好，生活更好"，不停发展。在它还是一家创业公司的时候，就不断挑战传统巨头的业务，在它的对手里，集结了彼时最强大的互联网巨头、明星创业公司以及老牌上市公司，有人形容"半壁互联网江山都是它的敌人"。但这种说法，王兴从未正面回应。

他不喜欢"敌人"这个称谓，并称"对手"只是同行公司，那些能够合作的公司则是他定义的"朋友"。这种关系我们甚至可以从美团与两位股东——阿里和腾讯的微妙关系上得以解读。

对于大公司来说，最可怕的是停止增长。大量公司是从垂直领域开始成长，然后不断延展，所以他们难免由行业思维出发，更多去思考终局和边界。但美团的业务是横向的，王兴更多是进行通用的、跨界的思考，"哪有什么真正的终局？"他说。

他认为，不要期望一家独大，也不要期望战斗结束。战斗是永远的，创业者面对的永远只有从一个战场变成另一个战场。麦克阿瑟将军在西点军校告别演讲的这句话，总是浮现在王兴的脑海里。

深度学习机器

在很多人看来，北大是浪漫的、叛逆的；而清华则是严谨的，更加实用主义。从这个层面来看，不管是美团还是王兴，都带有与母校清华一脉相承的气质。

"他是一台深度学习的机器。"美团的投资人、今日资本创始人徐新这样评价王兴，而这也是她认为美团能够持续进击的重要原因，"很多业务，他都不是第一个做的，却能后来居上，把前人 PK 掉"。

美团十年，殚精竭虑，比如千团大战。

数据显示，在美团成立的 2010 年 3 月到 2011 年 8 月的一年半时间里，中国相继出现了超过 5000 家团购网站。为了生存，团购网站纷纷打起广告战，以资金换流量抢占市场；但美团没有参与任何广告大战，而是将重点放在了技术搭建和商家服务等。

"在商家端投放再多的广告，都不如有执行力的线下队伍。"有过失败创业经验的王兴深知现金流的重要，必须弹无虚发，珍惜每一分钱的价值。

另一方面，互联网新战事，已然不再是个人英雄主义的时代，一个优秀的创业者背后必然需要有一个优秀的团队支撑他。

那一年，王慧文也开始巡回全国城市，一边做"线下战争"动员，一边发放期权稳定团队。此外，王兴"六顾茅庐"请来阿里地推铁军领导人干嘉伟，帮助美团打造了强悍的地推团队，设定"狂拜访、狂上单"的两狂策略，使得美团后发制人。

正是这场战役，让美团锻造了一支互联网领域几乎最强的地推团队，这支队伍后来也在外卖之战、酒旅之战中与饿了么、携程正面相抗，逐渐掌握了胜局。现今，这支队伍在到店业务、社区团购等领域依然发挥着巨大价值。

经历 8 年苦战后，王兴终于缔造了自己的第一家上市公司。2018 年 9 月 20日，美团正式登陆港交所上市，一跃成为中国第四大互联网公司。随着公司地位上升的，还有美团庞大的体量。截至 2021 年 12 月，美团全职雇员数已近 10万人，2021 年全年从美团平台获得收入的外卖配送人员超 500 万，有效地促进了社会就业。

如何管理如此庞大的队伍？王兴给出的答案是，打造一部最大的"算法机器"。作为企业的掌舵人，王兴要求自己专注于思考顶层设计，将业务决策权力分散。而这，离不开清华团队。

清华精神的胜利

美团创业路上，离不开数位"关键先生"，其中重要的一个人是王慧文。从校内到如今的美团，王慧文一路陪伴。他也曾短暂离开过一阵，但当王兴创办美团时，他又毫不犹豫地回来。

作为美团的关键人物之一，王慧文在千团大战中力挽狂澜，帮助公司从团购市场中脱颖而出；在餐饮平台高歌猛进之时，美团打车、共享充电宝等业务悄然试水，背后的操盘者正是王慧文；后来美团打车在南京低调上线，一石激起千层浪，还没等滴滴作出反应，王慧文又已下马布局。在负责的每一项业务上，王慧文都做出了成绩，而当业务一旦成熟，王慧文又总是主动请缨，继续探索新业务。

2020 年 12 月 18 日，在王慧文加入美团 10 周年之际，他宣告退休。在辞职信里，他饱含深情地感谢这个时代："在我开始厌学的时候，大学宿舍通网，因此赶上了互联网最精彩的 20 年；中国作为全球最大的单一市场，对创业者来说更是得天独厚。"

同时他也不忘提到王兴："跟兴哥同宿舍是我生命中另外一个巨大的运气，兴哥帮我的人生打开了一扇窗。"他坦言，之所以能够跟王兴连续创业这么多次，最主要因为王兴是一个很正直的人，而这或许正是清华学子对于清华校训"厚德载物"的最佳践行。

除王慧文外，另一位王兴的清华室友是毛一年。他从清华毕业后留学读博，后来加入过高通公司 San Diego 研究院担任研发经理，拥有 30 多项国际专利。2015 年，毛一年回国创办"二郎神科技"，做的是无人机智能信息处理技术项目"Airlango"。

与王兴真正汇集到一起是在 2019 年 3 月，美团全资收购二郎神科技，毛一年也顺势加入了美团，依然做无人机，但这次是服务于美团的配送业务。

穆荣均则是王兴的师弟，他从清华计算机系研究生毕业后，曾入职百度担任软件工程师。真正加入王兴团队，是在 2007 年。当时，由于融资不顺，王兴迫不得已把校内网卖给了千橡网。随后 Twitter 在美国一炮而红，王兴于是说服穆荣均一起做了"饭否"。

穆荣均在美团的角色也一如既往，不管是创业之初带着两三个人一手一脚搭建起美团的后台，还是兼任 CTO，亦或是在 2015 年掌管"大后方"，穆荣均都是那个低调的、埋头做事的创业者和管理者。

有人曾经问穆荣均，为什么会坚定地跟着"九败"的王兴？穆荣均说，美国知名孵化器 YC 的创始人提供过一个统计数据，企业失败最主要的原因是"不坚持"，任何企业都会遇到困难，但不是所有人都会选择坚持。正是王兴身上的"坚持"和"自强不息"打动了穆荣均，让他相信一定会迎来"九败"后的那"一胜"，而这正是清华企业家精神的重要体现。

也曾有人问王慧文，为什么不自己独立做一家公司？王慧文回答："自己干，做个几十亿的公司不来劲，但王兴做的这个事情足够大、足够牛，跟着他就能做到千亿美元甚至更大。"

看看现在的美团，市值已超万亿元，王慧文的预判已然实现。

一路狂奔，四处突围，竞合转变，后发制人——过去 10 年，王兴与清华团队的坚韧拼搏、自强不息，终于造就了美团不断纵情向前。

"拆解"美团后我们才发现，从某种意义上来说，这场美团的成功，其实也是清华企业家精神的胜利。

智慧设计与制造篇：
撑起大国脊梁

信息安全背后，一群信息时代的卫士

今天的人类社会早已经分成两个世界：实体的现实世界和虚拟的网络空间。随着网络的迅速发展和其对现实世界的渗透，对网络这个载体上流动的信息安全的需求的紧迫性和复杂性从未像今天这样强烈和严峻。应该说，网络的触角延伸到哪里，信息安全的边界就扩展到哪里。

TEEC 中，有一批杰出的创业者，正是网络、信息安全行业的先行者和中坚力量。他们是信息时代的光明守护者，也是 TEEC 精神的践行者。

他们的带头大哥是清华无线电 81 级的邓锋。他 1990 年赴美留学，1997 年创办 NetScreen，2001 年创业仅 4 年后 NetScreen 在纳斯达克上市，2004 年被 Juniper 以 42 亿美元收购，成为中国留学生在美创业的一个奇迹。

而奇迹并未止步于此。NetScreen 的核心团队成员此后纷纷开启了自己的创业征程，童建和罗东平创立了山石网科，李先志回国和颜勇、蒋天仪创办了志翔科技。而这些企业背后，都有邓锋的身影。

海归创业者带着国外尖端技术回国创业，而本土创业的 T 友，同样书写出了属于自己的传奇。

邓锋：享受工作，虽忙犹乐

邓锋 50 岁那年，曾用"两个 25 年"来划分自己的人生。

"当我 25 岁时，我眼中的世界很大，我也很大。那时的我踌躇满志，想做一番事情，世界是以我为中心的。等到了 50 岁，我发现自己只是世界中的一个过客，人变小了，心却变大了，变得更加包容和开放，可以接受不完美的自己，也可以接受不完美的世界。当'我'不再是世界的中心，自己就变成了世界的一部分，甚至根本只是在旁观这个世界。"

如今邓锋公开的身份是北极光创投创始管理合伙人，公司管理着超过 300 亿人民币的资产总额，专注于科技创新、医疗健康和新消费三大领域，投出了美团、华大基因、展讯通信、兆易创新、中科创达、腾讯音乐、安集科技、山石网科、燃石医学、泽璟制药、奕瑞科技、Cytek、康乃德生物等 400 多家公司。

邓锋

时间回到 1981 年，邓锋进入清华大学无线电电子学系（1989 年改为电子工程系）。完成本科学业后，邓锋在清华继续攻读电子学系研究生，并开始了最初的创业尝试。清华真正的全校性创业大赛始于 1988 年的首届"清华大学挑战杯科技作品"大赛，还在上研究生的邓锋拿到了第一届冠军。1989 年，"挑战杯"变成全国性大赛，经邓锋指导的几个参赛学生，包揽了 4 个一等奖中的两个，以及几乎全部的二等奖。比赛的成功，源于实践的历练。这个时期，邓锋从在学校里搞科技咨询、电脑照相，拓展到从中关村接项目，做起了科技个体户。他淘来废弃的电脑板，在学校 2 号楼租了三间房，招来本科低年级学生进行维修。修好一块电脑板，邓锋给学生 100 元，卖 200 元。凭着这些勤工俭学活动，邓锋月平均收入可达 8000 ～ 1 万元，"清华首富"的绰号由此而来。

1990 年，邓锋抵达美国，在新泽西州立大学计算机工程系攻读硕士学位，几个月后，邓锋转学到南加州大学，依然攻读计算机工程专业。初到美国，作为曾经的"清华首富"邓锋，并没有感到美国作为世界头号强国的富裕，反而是"怎么有点儿穷"；但美国的开放和活力却令邓锋感受强烈。

1993 年在攻读博士期间，邓锋加入芯片巨头英特尔，参与研发第一批笔记本电脑所用的奔腾 I 和奔腾 II。正是在英特尔，邓锋敏锐地意识到，随着互联网的发展，网络安全领域将会获得飞速发展，其中蕴含着巨大的商机。他开始和好友商议创立公司，专做网络安全产品。

1997 年，邓锋拉上校友柯严、谢青创建了网络安全公司网屏（NetScreen），在自家客厅里开启了创业的序幕。几个月后，邓锋放弃了英特尔公司优厚的股票期权，两位合作伙伴也辞职义无反顾地加入进来。对行业的近距离观察和深刻思考，让他们很快找到了自身产品的核心竞争力——当时的 CPU 计算能力和速度都不足，NetScreen 研发出了专注于安全检测的芯片，成为世界上最先进、最高效且用户操作界面友好的网络安全技术公司，客户包括世界五百强，华尔街大型金融机构，以及各国的电信运营商，甚至政府。2001 年，距离公司创立仅 4 年，NetScreen 成为"9·11"事件之后第一个上市的美国企业。2004 年，NetScreen 被 Juniper 以 42 亿美元收购，成为中国留学生海外创业最成功的科技公司。42 亿美元相当于国内同期新浪、网易和搜狐三大门户网站的市值总和，而那时，阿里巴巴、腾讯、百度还处在发展的初级阶段。

卖掉自己亲手创办的公司，邓锋心里并不好受，但他认为要对自己的股东和员工负责，使他们的利益最大化，"卖企业不是因为企业不好，NetScreen 是在最高点卖的，对方出价比股票市值高出 60%。我们创建了公司，但公司并不专属于你，这就是硅谷的企业文化，在这里，分享很重要"。

2000 年底加入 NetScreen 的陈怀临，曾在回忆文章《NetScreen 的往事》中写道，"NetScreen 是中国工程师在硅谷以集体的形式第一次在主流系统设备市场发起的冲锋"。

而更让邓锋感到骄傲的是，NetScreen 不光是他个人的成功，更是一个团队的成功。而这个团队，从事后的发展来看，实际上撑起了世界信息安全领域的半边天。

邓锋所言不虚，NetScreen 的核心团队成员后来纷纷创业，如尼尔·祖克（Nir Zuk）和毛宇明成立了 Palo Alto Networks、刘长明创办艾诺威科技（Aerohive Networks）、童建和罗东平等人回国创立了山石网科、李先志创办了志翔科技等。

虽然邓锋自谦他的成功很大程度是靠运气，但几乎每个认识他的人都同意，他身上有一种独特的感染力和领导者气质。在清华念本科时，邓锋就是系学生会副主席，大学五年级时担任新生的辅导员，电子学系 85 级新生总共 270 人，他能叫得出 260 多人的名字。

2001 年，邓锋和多名清华校友，在美国硅谷创办 TEG（Tsinghua Entrepreneur Group），这便是 TEEC 的前身。2005 年，邓锋出任 TEEC 首任联合主席，共同提出了"受助、互助、助人"的协会宗旨。

作为 TEEC 创始人之一的邓锋，是如何看待这群人呢？"理想主义和集体主义是我们的两个关键词，代表了我们成长的时代和清华人的团结。"

2004 年 9 月，他给母校捐赠 1000 万元人民币，设立"清华大学发展基金"；2007 年 10 月，他再次捐赠 1000 万元，用于母校的发展建设。他是清华的年轻校友中首位给母校捐款单笔达到 1000 万的校友。此外，他发起并资助了"思源学生骨干培养计划"等一系列鼓励清华学生拓展视野、提升能力和增强社会关怀的项目，以一颗赤子之心回馈母校、回馈社会，践行理念。

2005 年，邓锋悄然回国，创办"北极光创投"，"我希望能把在西方获得的成熟的创业、商业经验加上财富，用于推动中国科技创新创业的进一步发展"。

成长并受惠于中国改革开放时代的邓锋，通过亲身经历，对"开放"有了更深的体会——一个人只有先对自己周围的人开放，才能对整个世界开放；另外，人类之间的共性，要远大于他们的差异性。

而身为投资人，邓锋也有自己一套挑选项目的方法论。"做企业就是做人。一个企业能做多大，固然要看企业家的经历与能力，但比能力更重要的是价值观。企业的短期成功可能不是靠人品，但可持续的成功，则一定在于人品和价值观。"基于这样的认知，他投那些志同道合的人，愿意冒技术上的风险，而不是人的风险。

历尽千帆，在朋友的眼里，邓锋依旧真诚、豁达，怀揣着理想主义。而他对自己的评价是："我是一个普通人、正常人。有人说我平易近人，我说这不是一个优点，人本该这样。对于喜欢的事情，我有一点工作狂，因为我享受我的工作。"

罗东平：一个特别能吃苦的创业者

20世纪90年代，罗东平中断在美国的博士学业，投身硅谷，并很快加入到师兄邓锋刚刚创办的NetScreen时，恐怕很难想到，自己的职业生涯将永远地和"网络安全"联系在一起。

罗东平1983年考入清华，获得了电子物理与激光专业学士学位和电子工程专业硕士学位。在短暂的创业经历后，罗东平赴美前往加州大学圣地亚哥分校攻读博士学位。就在读了两年半博士学位，开始要出成绩的时候，他却出人意料地中断了学业。当时他出于尝试的心态，给硅谷科技公司赛普拉斯（Cypress Semiconductor）发了份简历。没想到他们立刻回复，买好了机票让他去面试。而在一天的面试结束后，负责人告诉他第二天就可以开始工作。这种专业高效打动了罗东平，他很快决定：中断学业，投身硅谷。

到硅谷没多久，罗东平遇到了邓锋。同样出身于NetScreen，后来和罗东平一起创办山石网科的前高管童建，在一篇自述中有过这样一段描述："邓锋告诉我，要招一名做芯片验证的工程师。那人过来一聊，原来是我三字班的学长，叫罗东平。他在赛普拉斯（Cypress Semiconductor）工作，跟我一样，也是业余时间来帮忙。东平人很忠厚，也不计较待遇，主要负责第一颗FPGA的功能验证工作。"

当年一起跟随邓锋创业的伙伴

正如童建所描述的那样，罗东平不仅"忠厚"，而且还能吃苦。最初他白天在赛普拉斯上班，晚上去 NetScreen 加班，创业团队中很多人都是清华出身，大家都是技术迷，讨论起业务真是废寝忘食，常常一干就到了深夜。3 个月后，邓锋对罗东平说，你这样太累了，要不直接过来算了。和此前的经历一样，罗东平几乎没作太多考虑，就点头答应下来。

等到正式加入进去，罗东平才知道，当时公司账上的钱只够用 4 个月。不过比财务消耗更快的，是 NetScreen 吸引市场和资本的速度。很快，罗东平和团队就离开了局促的办公场所，搬进了宽敞明亮的办公室。再然后，罗东平亲身经历了 NetScreen 4 年上市，6 年被溢价收购的传奇故事，也让自己成了传奇中的一员。

NetScreen 的经历对于罗东平以后的生活来说，可谓是决定性的。

"我得到了一个非常重要的精神财富。那就是，当我自己忽然有了'为什么我自己不能做'这样一种想法的时候，我从来没有怀疑过自己能够成功。我还记得，当我决定回国创业的时候，我太太问我需要做多久。我说，邓锋带着我们做了 4 年（上市），我们现在比邓锋更有经验了，我们 3 年就能做出来。"

在那个时候，信心满满的罗东平，怎么也想不到，他们用了 14 年才做出来。但即使在最难的时候，他也没有丝毫动摇，坚信所有的坎儿肯定能过去。这就是他从之前的创业中获取的精神财富，NetScreen 的成功给他注入了非常强的信心。

2006 年罗东平回国，和童建等人一起创办了山石网科（Hillstone）。既是师兄，又是领导，更是 NetScreen 战友的邓锋，比罗东平早一年回国，刚刚开始他的创投事业，邓锋的"北极光创投"成了支持山石网科的第一家投资机构。

相比罗东平回国前的乐观，邓锋清楚知道山石网科将会在国内遇到和在美国完全不同的挑战。其一，国内信息安全行业刚刚起步，市场需要被教育；其二，公司虽然技术水平一流，战斗力也强，但毕竟是刚从美国回来的团队，上至股权结构安排，下至市场销售拓展，都需要一个"接地气"的阶段。邓锋在决定给山石投资时，虽然从他的理性判断上，这将会是一个漫长的投资，但他依然看好罗东平和山石网科。

有了身后资本的宽容和理解，罗东平能有更多的时间，让山石网科这枚种子生根发芽，在艰难中茁壮成长。

道高一尺，魔高一丈。网络世界的攻防博弈，无时无刻不在进行着。自称为"技术信仰者"的罗东平，同样在公司内部贯彻他称之为"善意正直"的企业原则。山石所有的新进员工，他都会亲自与他们进行沟通，而他对员工最先讲的就是，进入到这个领域，你会增加很多技能，但我对你的要求是你要行善，不能作恶。

直到今天，很多同行说起罗东平的创业，往往会用一个字"苦"。确实，原本以为只需要花 3 年时间进行一场降维打击，没想到却变成了 14 年的"长期抗战"，换成任何人恐怕都是一种煎熬。

但罗东平是一个坚韧、抗压能力很强的人，一方面是源于他的天性，另外，他心里还有一个影响了他一辈子的人。那是 20 世纪 90 年代初，他在国内坐火车时遇到一位比他稍大几岁的女包工头。她给罗东平讲了很多她在工作中遇到的事情：如何跟一群男人喝酒，如何在面对挑战的时候第一个冲上去顶住，如何觉得自己越来越不像是个女人……年轻的罗东平默默地听着，心里满是敬佩，他问那位女士是怎么坚持下来的？她只说了一句："遇到事情的时候我不会想太多，只想着把这件事摆平，要不然我就不能往前走了。"

这句话如闪电击过大树一样，在罗东平的心中留下了无法抹去的痕迹。以至于人生几次到了要作决定的时候，他毫不犹豫选择的都是风险高的创业。

2019 年 9 月 30 日，山石网科登陆科创板，对于长期支持自己的朋友和机构来说，罗东平感到总算有了一个交代，但他肩上的担子也变得更重了。他在自己的办公室安装了一块屏幕，只要抬头就可以看到公司的股价。变化的数字时刻在提醒他——山石网科已经是一家公众公司，要对股东负责、对客户负责，产品要超越他们的期望；要对员工负责，让他们都有良好的职业发展。

沈继业：他的故事，像一部武侠小说

身为一家绝对硬核的网络安全公司创始人和董事长，沈继业给人的感觉里却有一股"不一样"的气息，他那不太修饰的发型和明显随意的衣着，搭配上谈论专业问题时的自信表情和不拘小节的身体语言，让人很容易把他和金庸小说中不拘一格、挥洒自如的大侠联系起来。

而绿盟的创业故事，正如它的名字一样，真的和武侠小说有一拼。

1986 年，沈继业考入清华大学自动化系，1991 年本科毕业。恰好在那一年，清华结束了就业分配制度，开始实行学生和用人单位双向选择的就业政策。作为第一年实行双向选择政策的毕业生，沈继业进入北京新新通用电气技术公司，成了一名工程师。不过很快，沈继业就不满按部就班的工作，在第二年 5 月创办了自己的第一家公司——北京挚友计算机技术公司，从事网络设计实施工作。1993 年 6 月，沈继业又创办了北京天火信息咨询公司，从事信息咨询工作。

由于本科期间成绩优异，他在毕业时获得了保留研究生入学资格的机会，可以先工作两年，再返校读研。但两年之后，沈继业的公司里已经有几十个同事，他没有办法让其他人的努力因为自己的选择半途而废，便放弃了读研资格。

沈继业全身心地投入到创业项目当中，经常两三天才睡一次觉。不过功夫不负有心人，公司的发展势头非常好。然后，他作了一个令人大吃一惊的决定：卖掉公司。用他自己的话说："当时公司高层都为理工科背景，对公司的运营管理不擅长，而公司需要更好的管理和运营模式才能得到更快的发展。"

卖掉公司，沈继业获得了人生的第一桶金。衣食无忧的他，随意自在地过了几年悠哉的生活，一直到 1999 年，那一年，他也并没有什么规划，但有一天朋友托他在中关村买台电脑，沈继业顺手给自己也买了一台，开始了网上冲浪生涯。

那个时候上网就是在聊天室，和不同的人聊天。那是一种结识同道中人最有效的方法。能够聊得来的人，起码价值观一致，在技术水平也得旗鼓相当，就像打乒乓球一样，如果不是棋逢对手就没办法打了。

世纪之交前的 1999 年，正好是国内外公共事件频繁发生的时期，线下的公众情绪，也在线上爆发出来，各种网络黑客攻击网站的事情此起彼伏。沈继业从这些事情中，嗅出了网络安全服务的空白和商机。

他开始和聊得来的网友们搞起了"串联"，勾画可能的创业愿景。正式成立公司前，沈继业这个"带头大哥"张罗此前素未谋面、来自天南海北的网友，在北京吃"开张饭"。原本只有 10 个人，"临了有一哥们说，唉呀不行，我还约了两个哥们吃饭，我说那就一起来呗，然后创业团队就变成 12 人"。

2000 年 4 月 25 日，沈继业出资，绿盟信息技术有限公司正式成立。然而公司成立之时，正好撞上了网络泡沫的破灭，整个行业遭遇巨大危机。绿盟作为一家刚刚成立的小公司，不可避免遭受严重影响。

2001 年底，会计事务所来审计，审计员一看账就惊呆了。他询问公司会计："你们公司半年没有发工资，这些人都还在吗？"会计想了想，说："除了一名要还房贷的人走了，其他人都在，还来了新人。"

事后分析原因：一是大部分同事都很年轻，没有太多家庭负担；二是因为有许多技术高手在，让大家对公司充满信心；而最重要的则是以沈继业为代表的创始团队在公司内部所创造的信任、团结、乐观的氛围。

作为一个管理者，沈继业对于企业的管理文化有自己的独到理解——做企业就是要在最柔软和最强硬之间，把"情理法"的配比做好，既要讲道理，也要人性化，同时也必须考虑人情世故。正是这样的企业文化，使得当互联网大厂瞄准绿盟挖人时，会发现绿盟的高端人才很难撬动。

在沈继业的带领下，作为国内最早从事网络安全业务的企业之一，2014 年 1 月，绿盟在深圳证券交易所创业板上市。按照沈继业自己的设想，他希望挑选公司最年轻的一个员工去交易所敲钟，用来代表公司朝气蓬勃的形象。毫无疑问，这个"荒唐"的建议被券商一口否决，不过沈继业的性情由此也可见一斑。

敲钟那天，公司独董李军教授看到平时衣着随意的沈继业西装笔挺，打趣地问他是否是特意购置的新衣。沈继业翻开衣领，里面印有"清华 EMBA"的 logo。这身清华商学院的班服，是他衣柜里最正式的一套衣服。

沈继业在清华上学时就是运动健将，是 3000 米障碍赛和 5000 米的冠军，曾经打破学校保持了 31 年的 5000 米比赛纪录。毕业后，这个爱好依然伴随着他，而在创业后，又带动了公司的许多同事。沈继业是国内上市公司中跑得最快的董事长，世界田联六大马拉松赛事已经满贯。至今，他的配速还一如既往地在高手水平。

成绩也证明了，他不仅是一名优秀的"跑者"，更是一个优秀的"领跑者"。

沈继业

沈继业参加国际田联马拉松 6 个大满贯的证书 JIYE SHEN Certificate

志翔三杰："中老年"创业更有信心

2013 年，棱镜门事件爆发，斯诺登的爆料及其所产生的国际影响，将数据安全的重要性在全球范围内提升到了一个前所未有的高度。不仅是商业机构，各国政府也已经开始将网络安全列为国家安全的最重要部分之一。

清华电子系的蒋天仪，和曾经跟随邓锋在 NetScreen 打拼过的同班同学李先志，一直关注网络安全的行业发展。他们发现，随着政府和企业数字化转型浪潮的愈演愈烈，各个国家在数据安全保护上都有巨大的需求。而且很明显，这是一片尚未被开拓的蓝海。

说起蒋天仪的履历，曾经有媒体文章如此描述——"如果把蒋天仪博士的前半生掰开来看，每一块都'金光闪闪'"。

蒋天仪（左）与李先志（右）

1992 年考入清华大学电子工程系，完成本科和研究生学业，后赴美在西北大学获得电子与计算机工程系博士学位，拥有多项国际领先的技术成果，在国际一流期刊和会议上发表过 10 多篇学术论文，拥有 4 项发明专利……毕业后进入全球顶尖的芯片企业 Marvell，创建并领导公司的核心研发团队，设计开发出全球第一款 12Gbps 的 SAS 芯片、全球第一款支持 SRIS 的 PCIe 芯片。

而李先志则拿过全国物理奥林匹克竞赛的金牌，曾经担任过全球第二大网络设备公司资深系统架构师，跟随邓锋在 NetScreen 创业，他创建的北京黄金眼科技公司后来被联想集团收购。

像很多清华人一样，蒋天仪和李先志的血液里流淌着"自强不息，厚德载物"的校训，也深埋着报效国家的志向。

经过多次沟通讨论，李先志和蒋天仪作出决定：回国成立一家专门为政府和企业保护重要数据资产的"云"安全公司，把在美国积累多年的先进产品技术和行业经验带回国内，为国内的网络安全行业发展做点实事。

2014 年，志翔科技在北京正式注册成立。他们找到了清华应用数学系 92 级的颜勇。当时的颜勇还是一名国家安全部门重要岗位上的公职人员，他被蒋、李两人的创业愿景所打动，也燃起了人生换一个跑道的激

颜勇清华园留影

情，毅然辞职离开政府系统，加入到志翔科技的创业团队并担任董事长。

志翔科技成立之初专注于"保护数据安全"领域——保护政府和企业核心数据以及文件的安全，防止内、外部人员窃取，随后将业务拓展到新的领域——业务风险管控，即基于日志数据和用户行为习惯，借助大数据分析和深度学习等技术手段，以"零信任"原则，及时发现正在或将要发生的威胁和风险。

三位创始人聚在一起创业志翔科技的时候，都算不上年轻，蒋天仪笑称他们自己是"中老年创业团"。不过"中老年"创业也有自己的优势，那就是对业务发展有了更清晰的认识和把握。用颜勇的话说："我们是晚了10年，但这10年让我们可以更好地观察和思考整个行业的未来趋势。我们从一开始就很有信心，因为我们准备得很充分，在这个细分领域，我们拥有行业的核心技术和最顶尖的人才队伍。连续三届 TEEC 主席都投了我们，这绝对不是仅靠人际关系和幸运可以解释的。"

此外，由于业务服务范围的侧重点不同，让志翔科技能够和山石网科、绿盟形成技术和服务的互补，取长补短，丰富了行业内的合作业态，也成为 T 友合作互助的一则佳话。

袁振龙：小荷已露尖尖角

"带头大哥"邓锋已经华丽转身，在投资界风云再起；沈继业、罗东平技术路线不同，但都是行业翘楚；颜勇、李先志和蒋天仪自谦"中年创业"，黄金三角组合的锐意进取令人瞩目。然而，"江山代有才人出"，更年轻一代的清华学子以后浪姿态，持续进入到信息安全领域。

青创 T 友袁振龙在本科毕业后，推免至清华大学信息科学技术国家实验室，师从李军、薛一波研究员，是全球第一个在网络安全领域发表深度学习突破性成果的研究人员（顶级会议 ACM SIGCOMM），并作为第一作者，在计算机网络国际顶级会议上发表一系列开拓性论文成果，已获得 5 项发明专利授权。

直博期间，袁振龙带领科研团队服务于国家互联网应急中心（现隶属于中

袁振龙（右三）和他的创业团队

央网信办，之前属于工信部）的国家课题与项目，对网络空间大数据智能化有了较为深入的认知和兴趣，认为这是未来社会发展的必然趋势。

2016 年袁振龙博士毕业，面临着是否马上创业的选择。在这个关键节点，他得到了李军的支持和鼓励。

李军是 TEEC 在硅谷时期的创始会员之一。1985 年、1988 年他在清华分别获得学士、硕士学位；1992 年赴美留学；1997 年毕业于新州理工计算机系，获博士学位；1999 年，他和几个清华校友在硅谷创办 ServGate 公司，从事信息安全产品的研发；2003 年回国。和同时期回国创业的 T 友不同，他返回母校任职。作为 TEEC 的早期会员，热心的李军帮助过很多 T 友创业。他是兆易创新的朱一明的天使投资人，也在武平、陈大同创办展讯最困难的时候给予投资；此外，他还担任过绿盟、山石等很多 T 友企业的独董。

李军独特的经历使得他的网络安全实验室创业氛围浓重，吸引了很多学生创业，除了袁振龙，还有已经成为 T 友的亓亚烜。李军的鼓励和支持让袁振龙迈出了坚定的第一步。在初创过程中，对于缺乏商业和管理经验的袁振龙，李军从来都不吝指导，包括引荐邓锋、沈继业、姜晓丹等 T 友给予指导，使袁振龙在创业过程中就已受益于 TEEC "受助、互助、助人" 的宗旨与传承。

袁振龙创办的赋乐科技（Flow++）是一家聚焦于 "网络空间大数据与安全" 的国家高新技术企业，核心成员主要来自清华。作为一家技术驱动型的创业公司，深扎技术 3 年后才正式迈入商业化的落地阶段；袁振龙深知，要成为一家优秀的企业，必然要立足于创新。"赋乐"这个词，来源于网络空间中最主要单元"Flow（网络流）"的谐音，预示其从成立之初就坚定聚焦在网络空间这一领域的决心。

赋乐科技在已有全数据采集能力的基础上，进一步建设分布式人工智能算法平台，进而延展出公司两大业务发展方向。其一是聚焦大安全业务：网络空间安全问题与形势日益严峻，越来越多的违法犯罪活动开始由线下转移至线上，比如赌博、诈骗、暴力、传销、贩毒等。赋乐致力于解决网络空间安全平台的智能化需求，为工信、网信、公共安全等行业提供相应的网络安全产品与服务，助力平安中国的建设。其二是聚焦大数据业务：运营商是网络空间数据汇聚的重要集散地，但随着网络加密流量的普及，其大数据运营业务的发展受到影响。赋乐科技依托自有技术，目标是帮助运营商成为大数据公司，发挥数据最大价值。

创业中除了不断得到李军老师、Young TEEC 还有众多 T 友持续的指导和支持，公司成立后不久还拿到了清华启迪、TAF 清谷和清控银杏的天使投资，至今已历经三轮融资。

相对于早期 T 友筚路蓝缕的创业，年轻 T 友无疑是幸运的。有 TEEC 的保驾护航，有众多 T 友的薪火相传，创业路途他们不再孤单。

凌云处时更虚心

和互联网、半导体、消费领域带着光环广为人知的创业者相比，在制造、工业设计、原始技术创新和服务领域的创业者，他们显得低调又沉默。在网上很难查到个人的信息，与他们相约访谈都在几次三番的沟通后方得进展。

然而，就是这些低调内敛、埋头苦干的创业者，在各自的行业中，创造了一个又一个辉煌。

1982 年考入清华大学汽车系的宣奇武，2002 年创立北京精卫全能科技有限公司，从事汽车整车、汽车总成及零部件研发。2007 年和团队创立阿尔特（中国）汽车技术有限公司。2020 年，阿尔特汽车在创业板上市，成为国内首家上市的独立汽车研发公司。

1990 年毕业于清华自动化系的洪卫东，于 1999 年成立宇信科技。8 年后，宇信成为第一家在美国纳斯达克上市的中国金融信息技术服务商，自 2010 年起连续 7 年在中国银行业 IT 解决方案供应商中排名榜首。2018 年 11 月，宇信科技在从美国退市 6 年后，又成功登陆创业板。

1986 年，年仅 16 岁的李屹从江西南昌考入汽车系，20 年后，他从硅谷回国创办光峰科技，革命性地解决了激光显示的产业化难题。2019 年，光峰科技登陆科创板，成为 A 股激光显示第一股。

1991 年从山东荣成考入材料系的姜龙，和哥哥一起创办歌尔，白手起家，凭借前瞻性的企业管理思想和全球化的战略视角，带领歌尔一步步成长为中国电声行业龙头企业和全球微电声领域领导厂商，成立仅 7 年时间就在中小板上市。

他们创业赛道不同，创业过程迥异，但深入骨血的精神是一致的。清华的求学开启了他们不寻常的人生序幕，秉持高调做事低调做人的风格，怀抱科技兴国的信念，在 21 世纪中国创业的乐土、沃土上，他们谱写了一曲曲创业者的高歌。

宣奇武：我是个"三心二意"的人

所有精诚笃定的创业者，对自己所从事的行业，都有一份坚定的信念。

1987 年，宣奇武从清华汽车工程系毕业后，在家乡长春一汽研究所工作了 6 年。1992 年，宣奇武到日本九州大学留学；1998 年获得工学博士学位后，加入日本三菱从事研发和管理工作。宣奇武在日本学习了 12 年的汽车正向开发技术和理念，对未来的创业至关重要。

大学时期的宣奇武

最初创业时，宣奇武的目的很简单，就是想借助自己在三菱的经验和人脉，为中国汽车厂商提供技术咨询服务。那时候中国汽车工业发展还比较落后，汽车开发绝大多数是以模仿和借鉴为主的逆向开发，而完全依靠自身创新能力进行的正向开发非常少。当时每一次和国内整车厂交流，他都能感受到国内对汽车的高效开发流程、先进技术、先进材料、优秀工程师等的迫切需求。作为一个中国人，一个汽车行业的从业者，宣奇武感觉很焦急。

2001 年末，中国加入 WTO，宣奇武直观感受到属于中国的汽车市场即将到来，加上自己的经历覆盖了汽车逆向开发、正向开发，还比国际研发公司更了解中国市场和中国用户的需求。综合评估后，宣奇武启程回国创业，利用强有力的外方专家技术支持和完全的自主知识产权，根据整车企业用户的要求，正向开发全新的适合中国的"国情车"。

2002 年，宣奇武创立了北京精卫全能科技有限公司，主要从事汽车整车、汽车总成及零部件研发。2007 年在接受红杉资本、金沙江创投等公司投资后，宣奇武的团队在精卫全能的基础上又创立了阿尔特（中国）汽车技术有限公司。

在包括中国在内的多个国家制定了碳达峰和碳中和的时间表后，如何降低碳排放成为全人类需要共同面对的难题，而汽车能源方式的革命是解决这道难题的一个重要突破口。从 2002 年开始做汽车设计研发创业，2009 年进入新能源汽车研发领域，宣奇武对汽车市场的前瞻性令人赞叹。而他"希望为客户、为市场研发出以汽车为代表、符合人类未来需求的交通工具。希望未来的汽车更安全、更节能、更智能，是交通工具又不仅仅是交通工具，让汽车成为人们工作、生活中形影不离的得力帮手"的初心，始终未变。

在这份初心的基础上，宣奇武的愿景是"希望阿尔特成为人类未来汽车的诞生地"。虽然阿尔特并不涉及自主制造，但他期待未来汽车的研发来自阿尔特。因此，阿尔特在人才配置、研发投入、项目经验方面，都朝着这个愿景而努力。

在人才配置方面，公司从成立起，一直有国际专家的参与和支持，这些专家拥有意大利博通、宝马美国设计中心、通用汽车、日本三菱、梅赛德斯奔驰、日产、丰田、五十铃、韩国现代、捷豹路虎等世界著名汽车企业及设计公司的多年开发经验。在研发投入方面，阿尔特在美国洛杉矶、日本爱知、意大利都灵以及中国北京和上海设有五大造型创意中心，具备了世界级的造型设计能力。在项目经验方面，阿尔特已累计服务主流车企60余家，成功研发车型超过300款，是国内唯一具有平台开发能力的独立整车研发企业，在国际独立开发企业中也是不多见的。

阿尔特是公认的我国独立汽车研发公司"交钥匙"服务和发动机/动力总成研发制造的开创者，是中国技术领先的整车研发及核心零部件制造解决方案供应商。2020年，阿尔特汽车在创业板上市，成为我国首家上市的独立汽车研发公司。

宣奇武用三个"太"，来形容自己对当下社会的理解：

"首先，太快了。今天的变化速度，比人类历史上任何一个时代都要快。仅仅在几十年前，汽车还是稀有物种，现在已经接近自动驾驶了。相信未来的发展速度，还会超出我们的想象。

其次，太好了。国家和社会为经济建设和企业发展提供的环境越来越好了，以前一个文件的审批可能需要几个月时间，现在线上点击就能解决。以前我们很难找到合适的技术人员，现在我们很多的设计师、工程师技术水平已经不亚于发达国家。

最后我想说，中国倡导的人类命运共同体，太对了。地球是人类共同的家园，碳排放、气候变化、环境污染等问题，需要各个国家的共同协作，谁也无法独善其身。我们作为企业经营者，也需要有大局观，需要从人类发展的角度制定企业发展战略，研发出真正符合人类未来需求的汽车，与时代同行才能走得更远。"

身为创业者和企业领导者，宣奇武用"三心二意"总结自己的职业生涯，"三心"是初心、创新和真心；"二意"是善意和情意。

中国是四大文明古国中，唯一一个文化没有被中断过的国家。中国 5000 年文化是全人类的瑰宝，全球消费者都应该体验到带有人类"最长续航"文明底蕴的汽车产品。"作为汽车设计研发公司，我们努力让中国元素在汽车上得到更多体现，努力研发设计出更多的潮款、爆品。"展望未来，宣奇武如是说。

洪卫东：宇信的工作是围绕"人"展开的

1990 年刚毕业时，洪卫东是计划要出国留学的；为此，他在中关村找了一份过渡性的工作；没想到，一段时间之后，出国的念头淡薄了，创业的念头却强烈了。随着工作经历的积累，还有国内创业氛围的日益浓厚，洪卫东感到，自己有能力通过创业，在金融服务行业里闯出属于自己的一片天地。

国内金融 IT 服务商是一个特殊的群体，整个金融 IT 服务商行业的发展充满了曲折困顿和起伏兴衰。宇信的发展也非一帆风顺，但在螺旋式上升的过程中，它变得越来越强大。

1999 年公司成立，一开始是承接某银行的一个项目，这个项目完成得非常出色，证明了企业价值和能力，赢得了客户的信任；公司从银行的一个项目承接方，逐渐转变为银行的长期服务商。此后，又通过口碑相传，从一个银行的服务商，扩展到更多的银行。2005 年，公司成为中国建设银行的战略合作伙伴，2006 年已经进入了中国银行业信息技术服务商前五名的行列（IDC 报告）。2007 年，宇信成功登陆纳斯达克，成为首家在美国上市的中国金融 IT 服务商；自此，公司发展进入快车道。2010 年开始，宇信荣登 IDC 银行业 IT 服务商及解决方案提供商排名第一名。

洪卫东

但是，在美国上市仅一年后，全球性的金融危机爆发，此后中概股又集体在纳斯达克受挫，宇信的价值被严重低估，资本市场的不利局面对公司的负面影响逐渐凸显。与此同时，中国的资本市场风生水起，国家不断出台相关政策，鼓励像宇信这样的优质企业回归。经过不断地研讨和慎重考虑，洪卫东毅然决定从美国资本市场退市。

这是一个艰难却极为明智的决定。退市后，公司进行了一系列战略部署，加强核心竞争力，通过差异化竞争在市场上取胜，2018 年 11 月 7 日，宇信再次登陆资本市场，成为中国金融服务第一股。

时光如白驹过隙，科技的发展也是日新月异，洪卫东深切体会到整个行业的游戏规则发生了巨大的变动：10 年以前，公司的主要工作是根据银行需求，做定制化的软件开发，服务内容比较单一，可替代性也很强，但是现在情况完全不一样了。首先，不仅金融行业的竞争在加剧，而且金融衍生品的技术也越来越先进，同时监管的要求也在加强；在这种情况下，IT 对于金融行业的价值就越来越大，对 IT 的依赖程度也越来越高。其次，一些中小型金融机构已经丧失了独自完成业务的能力，更需要像宇信这样的公司为其赋能，提升业务能力，提高管理效率。

这是一个行业从被动到主动的发展过程。金融 IT 服务商和金融机构不再是传统的甲方和乙方的关系，正逐渐成为合作伙伴的关系；行业的红利才刚刚开始。在宇信的面前，既有着巨大的市场空间和机会，也面临更高的要求和挑战——团队只有比金融机构的人更懂行业需要和政府监管要求，才能够帮助到他们。

洪卫东从没有停下学习的脚步。曾国藩说过，"百战归来再读书"。在成功创业多年后，他重返母校，成为清华经管学院首届 EMBA 学生，目前在清华五道口金融学院攻读 GFD。

也许是天性使然，也许是工作性质的特殊要求，洪卫东看上去沉稳儒雅，一谈到清华和清华校友，他的脸上马上洋溢出笑容。虽然他的行业和绝大多数 TEEC 会员企业并无交集，但在他创业过程中，在两个关键节点得到了校友的全情支持。

一次发生在 2012 年宇信从纳斯达克退市，光大控股帮助宇信进行了繁琐的退市手续，这个过程是由 88 级无线电系的王雪松牵头并推动完成的。

到了宇信要在国内上市时，洪卫东选择了中金证券作为其券商。中金的董事总经理王曙光是 92 级应用数学系的校友，也是 TEEC 成员，王曙光亲自带队协助宇信在 2018 年 11 月顺利登陆创业板。

李屹：我想把激光打到月亮上去

　　李屹出生在重庆的万县（今重庆市万州区）一个从事科技工作的高知家庭。父亲母亲都是上海交大的毕业生，毕业之后被分配到重庆支援当年的"三线建设"（国家以加强国防为中心的战略大后方建设）。父母工作的地方内部代号 454 厂，也就是今天的江陵仪器厂的前身。万县地处重庆市东北部、三峡库区腹心，是一个通江达海的开放之地，所以李屹小时候，是在长江边长大的。父母对李屹的期望很高，李屹从父

李屹

亲身上学到最重要的东西是他做事的理念——做一件事就钻研一件事、做到精益求精。而在生活上父母又对他十分疼爱，这段快乐的童年经历使得"万县"成为李屹抹不去的乡愁。哪怕离开多年，当时的场景都历历在目。

　　为了让李屹接受更好的教育，母亲在李屹 8 岁时将他送回了自己的故乡江西南昌。李屹没有辜负父母的期待，16 岁就考入清华，攻读汽车制造专业。选择汽车专业是遵从母亲的意志，老一辈知识分子普遍认为汽车是国民经济支柱产业。但汽车却非李屹的兴趣所在。本科毕业后，听从内心的召唤，李屹选择了自己向往的光学专业，进入了光学专业排名全美第一的美国罗切斯特大学继续深造。

　　此后，李屹进入硅谷工作。那时候的硅谷，正是"激情燃烧的岁月"，互联网的热浪让财富散发出前所未有的夺目光辉。那时候每个礼拜都有人退休，每个周五的会议室里面都是一堆气球，用来庆祝某些人实现了财富自由，开启退休生活。这样的日子一直持续到"9·11"事件，泡沫一下子破掉了，就像从云端摔下来一样。

　　在美国的这段学习和工作，对李屹影响不小。无论是前期的财富增长，还是后面的大起大落，对一个人的心智磨炼和眼界拓展来说，都是不一样的体

验。很多人一辈子也没有这种绝对巅峰和绝对低谷的体验; 而在经历了所有这一切之后, 李屹更想沉下心来做事。

于是, 2006 年, 36 岁的李屹离开硅谷, 回国创立了光峰光电技术有限公司, 也就是今天光峰科技的前身。

当年, 李屹拜访了深圳坂田的华为。华为当时的规范管理、工作效率, 以及对知识产权的重视, 都让李屹以为是一家硅谷公司在中国的分公司, 当他得知这是一家中国的民营企业时, 非常震撼, 既然深圳能有华为这样的企业, 他相信还将诞生更多和华为一样的企业。

知易行难, 在创业上恐怕更是如此。刚开始的时候大家总是质疑, 作为一家深圳的企业, 怎么能做出颠覆式的技术创新? 同样水平的团队, 若来自硅谷就容易被接受, 但来自深圳就会遭受偏见。就连李屹的朋友和家人都不理解, 甚至有人认为李屹就是回国来骗钱的, 嘲笑他一个清华高材生怎么混到要招摇撞骗的地步了。

李屹痛苦, 充满困惑, 有一次, 他读到一篇麻省理工学院的论文, 文中提到, 从一个比较重要的科技突破, 到产业化, 需要 20 年的时间。这个观点, 一下子给李屹松了绑, 他心说, 那就不用着急了, 慢慢做吧。

2007 年, 李屹团队成功研发了可商业化的基于蓝色激光的荧光激光显示技术, 解决了当时激光显示成本过高的难题。同时围绕该技术架构布局基础专利, 并为该技术注册 ALPD® 商标。围绕 ALPD 技术, 光峰科技构建了完善的知识产权体系, 并在全球范围内进行了专利申请。2013 年, 光峰科技与 LG 合作推出全球首台 100 英寸激光电视, 开创了激光电视细分市场。

目前, ALPD 技术已经成为全球激光显示市场应用最广泛的技术和标准, 在全球累计专利申请及授权专利共计 2191 项, 以李屹为主要发明人申请的专利申请量超过 1000 项, 专利涵盖中、美、日、欧等国家和地区, 形成了激光显示领域全方位的专利布局, 在市场上持续保持领先。在国内, 采用光峰科技 ALPD 激光放映设备的影厅目前已超过 22000 家, 处于行业绝对领先地位。

借科创板的东风, 2019 年光峰科技成为首批科创板上市企业, 也是科创板广东第一股、A 股激光显示行业第一股。光峰科技的股票代码是 688007.SH。李屹笑称: "因为我们是科创板第一批, 广东第一家, 我们有机会选择股票代码, 当时开玩笑说可以选 688888, 后来想想我们是搞高科技的, 以前看英国 007 电影, 电影中经常有很多魔幻的高科技展现; 我们希望用高科技来改善人们的生活, 于是我们选择 '007' 做股票代码尾数。"

2019 年 7 月光峰科技科创板上市，右二为李屹

用高科技改善人们的生活，这就是光峰科技的初心。创新这件事不难，但难的是找到真正的需求。通过努力，李屹和团队将原来昂贵的激光显示产品普及到了普通家庭。而媒体常会提起的 2019 央视春晚深圳分会场"未来城市"灯光秀和 2019 年上元之夜"点亮故宫"灯光秀，正是光峰的作品。

光峰科技作为掌握自主原创技术的科技企业，利用自身在研发方面的优势，发力核心器件。2021 年全面布局车载显示的赛道，已与多家一级供应商和车企达成合作。李屹笑称，"最终还是回到了母亲为自己选择的行业。"

工科出身的李屹，其实是一个内心浪漫的人。在谈到公司未来 5 ～ 10 年的发展愿景，李屹情不自禁地望向天空。

中影集团负责人参观公司产线，右一为李屹博士

农历每月十五，比如中秋节，月亮又圆又亮，视力好的人甚至可以看见月亮上的环形山。但是到了每月月初，人们是看不见月亮的，因为地

球把太阳挡住了。李屹说："既然光峰是做激光显示的公司，那每月月初的时候，我们能不能在地球上打一束光线到月亮上去，把月亮点亮，到十五时，我们用激光把中国的一些地标图案显示在月亮的环形山上？这是多么有意义的一件事！"

谷春光、杨艳：梦想凯乐士，春光正艳

金庸在他的武侠世界中，塑造了众多大侠，乔峰、令狐冲、张无忌、苗人凤……谁武艺最强？谁最义薄云天？谁最有家国情怀？各花入各眼。但说到最天造地设的一对夫妻，毫无争议是郭靖和黄蓉。他们相识在青春少艾，性格互补，理念一致，携手江湖，彼此成就了对方。

TEEC 有 800 多会员，但夫妻会员凤毛麟角，夫妻都是会员且一起创业的，有且只有一对。TEEC 里的"郭靖黄蓉"，就是谷春光和杨艳。

伉俪倩影，杨艳（左）和谷春光（右）

谷春光和杨艳是高中同学，1988 年一起从重庆南开中学考入清华。清华园见证了他们的恋情。1993 年从电子工程系本科毕业前，想去国外深造的杨艳拿到了位于波士顿的塔夫茨大学全奖，谷春光则去了在纽约州的纽约州立大学石溪分校。两年后，杨艳去纽约州的康奈尔大学攻读博士学位，而谷春光来到了在波士顿的麻省理工学院。谷春光一路追随着杨艳，但总是错了一拍，一直到 1999 年，两人博士毕业，杨艳回到波士顿工作，两人才最终喜结连理，在波士顿安了家。对于谷春光和杨艳，他们的爱情一如沈从文写给张兆和的文字：

> 我行过许多地方的桥，
> 看过许多次数的云，
> 喝过许多种类的酒，
> 却只爱过一个正当最好年龄的人。

谷春光的职场经历从美国 i2 Technology 起步。i2 是全球供应链管理方面的领导厂商，也是世界领先的提供有关全局供应链管理（GSCM）中智能规划与调度的软件供应商。1999 年至 2005 年，谷春光历任供应链管理方面的高级顾问、行业解决方案构架师、中国区汽车和钢铁行业的咨询业务董事等职位，先后为多家全球 500 强企业提供企业信息化和供应链管理方面的咨询服务。在 i2 的 6 年加上坚实的专业背景，让谷春光成为在供应链领域的世界级行家。

谷春光是一个对个人的生活、事业和家庭都有规划的人。在专业领域达到了顶尖水准后，他想提高自己的管理能力。和一般人会选择读商学院来获取这方面能力不同，他去了麦肯锡。与其交学费学习，不如通过在麦肯锡获得一手的实操经验，况且还有不菲的薪酬。谷春光这一招可谓一石二鸟。

2005 年至 2008 年，谷春光在麦肯锡（中国）任高级顾问和项目经理，也是其亚洲商务技术部核心成员，帮助多家中国及跨国企业的高层管理团队制定企业战略和实施运营改善计划，包括公司整体战略，企业并购和整合，供应链管理、全球采购、IT 战略及信息化转型方案等。3 年里，谷春光看到了一个更广阔的天地，他得以直面中国市场，了解中国企业的痛点和需求，获得了丰富的管理经验。

2008 年初，一个偶然的机会，谷春光与武汉九州通医药集团的创始人和董事长刘宝林相识。闲聊几句，两人就兴趣盎然。刘宝林欣赏谷春光对行业发展的认识和思路，谷春光敬佩"赤脚医生"刘宝林的创业经历、开拓精神。刘宝林力邀谷春光加入九州通，谷春光答应了。

虽然九州通是湖北省最大的民营企业，位列全国近万家医药流通企业第三名、中国民营医药流通企业第一名，但从麦肯锡跳槽到九州通，在当时是极为罕见的，也引发了很多不解猜测。毕竟，全球顶尖的外企和一家总部在武汉并且有很重家族企业色彩的民企，仅仅从表象看，差距都是鸿沟级的。在麦肯锡出差，头等舱、五星级酒店是标配，而在九州通，坐经济舱，住普通商务酒店甚至招待所都是寻常。

但谷春光对这样巨大的落差却不在意。人生如碗，既能配得上山珍海味，也能装得下粗茶淡饭。麦肯锡的工作对于谷春光，依旧是隔靴搔痒纸上谈兵，他渴望有机会用上多年的所学所思真刀真枪实干一番。选择民企而非外企也是因为谷春光坚信中国的民企有更大的发展机会和空间。

机会或者说挑战——九州通集团的"嫦娥一号"项目马上就来了。2008年夏天，九州通北京物流中心、山东物流中心相继建成。按照行业惯例，从北京老仓库搬迁到北京新物流中心，北京的业务需暂停一周，损失至少7000万元。有人设想：能否一边搬家，一边正常发货？重任压到了谷春光肩上。

新老仓库，两套软件系统；近两万个品规，20余万箱药物。老仓库每天正常出货，新仓库不断进货。谷春光笑称："这好比一个水池进水，一个水池放水，进水池同时往放水池注水，最后做到同一时间放水池水干、进水池水满。"

但药物仓储、输送，远比高中数学课上的"水池难题"难得多。谷春光和技术团队没日没夜，建数据模型，反复模拟实验。几天后，他们设计出一套在中国医药流通领域没有先例的"搬家软件"。最终，没有停业，九州通北京与山东物流中心成功搬家。九州通北京物流中心总价值达2亿元的药品，只有2000多元损耗。北京、山东、沈阳等项目的陆续上线，让九州通医药物流中心相关技术与运营在行业内领跑，也让谷春光在九州通和医药行业得到广泛的认可。这段经历让他看到整个医药行业蕴藏着巨大的市场——5000多家生产企业、1万多家流通企业、40多万家药店，以及40万～50万家的医疗终端（其中含三甲医院2000多家）。更为重要的是，当时几乎没有企业专注做这个市场的物流技术服务。

2009年初，九州通设立子公司九州通达科技开发有限公司，谷春光任董事长，这一次，谷春光的目标更大：开发并完善九州通自己的全套物流软件系统，做"中国物流与供应链行业最佳技术服务商"。2009年5月，九州通达与云南白药签订了现代医药物流项目的合作协议，负责该项目的规划设计和仓库管理系统（WMS）、设备控制系统（WCS）的开发、设备的选型和采购、集成调试上线服务及搬迁方案等服务。2011 年 12 月 25 日，云南白药集团整体搬迁项目一期工程顺利完成，九州通达在业界声名鹊起。

同时，借助该项目，九州通达也得以将既有的物流系统建设经验进行总结、提炼和提升，先后开发了拥有自主知识产权的 WMS（仓储管理系统）、TMS（运输管理系统）、WCS（设备控制系统）、ECCM（全程冷链管理系统）、TPL（三方物流管理系统）、HPD（院内物流管理系统）等四十余项软件产品，形成了一套完善的物流与供应链解决方案，成功取代了进口系统。

然而谷春光有更大的设想，这个设想像一颗种子，在遇到沈鹭——谷春光未来事业的合伙人后，破土发芽。沈鹭当时作为一家外企的销售代表向九州通达推销德国四向穿梭车。谷春光去欧洲考察后既发现了穿梭车的应用和市场前景，也发现了其不足。德国产的穿梭车，对货架、场地和精度的要求极高，不适合在中国使用。但它点燃了谷春光做一个具有规划设计，自研核心软件和硬件的整体解决方案商的梦想。在中国，仅靠软件和集成，无论交付、议价还是拿单能力都不够强，拥有一流硬件产品能力是关键。

说干就干，2014 年无锡凯乐士科技有限公司成立。公司收购了资金流断裂的奥地利团队，成立了德国凯乐士科技分公司。由于谷春光还在九州通达任董事长，创办和运营凯乐士的重任就落在了杨艳和沈鹭肩上。

当时杨艳在英飞凌（上海）从事 ADSL 高速通信芯片的研发，但谷春光一句"你是否愿意尝试下创业，换个赛道？"让杨艳放弃了专业对口，薪水和工作环境优越的工作。也许，挑战自己是一方面，更深层的原因是支持和帮助谷春光一起实现梦想。

支持谷春光的不仅仅有杨艳，还有李泉生。谷春光是 TEEC 长三角会员，而先是 TEEC 长三角分会主席后来又是总会主席的李泉生几乎认识每一个长三角会员。认可谷春光的为人也认可他的梦想，李泉生创办的主打 B 轮投资的达泰基金，成了凯乐士的天使投资人。

2015 年，凯乐士的第一款产品四向穿梭车在无锡工厂正式投产。四向穿梭车实现四向行驶、三维穿梭，跨巷道作业，与高速提升机配合可到达穿梭车库的任意货位。作为箱式密集型存取的核心设备，它突破了料箱堆垛机以及多层直线穿梭车等料箱存取系统在自主调度、路径优化、系统效率、空间限制等方面的瓶颈，解决了存量、流量、未来扩展的柔性、性价比之间的矛盾。它能被广泛应用于各行业的仓储和生产线物流中。超级电容供电方式使设备 7 天 24 小时不间断作业。在智能立体库中四向穿梭车可以实现跨巷道作业，赋予项目布局极大的灵活性及多样性，而车与车之间互为备份，与传统的箱式堆垛机相比，大大提升了整体系统的鲁棒性。谷春光坚信，"中国制造"的物流装备能够在世界市场有卓越表现，关键在于本土企业能否在各个方面坚持顶尖企业的标准。以穿梭车夹抱测试为例，国际领先企业每次测试以 100 万次作为标准，而部分本土企业则无法坚持这样的做法，一方面其认为"能用就行"，另一方面则是害怕测试时间过长而导致失去市场先机，但是凯乐士坚持测试 100 万次以上，并通过分析测试中磨损的零部件，在设计上进行优化和调整，这样的坚持使四向穿梭车在性能和品质上成为世界一流的产品。

但这样的坚持让原本规划可用两年的资金，不到一年半就用完了。眼看资金要见底了，高管团队自掏腰包筹资 400 万，同时努力寻找投资人。2015 年下半年，在经历了股市多次熔断的资本市场，融资并非易事。

巴西著名作家保罗·柯艾略在其代表作《牧羊少年奇幻之旅》中有一句"天启"之言——当一个人真正渴望某样东西时，整个宇宙都会努力来帮他实现梦想。说来也巧，来帮助他们的人，又是一名 TEEC 会员。2016 年，谷春光和杨艳在海南过春节，在同一个小区邂逅了李峰。一番聊天让李峰对凯乐士产生了浓厚的兴趣。春节过后，李峰亲赴企业了解情况。没多久，李峰作为创始合伙人的武岳峰资本就完成了对凯乐士的第二轮投资。浙江凯乐士科技有限公司成立，总部迁到了嘉兴南湖。

拿到了融资的凯乐士全力以赴加速发展。2016 年，四向穿梭车发明专利申请成功，实现产业化，无锡凯乐士科技被评为国家高新企业。2017 年，以股权置换的形式，九州通达合并到凯乐士，凯乐士科技集团成立。自此凯乐士集团具备了有核心硬件和软件的一站式物流整体解决方案的能力，步入了发展的快车道。

但原木担任九州通达的谷春光并没有归位，相反，他应王卫邀请，担任了顺丰的总顾问。这又是为什么呢？

原来，虽然凯乐士成功研发出国内第一款四向穿梭车，占领了同行业产品技术制高点，成为物流行业密集型箱式立体仓库的一项创举，但市场并没有像"芝麻开门"一样应声而开。2017 年，凯乐士只拿到 2000 万元的订单。俗话说，"擒贼先擒王"，要得到市场和客户的认可，没有比拿到顺丰的订单更有说服力。谷春光加入顺丰使得两家企业能业务协同。顺丰擅长仓储运营和配送，凯乐士擅长根据仓储客户的需求打造现代化的智能仓，两家公司可以强强联手，向大型企业客户提供全国仓配一体化服务。随着一个个项目的成功，让顺丰不仅和凯乐士建立了长期的合作关系，还在凯乐士第三轮融资时成为凯乐士的投资人。

清华人对于技术情有独钟。从 2017 年开始，围绕物流领域里存取、搬运和分拣三个核心场景，谷春光开始全面布局智能物流机器人硬件设备研发。2018年凯乐士进入自主移动机器人 AMR 领域，并成立人工智能研究院，把计算智能和视觉智能深度融入产品设计和控制里。2019 年浙江凯乐士被评为国家高新企业，企业销售额达到 4 亿元；2019 年，仅用 8 个月就完成了华为在东莞价值1.6 亿元的项目。2020 年企业从百人规模发展至 500 人，在海内外实施了 300多个物流项目。同年，完成了 D 轮和 D+ 轮融资；至 2021 年，短短 7 年在海内外实施了 500 多个物流项目。在德国和奥地利设有技术研发中心，在嘉兴、无锡、武汉、深圳、上海、北京、广州、昆明 8 个城市设有分子公司或工厂。

正当凯乐士在谷春光、杨艳的带领下蒸蒸日上、全速往前冲时，却被新冠疫情猝不及防撞了腰。凯乐士的武汉团队是谷春光从九州通达一手培养起来的，武汉团队负责海内外项目的承接、集成和交付。疫情使得他们无法离开武汉，只能居家办公。这自然影响了项目的实施进度，尤其是海外项目。在疫情前，凯乐士和俄罗斯邮政签订了价值 1 亿人民币的项目，疫情爆发后，供应商跑路，签证变严苛，俄方人员对防疫的随意性，加上工人即使到了现场，还要冒着被感染的巨大风险。这都是谷春光和杨艳需要破解的难题。虽然 2020 年拿到了 8 亿元的订单，最终实施完成的只有 2.9 亿元。2022 年，由于俄罗斯邮政项目的成功，凯乐士本已计划进军东欧市场，但俄乌战争的爆发让未来充满了未知性和不确定性。

但是，正如英语谚语所说——每一朵乌云都镶有金边（Every cloud has a silver lining）。疫情加重了用工荒，也让电子商务和物流的需求成倍增长。一方面，传统的物流行业市场规模达 15 万亿元，正处于转型升级的拐点，"科技赋能，机器换人"是大势所趋。另一方面，需求更明确，即以客户为中心，以供应链为视角，场景为王，技术为本尤为重要，而这正是凯乐士的优势。果然，虽然疫情还没有结束，但物流行业已经回暖。2021 年凯乐士凭借自己在软硬件技术的实力，迅速研发新能源行业物流专机，成功突破新能源行业。2022年，凯乐士的销售预计能突破 10 亿元大关。

谷春光是凯乐士顶尖的技术领袖，只要他出马，几乎没有拿不下的订单，这并不是他巧言善辩，或深谙销售技巧，而是因为物流仓储的项目金额巨大，任何一个企业都是"一把手"工程，一把手只要和谷春光一见面，就能被他对技术、行业、工程预算和成本、项目管理的深刻认知和专业度所折服。这个表面上很传统的行业，实质上对技术的要求和对高科技的需求极大。而这正是清华人的强项，谷春光就是一个技术和商业结合极好的人，他总能以他的专业性获得客户的信任。越是在传统行业，科技的引入越能起到降维打击的效果。就像在 2019 年，凯乐士首次在一家知名鞋服企业的物流配送中心运用四向穿梭车的创新技术，在同等面积下，穿梭车系统将仓库存储效率提升了 5 倍，存储能力达到 11 万箱，从订单生成至商品发货只需 30 分钟时间。而且，四向穿梭车的效率还在提升。

"Based in China，global best"，为客户提供高性价比的产品和服务，是凯乐士差异化竞争的定位。

在华人世界中，成功的夫妻企业有很多。这很容易让人理解。谁最愿意和自己同拼搏？自己的另一半！谁最能无私无偿地劳动？自己的另一半！谁最支持你？自己的另一半！谁最值得信任？仍是自己的另一半！但是，创业的现实并不浪漫，事业的折磨往往不易跳脱，难免会将工作中不如意的情绪带回家。于是，矛盾产生了，争吵开始了，感情破裂了。那么，杨艳和谷春光怎么避免这个暗礁呢？

他们有坚实的感情基础。像所有在 20 世纪 80 年代度过青春期的"70 后"，舒婷的《致橡树》是他们价值观和爱情观的写照：

爱，是互相看见，相互支持，彼此成全：

> 我们分担寒潮、风雷、霹雳；
> 我们共享雾霭、流岚、虹霓。
> 仿佛永远分离，
> 却又终身相依。
> 这才是伟大的爱情，
> 坚贞就在这里：
> 爱——
> 不仅爱你伟岸的身躯，
> 也爱你坚持的位置，
> 足下的土地。

此外，他们还有方法。两个人的约法三章，一开始是晚上 8 点后不讨论工作，后来干脆规定，在家里不谈公事。他们有不少共同爱好，周末一起打高尔夫球，打网球，都是放飞自己、舒缓情绪的好办法。对于杨艳来说，加入凯乐士后，更增加了她对谷春光的理解。同时，作为一个典型的清华女生，杨艳冷静理性。相对急性子的谷春光，杨艳平和理智，在凯乐士的核心团队，她常常能起到一个平衡融合的作用。谷春光把握公司发展方向，冲锋陷阵，杨艳负责公司所有的后台事务——投融资、法务、人事、行政和财务。她是他背后最可信赖的女人。

创业一定要有激情、有梦想。谷春光和杨艳的梦想就是"在全球建立研发基地，以工匠精神来对待每一个产品，立足本土，做出世界级的产品，让凯乐士成为世界级基业长青的企业"。

梦想凯乐士，春光正艳。

刘圣：循光而上，超乎所见

20 世纪 60 年代，华裔科学家高锟教授发现了光的全反射现象，成为第一个指出"理论上光线和玻璃的结合，可全面取代电流和铜线的资讯传送系统，且光纤存在极多的工业和商业应用"的科学家。这个发现为他赢得了 2009 年的诺贝尔物理学奖和"光纤之父"的美誉，也使得光纤通信成为现代通信网的主要手段。

刘圣的事业，就是建立在这个伟大的发现上。

光纤通信的原理是：在发送端把要传送的信息（如语音、图像）变成电信号，然后调制到激光器发出的激光束上，使光的强度随电信号的幅度（频率）变化而变化，并通过光纤发送出去；在接收端，检测器收到光信号后把它变换成电信号，经解调后恢复原信息。光电转换，需要光通信模块（光模块）来实现。光模块，是光通信设备中最重要的组成部分，是光世界与电世界的互连通道。

刘圣一手创办的"旭创科技"，成立于 2008 年，专注于开发大容量、小型化、低功耗、低成本的光通信模块，2011 年推出自有品牌光模块，2019 年，在 LightCounting 发布的光模块厂商排名中，中际旭创已是中国光模块领域的龙头企业，位居全球第二，70% 客户是海外大厂。面对这样的业绩，谁不好奇成功背后的那个人及其经历？

回溯刘圣的创业史，似乎是一支和时机时而紧张对峙、时而缠绵对望的探戈。

1989 年，刘圣从四川考入清华大学机械系，1994 年本科毕业时还获得了自动化系双学位。1994—1997 年在中科院自动化所攻读硕士学位。1997 年赴美留学，在佐治亚理工学院仅用三年半时间就获得博士学位。

拿到博士学位的同时，刘圣也拿到了朗讯（Lucent）的录用通知书，那一年正是 2001 年。进入朗讯不到两周，刘圣就察觉到互联网泡沫的破灭对通信行业的打击，过了没多久，"9·11"事件让美国朝野哀鸿遍野，经济扎向谷底。

离开宾州的刘圣，加入了位于硅谷的一家初创光器件公司 Pine Photonics Communications。3 年后，这家公司并入 Opnext 公司。又过了 4 年，Opnext 在纳斯达克 IPO。从初创到上市，仅用了 7 年。而刘圣经历了全过程。先做研发后参与管理的刘圣，自然而然萌发了创业的想法。

当时，邓锋学长已经在硅谷创业成功，成了一帮清华学弟们的"榜样"，榜样的力量是无穷的。邓锋当时频繁往来于中美之间，他以过来人的身份帮助刘圣分析行业、市场、人才、技术等各种因素，不仅让刘圣明确了做光模块的念头，更让刘圣决定回国创业。他们看到全球化趋势，不仅发生在传统行业，部分高科技领域都在 outsourcing 到亚洲。

刘圣

除了邓锋，还有一个前辈对刘圣影响很大。他叫龚行宪，是一个在美国留学、在硅谷工作和创业多年的中国台湾人，是刘圣工作过的 Pine Photonics Communications 的 founder 和 CEO。作为一个过来人，同时也是硅谷著名的华人企业家和投资者，龚先生高屋建瓴地告诫刘圣，创业一定要"结合多方资源"。龚先生的建议，对年轻的刘圣，无疑是醍醐灌顶的。而龚先生的支持，不仅有耳提面命，还有旭创创建时他开出的第一张支票，并担任了第一任董事长。

2008 年 4 月，刘圣拿到了苏州元禾控股和美国橡子园基金 320 万美元（包括龚先生的投资）的 A 轮融资。这个时间点至关重要。须知 2008 年，在国人的记忆里，不会遗忘的是规模空前的北京奥运会，而被遗忘的是从 2007 年 8 月开始浮现最终于 2008 年下半年火山般爆发的金融危机。次贷危机让资本市场风声鹤唳，"但凡晚两个月，这笔投资大概率就泡汤了，那我可能现在还在美国工作"。刘圣回忆起那笔投资时说。

带着这笔投资，刘圣回国到苏州创业。初创团队共 6 人，一半创立者来自清华，两个毕业于大陆北京清华，一个毕业于台湾地区的新竹清华。

最初的三年，刘圣和团队心无旁骛地投入到研发中。旭创的战略非常清晰——瞄准国际市场，开发下一代光通信模块，打造立足中国的世界一流高端光通信模块公司。公司的英文名字就是旭创价值观的体现——"InnoLight"来源于"Innovation Lights Future"的发展理念，即"创新照亮未来"，刘圣相信，"科技公司的魅力所在，就是不断地通过创新来为社会创造更多的价值"。

当时国内行业领先的企业以生产 2.5G、10G 的光模块产品为主，而刘圣把产品规划直接定位于 10G 以上的业界高端产品。国内企业普遍以代工为主，而刘圣坚持自有品牌。这一发展目标以及后续对于这个战略的持续投入和努力，让旭创从创立之日起，就一直领跑国内同行业水平，同时也成为旭创后来能脱颖而出的"大法器"。

但在当时，没有人拥有"上帝视角"。当 A 轮融资即将消耗殆尽还没有客户和订单时，资本市场的表现是小心谨慎和迟疑的。在融资最困难的阶段，刘圣等几个创始人凑出 100 万美元，员工们集资 100 万美元。立大事者，不惟有超世之才，亦必有坚忍不拔之志。创始人和团队的这个举动，打动了老股东元禾控股，还有达泰资本和凯风投本。达泰资本创始人李泉生时任 TEEC 总会副主席，长三角主席。他当时在苏州只投资了两家企业，一家是旭创，另一家是

T 友孙剑勇创办的"盛科网络"。李泉生是一个大哥式的投资人，正是他一手打造了 TEEC"兄弟会"的底色。在投资旭创后，达泰资本陪跑多年，从 B 轮到旭创启动纳斯达克 IPO 之路随后拆红筹回国内上市的一波三折中，达泰始终相伴并在涉及繁琐操作的过程中都给予了专业支持。

900 万美元的 B 轮融资和 200 万美元的集资款帮助旭创度过了创业最难最莫测的前三年。然而，投之以木瓜，报之以琼瑶，旭创很快迎来了机遇。

随着数据中心、云存储、云计算等技术的出现，产业发展出现了新趋势。Google，Amazon、FaceBook 等国际互联网大公司纷纷自建数据中心，直接向供应商采购高速光通信模块，光模块的采购方不再只是通信运营商了，而且和传统运营商比，互联网公司敢于承担风险，敢于尝试新技术，当然对技术和供应商响应速度的要求也更高。

2011 年，Google 首次全球采购 40G 光模块。Google 的视野里几乎没有旭创的存在，可恰恰是这家不起眼的小企业，却第一个交出了自行研发的 40G 产品，成为第一家通过谷歌认证的供应商，也成功获得了第一个大客户的订单。

这个让旭创在市场上站稳脚跟的第一，背后是一场被旭创内部命名为"阿波罗工程"的攻坚战，管理层、研发、测试、制造团队几十号人几个月加班加点，没有休息，甚至在 2011 年的春节，团队都吃住在公司。商场如战场，3 个月后竞争对手也研发出了产品，但旭创已经干净利落赢得了胜利。

赢得胜利的另一个原因还是"创新"。针对 Google 的需求，旭创对技术方案做了大胆创新，很多传统公司会沿用以前的方案，在上面做一点修改，但旭创首先提出把非气密封装用于数据中心，这个创新带来的功耗低和成本便宜的好处，不仅为旭创赢得了 Google 对产品的认可，也获得了资本的认可。2014 年，Google Capital 投资旭创，这是 Google 资本在中国的第一个投资，亚洲第二个。

登陆资本市场同样体现了刘圣在把握机遇、跑赢时间上的决断力和行动力。2015 年，旭创离纳斯达克敲钟只有一步之遥，但当时在美国的中概股集体遭遇恶意打压和做空。刘圣决定拆红筹回国内上市。然而股市政策变化多端，创业板排队时间漫长，刘圣果断拍板，以让出部分股份为代价，通过重大资产重组，于 2017 年 7 月 14 日以"中际旭创"的身份正式登陆国内资本市场。

资本的助力让刘圣加速把产业做大做强，尤其全球正是进入 5G 和云计算的当口。随着超级计算、自动驾驶、人工智能等新技术、新产业蓬勃发展，整个行业对数据流量和网络带宽的需求持续增长，带动了数据中心网络从 400G 向

800G 和 1.6T 更迭的需求。作为现代通信核心部件的光模块市场，意味着旭创迎来了前所未有的发展契机。

在已经拥有核心竞争力的数据中心、数据通信市场领域，旭创持续加大投入，保持业界领先地位。投入的很大比重依然是放在技术创新上，"技术性行业不进则退，只有不断技术创新，才能长久发展"。在前沿的技术水平之上，旭创更加贴近市场，刘圣说："旭创在向客户及时提供行业最新产品的同时，还要通过自身努力以及与业界伙伴展开合作，努力控制成本，提高各种服务质量，持续提升给客户的性价比。"

市场的正反馈和好消息接踵而来。

2019 年，中际旭创已经是光通信模块全球第二，云数据市场全球第一。

2020 年底，公司设立旭创研究院，引进来自海外高端技术人才，自由探索光通信及其他光电产业链细分领域，增强公司新技术储备能力及领先的研发技术优势。这一年，在下一代速率的数通产品（800G）、硅光及相干光模块方面，旭创都取得了新的进展。

2021 年 11 月 3 日，国家科学技术奖获奖名单正式公布，旭创参与的"高密度高可靠电子封装关键技术及成套工艺"项目成果荣获 2020 年度国家科学技术进步一等奖。这一国家级殊荣是对旭创科技实力的高度认可。

2022 年 3 月 4 日，旭创在 OFC 2022 展会上现场演示了 800G 可插拔 OSFP 2xFR4 和 QSFP-DD800 DR8+ 硅光光模块，产品可支持 10km 的传输距离，旭创继续保持着技术领先和研发制造一体化的优势由此可见一斑。

2022 年 3 月 7 日，旭创科技运营总部迁入新址——苏州旭创光电产业园。一走进光电产业园，马上能感受到由内而外迸发的蓬勃向荣的力量、高效活力的氛围、蓄势待发的气势，就像苏州的早春三月。在刚刚搬入的新大楼办公区域，很难不让人注意到多个水吧和小厨房，"这方便员工上班的时候放松和休息"，刘圣解释道。这完全契合旭创企业文化"创新、速度、严谨、团队"中的团队文化，而团队文化，是刘圣倾力倾心灌注打造出的。

在光通信行业，旭创是第一个完全引入"硅谷文化"的企业——创业团队是硅谷式的，都是来自业内大公司的技术管理精英；创建是硅谷式的，靠的是风险投资；技术路线是硅谷式的，一来就瞄准 10G/40G 高端光模块；市场是硅谷式的，产品销给全球最有名的公司；连所在的苏州工业园区，也是硅谷式的产业园。

这既和刘圣以及创始团队的成长背景相关，也是他个性使然。在清华读书时，刘圣就是系学生会主席，还是校军乐队小号手。落户苏州没多久，他就成了苏州海归群的灵魂人物。他宽厚温和大度的性格，有一种天然的凝聚力，而多年来在清华、亚特兰大、硅谷求学工作中形成的价值观，让他更有一种合作、分享和包容的理念。当然，在国内复制硅谷文化，并非简单照搬，任何一种成功模式到了新环境，都需要因地制宜。刘圣也一直在做探索，比如，公司是否一定要全员持股，企业文化是否完全沿用海外公司的宽松文化……显然，在清华拿过"特等奖学金"的他，在企业文化建设方面仍然保持着学霸的本色和成绩——当年的创始团队，现在依旧在一起拼搏；B 轮融资困难时，员工们集资 100 万美元；每年 9 月 9 日，旭创联合北京向荣公益基金会于企业内部进行公益传递及募捐；还有，在旭创，无论是办公室还是车间，员工脸上都挂着平和的微笑。这都让人感受到，随着一个又一个项目的攻克，一个又一个新品的发布，一次又一次的乔迁，旭创已经完成了全新的升级跨越，旭创人正整装待发，循光而上，因为他们相信：**创新照亮未来，科技点燃梦想！**

姜龙：相信文化的力量

2021 年是歌尔成立 20 周年。

回忆起创业初期，姜龙一下子打开了记忆的阀门。姜龙的父亲是名海员，从他和哥哥姜滨的名字就能看出和大海的渊源，而他们的家乡山东荣成，秦始皇曾先后两次东巡至此，筑桥立祠、观海祀日，汉武帝也曾前来拜日主。

姜滨是他们村改革开放后的第一个大学生，以荣成第一名考入了北航。弟弟姜龙则在 8 年后，成为当地第一个考入清华的学生。

2001 年，哥哥姜滨在国内创业，正式成立歌尔声学，做的是 ECM 麦克风。2003 年，姜龙在美国创立了美国歌尔，开启了他在歌尔的事业。当时姜龙的博士还没有毕业。他最开始的工作就是拓展歌尔在美国的市场，也就是歌尔现在主要的海外客户，基本上是从零开始。

歌尔声学所处的消费电子行业，本身是姜龙自己感兴趣的领域。用他的话说："探索应用前沿技术，生产引领未来的产品，改变人们的生活方式，满足人类追求美好生活的需求，这个过程让人着迷。"

但兴趣不是成功的保障。歌尔创业时可谓白手起家，前进的每一步，都留下了艰苦奋斗的印记，姜龙分享了一个具有代表性的真实例子：

A公司是歌尔早期最重要的客户，他们在苏州有自己的工厂，生产同类型的产品。在合作之前，歌尔多方努力才找到突破口：A公司除了自己的工厂外，还需要一个外部供方，歌尔当即决定参与竞争，着手开展信息收集、成本核算、报价、谈判等工作，整个过程长达18个月。那段时间，姜龙和团队人员不是在工厂，就是在路上，往往早上还在苏州和客户商谈产品设计方案，晚上就已经回到潍坊工厂进行验证和测试，第二天继续和客户沟通。在最后的3个月，全体团队人员每天平均休息时间不到4个小时，吃住都在车间，相互之间还开玩笑地说，"3个月就完成了全年的减肥指标"。最终，凭借过硬的品质和高效的协作，歌尔打败了A公司的中国工厂，拿到订单，实现了业务拓展和技术升级的"双突破"。

"创业的道路非常艰辛，每一个过来人都有类似的体会，'开拓'没有秘诀，要成功就只有坚持，永不言败的，哪怕用最笨的方法，坚持走下去，机会之门自然对你打开。"姜龙的这些话，虽然没有什么新意，但却是他最深的感悟。

正是依靠这样的努力和坚守，也依靠前瞻布局和开拓创新，歌尔从麦克风做起，用了20年时间，产品覆盖声学、光学、微电子、精密结构件等精密零组件，虚拟/增强现实、智能耳机、智能穿戴、智能家居等智能硬件，以及高端装备等产品的研发、制造与销售。

2008年5月，歌尔在深圳证券交易所上市。

如今的歌尔已经是一家市值1800亿元、拥有近10万名员工的国际化大企业。姜龙问自己：一路走到现在，歌尔靠的是什么？他得出的结论是：我们行稳致远，靠的是坚定的战略坚守和优秀的文化传承。

他很欣赏的作家也是荣成老乡梁晓声说过一段话：到任何时候，都相信文化对人的影响力和改造力，这种影响和改造如同春雨，'随风潜入夜，润物细无声'。好的文化可以潜移默化改变一个人，让他的内心、气度，以及对世界和人生的理解，都更上一层楼。真正的文化人，应具备四种素养：植根于内心的修养；无须提醒的自觉；以约束为前提的自由；为别人着想的善良。

虽然梁晓声的表述不是针对企业，但对姜龙有非常大的启发。歌尔核心价值观之一就是员工成长，"一起创造、一起分享、一起成长"是公司口号。歌尔把员工作为最宝贵的财富，持续改善员工生活条件，也是遵循人本文化的直接体现。

企业缺不了文化，作为一个人，也缺不了情怀。有两个情怀在心里一直支撑着姜龙。

第一个情怀，是"国"的情怀。虽然歌尔的业务和客户遍布全球，企业可以无国界，但企业家有祖国。办好一个企业，不但要生产出好的产品，为客户提供价值，还要为国家、为社会、为人类做出贡献。

第二个情怀，是"家"的情怀。歌尔是土生土长的山东企业。直到现在，无论工作多忙，姜龙隔一段时间都会回老家看看，即使什么都不做，就在小时候钓鱼的码头上走走，都感觉非常美好，"故乡就是这样，小时候不觉得有牵绊，长大了对于故土的依恋却越来越深刻"。

清华是姜龙口中的另一个"家"。他说："1991年，我考入清华大学材料科学与工程系，在清华园度过了人生最美好的时光。'自强不息，厚德载物'的校训，深刻影响了一代代清华学子，当离开校园走向社会后，仍然成为激励自我、影响社会的精神标志；清华校友都有坚韧不拔的品格，尤其是面对不确定的时候，选定方向，百折不挠地走下去，这是走向成功必须具备的品质；清华校友都有真诚善良的品行，我见过的例子都表明，正直善良的清华人，用自己的言行树立榜样，为社会传递正能量，这本身也不输于事业成功给我们个体和社会带来的价值。"

长风破浪会有时

人类的历史就是一部材料发展史。信息、能源、生物等各个领域的革命和颠覆，都依赖于材料的突破和进步。材料领域的新思想、新技术、新工艺、新装备成为半导体、清洁能源、生物医药、工业制造、国防军工、航空航天等新兴产业发展的新动能。材料强则制造强，制造强则经济盛，经济盛则民族兴。

与互联网、数据、消费等领域相比，新材料的产品研发周期更长，前期资金投入更重，因此风险更高。纵观清华校友在新材料领域的创业经历，不难发现，他们都有着超乎寻常的坚韧不拔和精益求精的工匠精神。

1987 年毕业于工物系的王曦，致力于载能粒子束与固体相互作用物理现象的研究，并将其应用于高端集成电路衬底材料 SOI 的开发，在新一代硅基先进电子材料 SOI 领域里处于国内最领先地位，他创办的上海新傲科技股份有限公司成为继美国、日本和法国后全球第四个最重要的 SOI 材料研发中心。现在，由 1989 级校友李炜担任董事长的上海新昇及新傲科技，生产的商业化 12 英寸半导体硅片，广泛用于存储器芯片、逻辑芯片、模拟芯片、IGBT 功率器件及通信芯片等集成电路产业。过去我国 12 英寸半导体硅片100% 依赖进口，为实现 12 英寸半导体硅片自主可控的国家战略，新昇承担并全面完成"40—28nm 技术节点的 300mm 硅片技术研发"的国家 02 科技重大专项任务后，又承担了"20—14nm 300mm 硅片成套技术研发与产业化"的专项任务。

1987 级水利系校友岑建军于 2002 年创办宁波今山电子材料有限公司，几起几落，历经磨难，20 年磨一剑终于实现聚酰亚胺材料的进口替代。

2004 年毕业于材料系的雷震，在两次创业探索中找准赛道，创办的纳金科技打破了国外对先进信息材料和工艺技术的垄断。

1998 级材料学院校友周鹏伟于 2009 年创办的翔丰华科技专业从事锂离子电池负极材料的研发、生产和销售，是国内先进的锂电负极材料专业供应商，国际一流的大型碳素材料集团，并于 2020 年在 A 股上市。

2009 年获得清华大学生物材料博士学位的余振定，读博期间开始创业，到 2017 年，其研发的人工皮肤属于国内首创且达到国际领先水平。

行路难，行路难，多歧路，今安在？新材料创新创业之路曲折漫长、荆棘丛生；然而，长风破浪会有时，直挂云帆济沧海。在材料领域奋斗的清华人将继续书写科技创新、产业强国的辉煌与传奇。

岑建军：创业有起落，努力终有成

1992 年，岑建军从清华大学毕业，证书上显示其专业是"水利水电建筑工程"。然而，套用岑建军的话："大学期间，我其实是一个学渣，成绩一般，爱玩，对水利的兴趣也不大。毕业以后，我被分配到设计院做宏观规划。当时规划师就一张报纸一杯茶，所以干了几个月以后，有一家本地的房地产开发公司邀请我，我就去了。"

1992 年，正是改革开放总设计师邓小平南方谈话的那一年。神州大地都兴奋起来，岑建军的很多亲友开始蠢蠢欲动"南下"。在这样的时代背景下，加上他天生不安分的个性，离开体制自己闯荡，几乎是命中注定的。

当时设计院的工资是每月 100 多元，而房地产公司的薪水一上来就超过 1000 元，本来就在工作中感到百无聊赖的岑建军欣然答应下来。然而工科出身，加上刚出校门涉世不深，新工作进行并不顺利，"人家看你是清华的，对你的期望值一上来就很高"。

第二年春天，岑建军便迅速调整了自己的方向，再次辞职，前往宁波，开始做起了贸易生意。最初做内贸，逐渐涉足外贸，生意慢慢做大。期间，岑建军曾经短暂地创办了一家工艺蜡烛厂，作为一次突发奇想的创业试点，蜡烛厂只维持了半年左右，虽然没有挣到钱，但也帮助岑建军找到了一丝自主创业的感觉。

1996 年，机缘巧合下，岑建军接触到了聚酰亚胺材料。聚酰亚胺材料是综合性能最佳的有机高分子材料之一，因其在性能及合成方面的突出特点，被称为"解决问题的能手"（Problem Solver），圈内流传着一句话：没有聚酰亚胺就不会有今天的微电子技术。

刚开始创业不久，左一为岑建军

岑建军发现这种新材料在实际生产中有大量的应用空间和需求，而相比国际上杜邦这样的大公司，国内在这一块的市场能力非常欠缺——换句话说，潜力巨大。

当时国内主要有两家企业在做聚酰亚胺材料，岑建军先是做他们的外贸生意，但很快就萌生了自己办厂的想法。

"在做国际贸易过程中，经常会遇到产品质量问题，遭到客户投诉。尽管正常情况下，我们的利润是很高的，但是一遇到质量问题，利润就被掏空了。所以我觉得如果自己办厂，就可以把控好质量。但实际上，我对这个新材料的生产技术一窍不通，于是在筹备过程中，我去请教了国内在此领域的两位泰斗级人物。幸运的是，他们俩都非常支持我，后来工厂的筹办和建设，他们都全程参与了。"

有了办厂的想法，岑建军开始筹集资金。他自己有 90 万元的积蓄，向亲朋好友借了 160 万元人民币，总共 250 万元资金，创业启动了。

2002 年，岑建军创办了今山电子，"今山"即由"岑"拆分而来。

万事开头难，满腔热情的岑建军万万没想到刚创业就遭遇当头一棒。第一年因为质量不过关，产品没做出来；到了第二年，又赶上了"非典"和南方大停电。期间工厂资金吃紧，在放弃和坚持的一念之间，岑建军咬咬牙，硬着头皮出去借钱；眼看就要难以为继，工厂却在 2004 年迎来了转机。

当时，国内除了今山，没有厂家生产厚的聚酰亚胺薄膜，差异化的产品在这一年终于找到了市场。当年，岑建军就还清了所有债务。这成了后来反复出现在岑建军嘴边的"差异化战略"。

2004 年的幸运，让岑建军信心爆棚，一下子将一条生产线扩展为 3 条，同时大规模招聘员工，和大学共建研发中心，一系列的激进举措背后，是岑建军"大干快上"的野心。

对市场的过于乐观，加上企业本身抗风险能力不足，没多久，工厂又陷入了低谷。2007 年，国际市场的金融危机爆发，国内的同类型企业日益增多，形成很大的市场挤压。结果，岑建军又负债了。

第二次转机要在两年后才出现。今山电子的薄膜系列产品凭借其明显的性价比优势在展会上引起了外商的关注。2009 年，成为 3M 的合格供应商，同时成为最大的美国模切商的供应商；2010 年，其黑色 PI 薄膜敲开了苹果的大门；随后，今山又拿到了三星和华为的订单。

企业发展中的这两次磨难，都差点让今山倒闭。但正如尼采所说，"凡是不能杀死你的，最终都会让你更强大"。在体验了市场的残酷后，岑建军对把握管理、技术和市场之间的平衡有了深切的感知。此后，今山走得就比较稳健了。

面对未来，岑建军充满信心。聚酰亚胺材料的市场前景非常广阔，很多可以用到这个材料的领域还没用上。虽然在岑建军刚刚办厂时，国内的聚酰亚胺材料企业屈指可数，然而到了 2021 年，已经快接近 100 家了。但岑建军并不害怕，因为这是一个高资本投入、高技术投入的行业。今山并不和这上百家聚酰亚胺企业做同类产品，今山电子有许多差异化的薄膜产品，国内暂时还没有第二家能做出来，比如，导电聚酰亚胺薄膜、防静电聚酰亚胺薄膜、可成型聚酰亚胺薄膜、导热聚酰亚胺薄膜、超薄的黑色聚酰亚胺薄膜等等。在技术领先的优势上，今山电子的薄膜产品还在进一步向超薄、超厚两个方向发展，超厚的黑色 PI 薄膜可达到 225 μm，超薄的则薄至 7 μm。岑建军用更多的资金投入和更持久深入的研发筑起了更深的护城河。

全球碳中和目标的提出，给了新能源汽车一个高速发展的时代机遇。岑建军看好聚酰亚胺材料和新能源汽车的结合，在这一块上，他已经有了布局。只要客户有需求，今山电子就会设法满足。

"我以杜邦这样的巨人为榜样，以他为指引，哪怕是把他走过的路重走一遍，我这一生弄不好也走不完。我庆幸自己选择了聚酰亚胺这条大赛道，大赛道里面又有很多个小赛道；也庆幸身处中国当下快速发展的大环境，这些小赛道，只要踏踏实实走好，都能做成一个上市公司。"

"虽然现在 50 多岁，但我能一直做下去！"

雷震：选了一条艰苦的路

2020 年初，突如其来的新冠疫情打乱了整个世界惯常的节奏。很多企业面对疫情手足无措，但纳金科技在董事长雷震的带领下，却走出了不一样的道路。"2 月初，国内的疫情形势还是比较严重，我们预测到疫情可能会对电子行业造成较大的冲击和影响，所以就早早开始准备求变。同时，作为一个高科技企业，我们有很多国家级人才，也希望能在自己的专业领域做一点力所能及的事情，为疫情防控贡献一点力量。"谈及公司为何会迅速开发纳米银消毒抗菌系列产品时，雷震如此解释。

雷震

今天，纳米银消毒抗菌系列产品已经与此前主营的纳米银柔性触控模组、纳米银柔性薄膜发光，并列为公司的三大业务板块。

2004 年毕业于材料科学与工程系的雷震还很年轻，却已经有了两次创业经验。2010 年他开始创业，在手机触摸屏领域深耕，3 年内把公司从 5 人发展到 500 人，连续年复合增长率超过 200%、销售收入过亿元。这份成绩单相当亮眼，做下去前途可期。

但是随着市场的深入，雷震意识到一个不可回避的问题：自己所从事的电容式触摸屏行业虽然市场规模很大，但是上游材料却高度依赖进口。雷震不断寻找新一代的技术方向，找来找去发现问题症结在于"材料"。要想实现真正的中国制造，在材料领域一定要有自己的话语权。

材料是雷震在大学所学习的专业，摆在眼前的问题是市场所需，更是中国实现自主创新的关键一环。没有经过太多考虑，2014 年雷震迎来了二次创业，纳金科技在珠海注册成立，主攻领域是柔性透明导电材料创新及产业化应用，核心产品是纳米银线。

纳米银线是一种高新材料。通过技术手段可以将金属银做到直径 20 纳米左右，相当于头发丝的万分之一，长度达到 20 微米，长径比是 1000 倍，这样的材料既透明又导电，而且耐弯折，是实现柔性触控和柔性传感的最佳材料，也是替代传统 ITO 电极材料的极佳选择，具有广阔的应用空间。

如果只论科研，国内材料领域的研究实力并不弱，但是实验室和产业化距离尚远，如果只有技术，产业衔接不上，距离真正的中国制造还是差着关键的一步。这一步走来不容易，就像纳米银线在实验室做出来不难，但要实现量产，还得保证高质量，这中间的路漫长而曲折。

但再曲折的路途也需要有人去探索。好在雷震并不孤单。

在创业的过程中他一直得到了母校和清华学长们很多的帮助与支持。2018 年，纳金科技在清华校友三创大赛中获得成长组冠军，后续接连获得国内乃至全球创新创业大赛冠军，路越走越宽。

雷震与同事在实验室

截至目前，纳金科技在 7 年时间里申请和持有了 60 余项专利，其中发明专利 42 项。这些专利从纳米银线的核心材料到导电浆料、薄膜、印刷电子的工艺，到自动化设备，再到下游应用产品，贯穿了整个链条，形成了一个有机的体系。

本来是要做材料的，怎么连下游的产品应用也一起解决了？

"因为新材料创业难在产业化应用，客户需要我们提供整体解决方案。市场对新生事物的认知需要一个过程，我们需要主动加速这个过程。"

量产的技术难关攻克之后，纳金科技在产品推广中遇到的难点在于，绝大多数客户不知道怎么用。因为新材料和新工艺是伴生的，有了新材料就要解决与之相匹配的工艺问题，还要解决新材料新工艺和下游产业应用相结合的问题。具体到纳米银线，它在制作柔性屏方面的优势毋庸置疑，但是柔性屏该如何制造，做出的柔性屏又用在何处？这些问题回答不出，销路就难以打开。

清华人在面临这种问题时似乎只有唯一解，就是迎难而上。雷震一咬牙，把工艺和应用问题一起解决了。

新一轮攻坚战打完，纳金科技再去见客户时，所提供的除了拥有自主知识产权的纳米银材料，连制作工艺、产品应用方案都已做好，可以提供给客户套餐式服务。至此，纳金科技打破了国外对先进信息材料和工艺技术的垄断。

纳金科技的定位也由此改变为：为客户提供从核心材料技术到下游应用的整体解决方案。据雷震介绍，国内拥有自主产权的纳米银线制备技术、印刷工艺、全产业链专利布局的企业总共两家，不仅如此，纳金科技生产的智能家居家电领域触控模块还未有其他企业涉足。从这个意义上来讲，纳金科技是行业里名副其实的隐形冠军。

纳金科技创立之初，大家都觉得雷震选了一条艰苦的路，甚至不看好。做实业不易，自主知识产权的核心技术创业更需要坚守和付出，但当浪潮退去，唯有经得起市场考验的真金才能留下。雷震和纳金科技专注做好了一件事，就是把新材料的前沿核心技术产业化，再把中国创造的新材料应用到中国制造中。而这件事恰是中国科技创新中的重要一环。

（本文主要内容来自 2019 年《水木清华》"雷震：澳门新青年"一文，特此说明。）

佘振定：我的创业领域里，"容易"是相对的

佘振定身上，有一股清华学子的韧劲。出生在湖北荆州的他，2000 年就读于清华大学材料科学与工程专业，本科保送直博，2009 年拿到生物材料方向的博士学位。博士期间，作为清华大学与解放军总医院联合培养的博士，他在医院待了 3 年，每天与医生、护士打交道，对医院的各种情况有了深刻的了解。

佘振定清华大学毕业照

彼时，进高校、国企或考公务员是大多数同学的就业选择。创业，注定要付出更多。而他那时就有了创业的思考。从来都是有心人的他，还选修了财务、法律、人力资源管理等方面的课程，并积极寻找创业伙伴。

毕业之际，时任深圳清华大学研究院副院长的刘伟强看到他的简历，向他抛出"绣球"，要他负责深圳清华大学研究院生物医用材料及植入器械重点实验室生物材料方向的建设。2008 年他来到深圳，与这座创新的城市结缘。

当时深圳的生物医用材料产业还处于发展初期，相关的扶持政策力度很小，而实验室的发展必须有项目有资金作支撑。为了引起深圳主政者对生物医用材料的重视，佘振定开始调研起草各种产业报告、白皮书，利用各种会议发表演说，争取深圳市在政策上重视这一产业，给予相关资金扶持。

功夫不负有心人。2009 年深圳率先推出互联网、生物医药、新能源三大战略性新兴产业发展规划，宣布每年对每个产业投入 5 亿元支持发展，在新兴产业上抢先布局。

随着政府的扶持资金到位，佘振定负责的重点实验室在项目研发上不断发力，方向就定在他熟悉的创伤修复、口腔、骨科医用材料等领域。"我的博士论文做的是肝脏再生，属于最复杂也是最难的研究领域，需要比较深厚的学术积累，但离产业化还非常遥远。如果相关技术用于皮肤重建、骨再生等领域，更容易做出产品。"

不过所谓的"容易"，对研发来说是相对的，即使是人工皮肤的问世，佘振定和团队也花了 7 年时间。

人工皮肤最关键的原材料之一是从牛跟腱里提取的高纯度胶原，这是一种与人体真皮最为接近的成分。佘振定研发的人工皮肤分上下两层，上层起到阻菌透气防水的作用，下层是三维多孔结构，可引导血管和真皮细胞快速长入到人体内，而且下层会随着人体自身皮肤的再生而逐渐降解，最终形成柔软的真皮组织。这项产品对烧伤、烫伤患者来说，堪称福音。

就这个产品，从头到尾都是难点。每一个细小的工艺，包括加工工艺、灭活工艺等，都需要无数次的探索、修改和试验。很多时候，佘振定和同事们都要通宵做实验，一次又一次地尝试。仅仅是为了保证从牛跟腱提取的高纯度胶原的高品质和稳定性，团队就花了 3 年多时间。

在看到人工皮肤巨大的市场需求后，创业的念头再次燃起。为了能够研发出市场需要的产品，佘振定向院领导提出要求，希望能给几个招聘名额，得到了刘伟强副院长的支持，很快组建了最初的科研团队。他同时把在北京读博的两位师弟拉到麾下，启动人工皮肤的研发。

为了实现产品市场化，他开始募集资金，启动创业计划。他再次得到了研究院的支持，最早的 100 万元资金就是刘院长支持的，佘振定自己也东拼西凑了数百万元，作为创业的启动资金。

2010 年初，深圳兰度生物材料有限公司正式成立，兰度的英文名是 land do，取"脚踏实地"之意。佘振定的用意很明确，就是脚踏实地将产品做到极致。

金牛座的佘振定是个沉稳的创业者，善于规划布局，在公司成立之初便明确了发展路线。做生物材料是一个高风险的产业，研发周期长、投入资金大，做医疗的需耐得住寂寞，至少坚持 10 年以上。

为了公司长远发展，在专注于核心技术创面修复材料领域的同时，兰度生物也把研发方向伸向了口腔医用材料、骨科医用材料等高端生物医用材料的研发和产业化。

"医用材料有技术要求高的，也有技术相对低的。对于公司生存来说，前期先布局一些低技术的产品容易打开市场并熟悉渠道，获得利润，维持公司的可持续运转。"

佘振定与同事在实验室

随着公司的发展壮大，牵涉他精力的事越来越多，他放弃了原来清华研究院重点实验室的职务，于2014年离职，全身心投入到创业中。

研究院技术入股以及天使投资人600万元的支持，在建完第一个GMP车间之后已所剩不多，随着人员队伍的扩大，公司日常运转处处离不开钱。寻找资金支持，就成了佘振定不断奔波的事情。由于毕业即开始创业，也没有经过临床验证的产品，兰度早期并不被资本市场认可。创业前两年融资特别难，让佘振定承受了巨大的压力，甚至是团队的质疑。

为了公司活下来，佘振定自我限薪，长期保持每个月1万元左右的薪水，其他高管一律向他看齐。回首艰苦奋斗的创业初期，佘振定最感抱歉的就是核心团队，最感念的也是团队多年的不离不弃。

2017年，兰度生物的研究成果终于得到突破。公司研发的人工皮肤适用于大面积真皮缺损的再生修复与功能重建，属于国内首创且具有国际领先水平，市场潜力逾百亿元。兰度生物开始引起众多风投机构的关注，估值也一路水涨船高。2014年完成2800万元的A轮融资，2015年完成3500万元的A+轮融资，2017年完成4000万元的B轮融资……截至2021年，先后获得风险投资逾4.6亿元。

未来，兰度将在自有产品线的基础上，加强自主研发，并结合资本，不断投资与并购，力争成为具有全球竞争力的医疗高科技企业。"我们生活在一个充满希望的时代，智慧和汗水可以浇筑出美好的未来。"

（本文主要内容来自2017年《南方日报》记者丁侃《7年埋首研发创业"人工皮肤"国内首创》一文，特此说明并表示感谢）

医疗健康篇：追寻生命奥秘

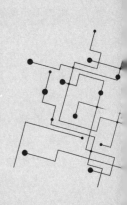

从零到极致：生命科学是一群人的狂欢

千禧年钟声敲响，人类进入了新纪元。

这一年 4 月底，一群身穿蓝色实验服的中国科学家站在一排排电脑前，双手举过头顶摆出胜利的"V"字，他们刚刚按照国际人类基因组计划的部署，完成了 1% 人类基因组的工作框架图。身后墙上贴着的"让人类踏着坚实的序列迈进"一行大字，格外显眼。

两个月后，参与人类基因组计划的中国、日本、法国、德国、英国和美国等 6 国科学家向全世界宣布人类基因组工作草图绘制成功。这项生命科学领域的"登月计划"被当时的美国总统克林顿评价为是"开辟新纪元的成果"，并称"人们将世世代代记住这一天"。

随着人类基因组工作草图的完成，人类拥有了"生命说明书"，并希望以此来克服疾病，从而实现健康长寿。直至今天，全世界各国科学家们也仍都在朝着这个目标努力。更为重要的是，这个 21 世纪生物产业发展的机遇，中国没有失去。

借着这股浪潮，基因疗法、生物制药、疫苗开发等领域开始快速发展，尤其是那句"21 世纪是生命科学的世纪"的论断，一度让生物学成为热门专业，相关专业的高考录取分数线也水涨船高。

无论这个判断是正确还是"忽悠"，不可否认的是，随着学科发展和技术的进步，中国医疗健康产业驶入了快车道。在快速发展之下，有这样一群有着共同标签和强烈身份认同感的参与者，他们是清华校友，也是 TEEC 协会会员。而作为参与者，这群清华人共同创造了一个进取、创新、无畏的群体形象，也成了行业发展的坚实支柱。

正如时任清华大学校长邱勇（现任清华大学党委书记）在建校 110 周年庆祝大会上的致词："清华人最大的自豪，就是用自己勤劳的双手建设祖国壮美的事业；清华人最高的荣耀，就是把自己奋斗的足迹印刻在民族复兴的伟大征程上。"

弄潮儿

无论外界的社会如何跌宕起伏，都对自己真诚，坚守原则。内心没有了杂念和疑问，才能勇往直前。——《无问西东》

1999 年，纽约长岛，在一间不到 30 平方米的出租实验室内，一家叫金唯智的生物科技公司成立了，其主要内容是为研究人员提供分子生物学和基因组服务。公司英文名"GENEWIZ"拆开来分别是"基因"和"能手"的意思，寓意是要用自己的智慧创造基因的奇迹，也唯有智慧才能创造财富。

廖国娟

公司的两位创始人孙中平和廖国娟是清华校友，两个人不仅都在清华大学生物系取得了硕士学位，之后又都前往哥伦比亚大学继续深造。在千禧年即将到来之际，对生命科学有着无限探索和好奇心的两人一拍即合，决心要在生物科技领域闯出一片天地。

然而创业并非易事，更何况是在大洋彼岸。尽管当时随着人类基因组计划接近尾声，人们开始能够"读"基因，并刺激了 DNA 测序及其延伸服务的发展，但当时美国的创业环境并不十分友善。而廖国娟却觉得，正是由于前景不确定，所以才更有意思，自己就想走一条少有人走的路。

《伊甸之东》是廖国娟认为对自己影响最大的书。"人有自由选择的意志，别人无法打垮你，除非你自己选择被征服。"

于是，就在那间租来的实验室里，金唯智收获了第一桶金，而当有生物公司的研究人员来向廖国娟和孙中平咨询问题时，两人也总是毫无保留地回答，这份帮助得到的意外回报就是同时也是房东的这家生物公司，主动免除了金唯智的租金。

创业之初的孙中平

之后的金唯智，就像开足马力的跑车，快速飞奔。发展太快，孙中平曾这样笑谈自己创业十几年来碰到的困难。

2003 年，金唯智推出了全球首创的"当天 7 小时"快速测序服务，让包括洛克菲勒大学、普林斯顿大学、哥伦比亚大学、哈佛大学等多家世界一流研究院校陆续选择金唯智，作为其基因测序的合作伙伴。2007 年，金唯智在美国加州圣地亚哥建立第一个卫星实验室。2008 年，金唯智回国发展，在北京建立公司。2015 年，金唯智收购美国贝克曼（Beckman Coulter）的基因组业务，进军欧洲市场。3 年后，金唯智加入 Brooks Automation，由此成为纳斯达克上市公司的一部分。

做世界最好，为世界更好，这是廖国娟在 22 年创业历程中一直努力打造的企业文化，而这都源于清华的校训：自强不息，厚德载物。

在廖国娟看来，这里包含了两个层面的意思，追求个人不断的成长和进步，并对他人和社会有积极的影响。而由此形成的企业文化凝聚了金唯智的团队，在个人层面不断进取，在团队层面积极合作，互相成就对方，在社会层面，则要追求"为世界更好"。

对于 TEEC "受助、互助、助人"的宗旨，廖国娟始终认为这其中也承载了母校校训的深刻意义。2021 年 1 月，金唯智中国总部大楼一期工程顺利封顶。作为项目设计方，同为 TEEC 会员的查金荣领衔的启迪设计集团最终打造出了和金唯智高科技企业相符的总部基地形象大楼。

金唯智创业初期团队（全体员工），廖国娟（一排左二），孙中平（二排右四）

打破天花板

这个时代缺的不是完美的人，缺的是从自己心底里给出的，真心、正义、无畏和同情。——《无问西东》

2018 年 12 月 17 日，首个国产 PD-1 产品特瑞普利单抗（商品名：拓益）获批上市，随后更以相当于同类进口药 1/3 的价格刷新了 PD-1 的全球最低价，这些都让这款创新药的拥有者君实生物在国内初创企业中显得有些特别，也让这家创新药企成了外界热议的焦点。

冯辉是君实高管团队中最年轻的一位。特瑞普利单抗上市当晚，冯辉和几位初创团队成员聚在一起，无不感慨。青年时的梦想之花尽情绽放，他们也终于做出了中国自己的抗体新药。

1997 年从清华本科毕业后，冯辉便开始了海外求学之路，并在之后一直专注于新药研发。而在结束国外安稳生活准备回国之时，冯辉就已经想好，与其在国外做抗体药物，不如回国做属于中国人自己的产品，打造梦想中值得骄傲的民族企业。

"如果一开始就想明白做创新药的艰辛，会碰到数不清的困难，也许我就改主意不敢回来了。"尽管如今的冯辉可以轻松调侃新药研发的不易，但他也始终认为，在中国医药行业，创新药的故事离不开梦想、勇气、激情和情怀。

就这样，在上海张江药谷大厦里一间不到 300 平方米的实验室里，冯辉扎进了化合物筛选的瓶瓶罐罐中，而药审改革大幕的拉开为君实生物的发展带来了重要助力。2015 年特瑞普利单抗临床获批，成为第一个中国公司研发的获得 IND 批准的抗 PD-1 单克隆抗体药物，让君实生物迈入了临床药物开发阶段。也是在这一年，君实生物正式挂牌新三板，实现资本化进程。

搭上时代顺风车的君实生物，跑出了加速度。冯辉更是感慨，如果早 10 年回来，或许他们这帮"海归"大概率会变成"海待"，"所以踏对时间节点很重要"。

同样踏对时间节点的还有药明生物。

2017 年 12 月 6 日，药明生物 3 万升生物药无锡生产基地正式全面投产。这是当时全球最大的使用一次性反应器的生物药 cGMP 生产基地，也是已投产的中国最大的生物药生产基地之一。

生产基地的全面投产，让药明生物成为国内第一家具备生物药大规模生产服务能力的企业，也让它成为在 MAH 制度的巨大红利下第一家做好充分准备的国内企业。另外，全面投产也意味着药明生物成功搭建了从前端研发到后端商业化生产的一体化技术平台，形成了真正意义上的闭环。

站在投产仪式纪念板前的陈智胜，显得意气风发。半年前，药明生物正式在香港挂牌上市。往前两年，药明生物成为独立公司，提供有关生物制剂药物发现、开发及生产的一系列综合服务。而如果再往前回到 2011 年，药明生物还只是药明康德旗下的生物制药部门。

1994 年，陈智胜从清华大学毕业，获得化学工程以及自动化双学士学位。之后他出国深造，并在美国从事多年抗体及疫苗的工艺研发、生产技术转移、工艺认证、质量管理以及报批等工作。2008 年，陈智胜选择回国，并加入上海赛金生物医药有限公司担任首席运营官，负责生物制剂的开发、生产及质量控制。

"我们赶上了好时代，要有新作为。"

改革开放的持续推进让包括陈智胜在内的很多生物和化学专业人才可以留学深造，开拓国际视野的同时，也在不断积累行业经验。中国市场的开放程度、创业环境以及创业氛围让陈智胜最终选择回国。"一方面是因为中国巨大的生物药市场和创新创业氛围吸引着全球目光；另一方面，我们也希望通过不断技术创新，带领中国生物药研发走向全球领先。"

把国内生物药成本相较于国际降低 70% ～ 80%，让中国的病患用得到和用得起国际最先进的生物医药，这是陈智胜一直以来的梦想和目标，他也时常感叹，能从事目前的事业，要感谢在清华大学的那段学习经历。

"是清华的培养奠定了我的从业方向，化学工程是涵盖极为广阔的专业，对许多行业都有重要的影响，自己能从事生物医药行业也离不开当年学习的专业知识和技能。"

陈智胜也在用自己的方式回馈母校，读书时获得的"光华奖学金"给了他很大的激励和鼓舞。而后来在事业发展中，陈智胜也有机会与奖学金的捐赠者交流合作，这种相互扶持、彼此成就的感觉令他深受触动，也促使他选择以同样的方式帮助更多人。

万物生长

什么是真实？你看到什么，听到什么，做什么，和谁在一起。有一种从心灵深处满溢出来的不懊悔，也不羞耻的和平与喜悦。——《无问西东》

2015年，在清华大学生命科学学院获得博士学位的何霆，获得了毕业后的第一份工作，与其他两位清华生物系校友联合创办了艺妙神州，主攻 CAR-T 疗法——被称为最有希望攻克癌症的疗法之一。事实上，这也是何霆的第一次创业。

没有像大多生物学博士会选择的"科研之路"，让这个创业之举在一开始并没有得到何霆母亲的支持和认同，并说他是"不务正业"。不仅如此，3 位创始人没有任何直接做 CAR-T 的经验，同时没有创业经验，甚至连工作经验都是"零"，也让这件事看起来困难重重。

"我希望做一件能够真正改变一些疾病治疗现状以及一些人生活的事情。"而要实现这一点，在何霆看来，"做公司"似乎比"做科研"更为合适。

何霆

此时，清华大学成熟的创业项目孵化体系，在艺妙神州的起步阶段起到了关键性作用。

成立当年，艺妙神州就获得了来自同创伟业、清华大学 x-lab 创业 DNA 基金的天使轮投资。这笔天使投资让何霆真正踏上了创业之路，艺妙神州的第一个实验室、第一位加入的员工、第一个新技术研发，都由此开始。

"对于我们来说，投资很重要，没有钱进来，我们的研究就没办法继续。"而刚开始的何霆根本不懂什么是创业和企业管理，他最先想到的就是找到清华大学的孵化器——清华大学 x-lab，后者则为其提供了体系化了解企业管理知识的窗口，这对当时没有经验的何霆来说起到了关键作用。

有了第一笔资金的艺妙神州的研发进程大幅加快，并在此后的 6 年中 7 度获得战略投资。2020 到 2021 年的短短一年时间内，艺妙神州的首款 CAR-T 产品 IM19，用于治疗复发或难治急性 B 淋巴细胞白血病、复发或难治侵袭性非霍奇金淋巴瘤以及复发或难治的套细胞淋巴瘤，凭借行业内领先的技术平台和早期数据，先后获得国家药监局颁发的 3 项临床试验批件，也正式宣告艺妙神州走进了中国自主 CAR-T 药物领域的领先行列。除了在白血病、淋巴瘤、骨髓瘤等血液肿瘤领域一马当先，何霆也带领团队在肝癌、黑色素瘤、胃癌和胰腺癌、结直肠癌等实体肿瘤上实现了多个基因细胞药物的重大研究突破，真正让癌症不再是绝症成为可能。

何霆说，他是一个一旦设定了目标，就会全力去奋斗争取的人。"我们当时定下的目标就是希望用 CAR-T 技术来把癌症治好，也预料到这件事情会很难，但是当我们决定之后，就从来没有想过要放弃。"

2021 年，何霆入选了《财富》发布的"中国 40 位 40 岁以下的商界精英"榜单，和他一同入选的还有字节跳动张一鸣、快手宿华、滴滴程维等。《财富》在对这些商界精英的评语中写道："经过一场疫情的考验，2021 年，在经济继续复苏、推崇创新的新商业环境下，这些年轻的商界领袖置身于科技、零售、智能制造等多个领域，持续地创造价值，引领着中国商业世界的变化，甚至影响全球。"

就像借助 CAR-T 赛道的火热，中国生物医药希望可以实现"弯道超车"一样，在中国发展并不算早的基因治疗，也被认为是能够带领国内医药行业"弯道超车"的潜力选手之一。

2021 年 3 月 30 日，纽福斯生物宣布其自主研发的 NR082 眼用注射液（rAAV-ND4，研发代号 NFS-01）旨在治疗 ND4 介导的莱伯遗传性光学神经病变（ND4-LHON），获得国家药品监督管理局颁发的注册性药物临床试验许可，将在中国开展临床试验，这是国内首个获得临床试验许可的眼科体内基因治疗药物。目前，该药物中国 I/II 期试验业已完成。此前已被美国 FDA 和欧洲药品管理局（EMA）授予孤儿药称号（ODD），是首个同时获得中国 NMPA 及美国 FDA 授予的临床试验 IND 许可的中国籍基因治疗新药。

纽福斯生物的创始团队，从 2008 年开始研究针对 Leber 遗传性视神经病变的基因治疗，并于 2011 年启动全球首个 LHON 基因治疗探索性临床研究并完成了此结果，为全球基因治疗最长随访纪录。2017—2018 年，团队又进行了一项研究入组受试者达 159 例的临床研究，这也是目前全球首个基因治疗领域样本量最大的临床试验。

2018 年 7 月，纽福斯生物完成了 1500 万元天使轮融资，这轮融资由华大奇迹之光领投，薄荷天使基金和北极光创投跟投。而在这之后，拥有十余年基因治疗领域经验，尤其擅长基因治疗工艺开发的肖溯加入了纽福斯生物，担任联合创始人，她则被外界喻为是纽福斯生物的另一位"灵魂人物"。

肖溯

从清华大学化学与工业生物工程专业毕业后，肖溯前往美国继续深造，取得约翰霍普金斯大学化学与生物分子工程专业博士学位，并一直活跃于美国基因治疗药学领域。而对于选择回国加入一家本土创新药企，肖溯说作这个决定仅用了一个月的时间。2019 年初，她以第 23 位员工的身份加入了纽福斯生物，并带领公司完成了 1.3 亿元的 A 轮融资。她的加入也为纽福斯带来了先进的公司治理理念，让公司成为一家扎根中国，面向全球的现代化公司。现在，公司已经完成了 4 轮 10 亿元融资并在中美两国的 4 个城市进行了布局。

药好，创始团队好，优秀人才加盟，以及对眼科基因治疗成药的信心，是肖溯选择纽福斯生物的主要原因，而她的目标就是通过提升产品开发效率和降低生产成本，使得基因治疗变为广大病人真正可及的治疗方式。

和肖溯一样，苏州克睿基因生物科技有限公司创始人，董事长徐元元对于自己想要干什么，也有着明确的方向和规划。

这位"80 后"CEO 在 2009 年清华博士毕业后，前往美国耶鲁大学医学院进行深造，而清华大学生命科学学院前院长王宏伟，则是当时徐元元在耶鲁大学的博士后导师。"他是一个很清楚自己想做什么的人，所以回国半年后，他就创业了。"

2016年7月，克睿基因在苏州正式成立。这家倾注了徐元元大量心血的细胞基因治疗的初创型生物科技企业，主要聚焦肿瘤和遗传病领域，拥有CRISPR基因编辑、VELPTM病毒递送、分子重构等多种先进技术平台，利用平台的优势整合推动高技术壁垒源头创新项目的开发，为未满足医疗需求的患者提供有

徐元元

效治疗措施。克睿基因在创新研发的同时，积极推进技术产品国际化。

在被问到如何定义自己的成功与否时，徐元元直言，不管做到怎样的业绩，只要创业了，自己就成功了。在他看来，这是一个信念问题，明白自己真正想做的，才能坚定不移地走下去。

作为同校学姐和创业前辈，廖国娟也是徐元元的事业导师，TEEC"受助、互助、助人"的宗旨不仅体现在前者对徐元元创业过程中的指导和帮助，也有企业发展中的资源支持。克睿基因在成立后的第二年，就与廖国娟执掌的金唯智达成了全面战略合作协议，加速推进公司发展。

不仅是基因治疗领域，医疗器械的临床和技术创新也是近几年的热门方向之一。努力填补国内空白，打破外企垄断并在细分领域取得世界领先，成为这些初创企业的主要目标。

刘文博就是这其中的一员，毕业于清华大学医学院的他，已经专注手术导航和手术机器人领域十余年。2015年，刘文博参与创办了专注于神经外科手术机器人的国内创新企业华科精准，而其兄弟企业华科恒生已经在国内颅内电极市场颇有影响力。

选择创业，刘文博是经过了一番思考和疑虑的。"这一路有很多不容易，不过母校'自强不息，厚德载物'的校训也是时刻提醒我，让我能克服创业的艰难和挑战，才有了今天的成绩。"

目前，神经外科手术机器人、手术导航世界上的主要厂商一般均采用反光球等标记点或者激光辅助定位的方式，通过三角法推算出某点的3D坐标并完成定位。刘文博直言，这类产品其实目前在临床上存在定位时间长、操作复杂等

刘文博

不足，同时功能也局限于导航定位。而华科精准的产品通过和清华大学医学院多年的合作，瞄准世界前沿技术，创造性地将工业和消费领域的 3D 结构光技术应用于手术机器人，不但定位精准、稳定性好，而且使得定位智能化程度大大提高、操作步骤大量简化、操作时间缩短为原来的 1/10，在临床应用上已成为国内神经外科手术机器人市场占有率第一的产品；同时该技术还在业界取得较大反响，欧美主要厂商也逐渐开始布局 3D 结构光技术。

在刘文博的带领下，充分且合适地引入清华大学强大的科研能力，短短5 年间，华科精准团队已有 4 款产品进入国家药监局创新医疗器械特别审评通道，其中两款已取得三类医疗器械注册证，一跃成为北京市优秀的创新医疗器械企业代表之一。

"我们有能力做，也会做得更好，只不过需要一定的时间，我们一直在努力。"时光悠悠，岁月流转，当懵懂少年蜕变成为行业栋梁之材，不变的是作为清华人的气节和坚守，以及心底的那份最初的理想和信仰。爱你所爱，行你所行，听从你心，无问西东。

徐航：勤于奋斗、勇于创新、乐于回馈的清华人

何为"清华精神"？清华校友季羡林先生曾说过，清华精神就是"永葆青春，永远充满了生命活力，永远走向上的道路"。具体到每个清华人，就是开放与创新，严谨与专注，自强不息、吃苦耐劳、善思重智、勇毅担当、人文情怀……

徐航

这些特质，从徐航迈入清华的那一刻开始，就与他的人生轨迹息息相关。徐航说他的人生中有 3 个关键词——奋斗、创造和回馈。从创响民族医疗设备品牌"迈瑞医疗"，到打造满载盛誉的城市建筑地标作品"深圳湾 1 号"，再到传播大爱的鹏瑞公益基金会，无不在循序渐进地解读着这 3 个词。在清华人奋斗为乐、行胜于言、严谨专注、家国情怀的精神体系下，这 3 个词显得更加的厚重与真挚。

徐航在清华求学时期在学校留影

恰同学少年，相遇清华许平生

徐航曾这样回忆自己的求学之路，"从小父亲对我的学习抓得很紧，要求我每天都为自己设立学习目标，只有完成了既定目标后才能小憩片刻，在我的孩童时期，父亲就要求我上大学要以清华、北大、中科大为目标"。徐航在学习上丝毫不敢松懈，一心扑到学习上，常常废寝忘食、夜以继日。

将时光倒回 42 年前的那个盛夏，17 岁的徐航带着梦想与憧憬来到清华园求学。在学校，他印象最深刻的是同学们身上都有一股"不甘平庸""肯吃苦"

的冲劲，来自天南海北的尖子生聚集在一起，8：30上课，10：30关灯，周末也泡在图书馆，大家以勤奋努力营造出"比学赶超"的浓厚氛围。大家都是舍得努力的聪明人，都把追求卓越变成了一种习惯，把心系民族与国家的发展变成了一种使命。

若说清华是国之重器，那清华人就是国之栋梁，每一位清华人骨子里都烙印着关乎国家和民族的使命感。1979年，徐航从广东考入清华大学计算机系，1987年获得生物医学工程硕士学位。在校8年，清华人"坚持、吃苦、专注、奋发"的精神品质一直深深影响着他，在徐航后来的创业道路上，清华人那种奋发认真、勤于学习、务实严谨、勇于担当的做事风格与追求始终相伴随行。徐航曾感慨道："作为清华学子，我们需要传承清华精神，去做一些别人做不了或不愿意花时间去做的事。我很喜欢专注于一件事，虽然过程中会失去其他机会，但却实现了自己的梦想。"

自强不息，创响民族品牌

毕业之后，徐航进入有"医疗器械黄埔军校"之称的安科医疗仪器公司从事技术研发工作，工作的第二年就成了超声部技术负责人。在徐航的回忆中，毕业第一个月的工资，他为自己买了一辆心仪已久的五羊牌自行车。两个月后，徐航出差来到大洋彼岸的美国，飞机降落在西雅图时，川流不息的车流带给他的震撼，那是一个刚刚拥有自行车的中国青年所不能想象的景象。更让他不能平静的是中美在医疗设备技术上的差距，他在实际工作中发现中国的医疗器械技术水平十分落后，国外医疗器械几乎占据了国内市场90%的份额，加重了普通百姓看病的负担，这极大地激发了一位清华学子的奋发自强之心，他立志要改变中国医疗设备落后的现状。

归国后，徐航领导了中国第一台彩色B型超声诊断仪的研制开发工作，凭借这一成果，他也获得了国家科技进步二等奖。

徐航并未满足已经取得的这点成绩，心系民族与国家发展的使命感一直相伴随行，在1991年，徐航与他在安科的老领导李西廷以及其他几位同事共同创立了迈瑞医疗，全心投入临床医疗设备的研发和制造，为改变中国医疗设备落后的现状而努力前行。提起联合创办迈瑞的初衷，他曾说："因为，我们要改变的是中国医疗设备市场长期被外资品牌垄断的现状，我们要解决的痛点是要让更多的普通老百姓能用上物美价廉的医疗设备。"

"迈瑞的英文是Mindray，一个自创的合成词。这个词的涵义是智慧之光，寓意着迈瑞要用自己的智慧来占领市场，服务客户。"徐航如是说，清华人崇尚智慧力量的共性释如其意。

创办迈瑞之初，徐航就坚定了走自主研发之路，但作为一家刚起步的公司，资金和品牌知名度都很有限，刚刚诞生的迈瑞一上来就要面对与 GE、飞利浦、西门子等巨头们的竞争。用迈瑞员工自己的话说，刚开始就要与强大的外资医疗器械机构作战，那就好比是"刚上篮球场对手就是乔丹"。为此，迈瑞一边通过代理和风险投资获得资金来支持研发，一边在创造民族品牌的道路上不断探索。

徐航回忆起创业初期的艰难仍然记忆犹新，说起第一次带着自己的产品去北京参加展会，9 平方米的展位，他们只租得起一半，所有人都是技术员、业务员和搬运工，身兼数职。可在很长一段时间里，客户问他们最多的问题是："你们的产品是国产的还是进口的？"被问的多了，徐航就开始思考这些问题背后真正的含义。"为什么客户会认为，进口的就是好的，就一定会有保障呢？后来我意识到，这就是品牌的力量。特别是在医疗这个和生命息息相关的领域，只有经过时间考验的品牌，才能赢得信赖和尊敬。"

找到了原因，也同时找到了方向，这令徐航更加想把迈瑞这个民族医疗科研品牌树誉世界，创造出一条中国人自主研发和打造世界级医疗设备品牌企业的道路。

为此，科研技术出身的他又开始认真钻研企业经营管理的规律与方法。在他的影响下，迈瑞立下五大"军规"：一是贴近客户了解客户需求，真正为客户创造价值；二是坚持自己研发，每年将营业收入的 10% 纳入研发投入；三是一定要有自主知识产权，因为技术永远是最重要的资产，是品牌的根基；四是走出海之路，既要有全球化的视野，又要有国际影响力，这也是迈瑞将上市首选地放在美国的原因；五是按国际的质量标准来要求和规范自己，为品牌形象做长期的积累。

正是由于迈瑞坚持不懈地对研发的投入、对产品的极致追求，公司终于发展成为世界级的民族医疗设备品牌企业，创造了诸多中国医疗器械的第一，中国第一台血细胞分析仪，第一台高端监护仪，第一台数字彩超成像仪等等。2006 年，迈瑞在纽交所上市，成为中国首家在美上市的医疗设备企业。

如果坚持自主创新，实现内生增长是徐航为迈瑞所指的第一条明路的话，那么他与其他创始人一起共同制定的一系列海内外并购与全球化战略，则是迈瑞的另外两个法宝。

在纽交所上市的迈瑞尽管已经初具影响力，但徐航明白，迈瑞想要壮大，就必须在更加广阔的海外寻找市场，而并购则成了当时的不二选择。"从全球医疗器械行业近 20 年的趋势来看，整合是一个明显的特征，大公司不断并购，小公司越来越少。巨头们的特征就是多产品线，单产品线运作的公司很难长期生存发展"，在当时，徐航已经预见性地看到了行业的发展趋势。

2008 年，迈瑞并购了美国生命监护仪公司 Datascope，这次收购让迈瑞正式跻身为全球第三大监护品牌。随后几年，迈瑞又大手笔地连续展开十几次收购，最终形成了如今覆盖生命信息与支持、体外诊断、医学影像三大领域的业务布局。

让徐航感到自豪的是，因为迈瑞的存在与发展，打破了洋品牌在中国市场的垄断，将它们的价格从天花板拉向地板，实惠的价格切实解决了中国老百姓看病贵、看病难的问题。

如今的迈瑞已成为世界级的企业，2018 年回归 A 股后至今市值已超 5000 亿，全球员工过万人，产品远销全球 190 多个国家和地区。即使在医疗技术门槛最高、技术法规最严格的美国，迈瑞也已进入约 2/3 的医院和近万家医疗机构。2020 年新冠疫情在全球肆虐，在全人类面临巨大考验之时，迈瑞义不容辞地加入到这场全球抗击疫情的阻击战中，这家民族企业在危急之时勇毅地肩负起了时代赋予的使命，得到了国家和社会的充分认可和赞誉。

迈瑞这个民族品牌的崛起之路，倾注了徐航作为清华人的那份执拗的好胜心——源于内心的民族使命感、源于清华精神的自强不息的坚定信念，执拗于自己认为是正确的事情、应该去担当的责任。

迈瑞的成功，是清华人徐航事业上第一次真正意义上的成功，从一位怀抱自强梦想、民族使命感的清华学子，因为对自己所探索领域的极致追求，一步步成长为一位有担当、有格局的企业家，用行胜于言的踏实奋斗实现了自己最初的梦想。

迈瑞医疗深圳总部

勇于创新，追求极致美好

徐航一直认为做生意并不是他所擅长更不是他兴趣所在，他的兴趣所在是对未知的探索、对已知的创新。所以，迈瑞的成功并没有让他停下探索的脚步，在专注迈瑞 20 年后，他又迎来了一件于他而言更具创意和挑战的事情。他曾经在接受采访的时候说道："中国人的学习能力，模仿能力，把一个东西不断反反复复做好的能力在世界上是很强的。然而我们源头创新的能力还不够。做企业多年，我感到我们缺的是一种创新的境界，大家做一个技术，首先考虑经济效益怎样，赚不赚钱，在这一过程中，会失掉了探索的乐趣与初心。可我看到，很多西方人真的是出于兴趣在创新，你说他坚持去找一颗距离我们 1400 光年的星球，是为了什么？"

2008 年，一次偶然的机会，徐航拿到了深圳后海的一块地。当时深圳填海造地，面对这片滩涂，从未做过地产开发的徐航又开始了他独特的思考。该如何用好这个地块？是打造成迈瑞的又一个总部？还是做成常规的地产项目，做些不大不小的户型迎合主要市场？最终，徐航这次决心跨界"玩"一把，但这次他"玩"得很认真，"玩"得很极致。

当时的深圳，城市建设如火如荼，但到处充斥着平庸的建筑，城市的未来、建筑作品的自尊以及城市精英人群对品质生活的追求，已经成为了深圳特区城市发展中绕不开的时代命题。面对深圳后海的这块地，徐航这次又开始执拗和较真了。当然，从他自己的体验来说，当时他走遍全世界也没有找到自己理想满意的房子。这次，买不到就自己造的想法也成了他这次跨界城市建设的最朴实的原点。

基于这个初衷，激发了他打造一座能在地球上留下痕迹的建筑作品的新梦想。于是，历时 10 年，这座超级城市滨海地标综合体——深圳湾 1 号，傲然屹立在了粤港澳大湾区，成了深圳这座璀璨城市的封面和名片。

为了将这座建筑雕琢成艺术品，徐航多次带团队飞抵世界各地去考察顶级综合体建筑，探究世界顶级建筑标准。而且，他也不惜重金与耐心，邀请到了美国 KPF、新加坡 AECOM 等享誉全球的建筑设计事务所，Yabu Pushelberg、Kelly Hoppen、AB Concept、梁志天、卢志荣等全球知名设计师。以超前的数亿元设计费和长达几年的设计周期来创造这件作品，这些对当时中国传统意义上的地产行业来说是无法想象的。也恰是徐航这种艺术家般的执拗与真挚，打动了这些世界级的设计师，让他们愿与梦想共情，与徐航一起共同倾力打造梦想。

这种"执拗"不仅体现在设计、材料等方面，为了打造极致户型体验，徐航还独创性地投入巨资建造了一个"楼王户型实验室"。按照最初的设计，住

承载着徐航对艺术与生活热爱的世界级城市地标建筑——深圳湾1号

户从电梯过道进入家门后，可以直面客厅宽阔海景，但徐航从极致体验出发，希望电梯门打开时就要让人惊艳。为此，项目停工4个月，重新设计，通过户型实验室的反复论证，才敲定了最终的楼王户型，新的设计令到访者们无不惊叹。深圳湾1号营造过程中有着太多类似的极致严谨的故事，都是徐航的科学精神的颗粒感体现，一直以来，在徐航的词典里就没有"差不多"这个词。

如今，深圳湾1号T7楼上聚合了：百年莱佛士酒店；位于320米高空，荣获CTBUH"世界最高音乐厅"以及吉尼斯世界纪录"世界最高空中专业音乐厅"的"云颂公益音乐厅"；**中国内地第一个获得高架直升机场营运许可证，为城市带来"云端生活"体验的深圳湾1号停机坪**；凝练着这座建筑对艺术和美学的无限追求，来自全球顶级艺术家的逾100件艺术藏品……这些都在重塑着中国当代城市的潮流文脉。

现如今，中国城市发展建设中，一说到深圳湾1号，就有人会感叹徐航用这种科研极致的精神来盖房子简直就是"降维打击"，这或许是一句行业称赞式的戏谑话；但不可否认的是，深圳湾1号出圈破局的新探索确实为现今的传统城市建设树立了新的标杆。徐航的努力与勇毅给行业带来的不仅是一座建筑作品，更是一个多维的、先进的、有温度的城市生活的空间。深圳湾1号深刻影响着当代中国城市发展的审美标准、品位内涵和思维方式，重塑了行业新的标杆，彰显了当代中国城市发展的世界级风采。

徐航说，"为城市增光，为生活添彩"是对深圳湾1号最好的概括。对深圳湾1号本身来说，它不仅仅是建筑空间，同时也是徐航和团队对城市生活品质、品位、人文品格追求的载体，它以国际视野引领了中国生活品位，同时也承载了徐航对世间美好生活、生命的热爱。正是因为这种独特的属性，深圳湾 1 号吸引了众多的城市顶层人群来此安家，为深圳这座城市留住了这群人和他们的财富、事业，与这座城市相互成就。

叔本华曾说，创造"美好"是最高级的乐趣。深圳湾 1 号正是这座城市的美好存在，犹如一道美丽的风景，以人文属性的聚合承载着美好生活的希望。

从开创民族医疗品牌迈瑞，到打造建设了深圳湾 1 号的鹏瑞集团，清华人徐航都是以更高远的情怀为出发点来经营企业，他希望能以他的独特追求打造出优秀的、独树一帜的企业，能为社会创造长期价值、为国家的繁荣贡献力量，也能为所有的员工搭建一个自我实现和赢得幸福的平台。

"只有成为胸怀博大、独具情怀、理想大爱的企业才能真正为社会创造价值，并带动每一位'同路人'一起奋斗，与企业相互成就。"徐航这样阐述他的企业观。

如今，在徐航的率领下，鹏瑞开启了为城市高质量发展助力的新征程，带着打造受人尊敬的优秀企业、成为优质生活创造者的美好愿景，以建筑空间、文化艺术、科技赋能、公益分享为载体，再次启航人生，为世间的美好继续奋斗。"希望能通过自己的再次奋斗，打造一家独特的、优秀的、受人尊敬的企业，能够再次为社会创造更多的价值，为行业引领新的标杆，能为城市高质量发展继续增光添彩，为人民的美好生活再贡献一分力量"，徐航曾这样描述他创办鹏瑞集团的初心。

回馈分享，至善同行

2019 年 5 月 7 日，清华大学一名大一学生在整理衣物时突然晕倒，其室友立即通知附近同学、辅导员以及老师，并拨打 120。赶来的同学经过初步判断后，开始运用专业的急救知识为其进行心脏复苏、人工呼吸并使用附近新安装的 AED 设备施救，成功恢复了该学生的心脏功能。这是清华大学 PAD（公共电除颤计划）"黄金急救"计划实施以来，第一例实际使用 AED 并成功救治同学的案例。北医三院急救医生赶到现场后表示，学生正确使用 AED 急救设备，给了昏倒的同学一次生存的机会。

这次及时的救治，得益于学校在全校范围内推行的 PAD 系统工程。2019 年 3 月 26 日，在徐航以及鹏瑞公益基金会的捐赠支持下，清华大学启动"让校园更安全"——清华校园 PAD（公共电除颤计划）"黄金急救"计划。这也使清华园成为中国第一个 AED 覆盖的"安全校园"。

徐航在得知此事的时候，动情地表示，生命是最重要的，拯救生命比什么都重要，最近让他最开心的一件事就是挽回了这个年轻的生命。

从办企业之初，徐航就一直在思考，当有了财富之后，如何使用财富，如何让财富更好地回馈社会，引导社会财富形成一种良性循环，从而能帮助更多的人，创造更多的价值。

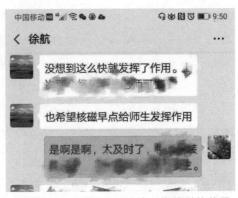

徐航深切关心被 AED 救治同学的微信截图

经过多年不断探索、参与大量的公益实践后，徐航觉得有必要做一个专业的组织，正式把公益这件事作为事业来运营，抱持使命、提出愿景、寻找方法，而后能持之以恒地做公益。为此，2018 年徐航发起成立了鹏瑞公益基金会。正是清华人严谨务实的习惯，让他开创性地以做企业的方式来做公益，希望能更务实、系统地来做公益，能真正帮到需要帮助的人，切实解决实际的问题，让财富切实地回馈教育、回馈科学、回馈社会，与此同时，又能以大爱之心感召更多的人来做公益。徐航认为这才是财富本身最好的归宿和增值，也是他的人生为之奋斗的终极意义所在。

鹏瑞公益 为爱前行

　　"做公益不仅需要人力、物力和时间，更需要的是有一颗善良的心，以帮助别人为荣；鹏瑞公益基金会可以看成是我们对社会的一个承诺，做好公益的同时把事业做好，我们就有更大的力量帮助更多需要帮助的人，能够为这个社会做更多有益的事情。"徐航常这样说起他的公益观，所以一直以来鹏瑞公益基金会秉持着他所倡导的"创新、务实、真诚、分享"的公益理念，已经在资助和开展扶贫、济困、助学、助医等领域逐步确立了公益事业的发展方向。

　　在他的公益之路中，回馈、反哺清华母校也是最浓重真挚的一笔。2009年清华本科生毕业典礼上徐航曾说过，"不断回馈母校是我奋斗的重要动力和成功的标志之一"。持续关注高等教育的发展，徐航以公益的力量不断回馈母校，真正意义上实现了"清华精神"的感召。

- 2008年，参与资助新清华学堂的建设，在当时是建校以来校友捐赠金额中最大的一笔。

- 2018年3月，捐资支持清华大学脑与智能实验室和清华大学未来实验室的建设。

- 2018年6月，捐赠清华大学"思源计划"学生培养项目。

- 2019年4月，捐赠清华大学3.3亿元，以促进清华大学医学科研实验、人文艺术的教育，推进清华大学校园急救医疗水平，助推国家高等教育事业发

2019年4月20日，作为清华学子的鹏瑞公益基金会发起人徐航向母校清华大学捐赠3.3亿元，助力"更好的清华"

徐航慰问深圳贫困环卫工人

展。截至当时，该笔捐赠是清华大学大陆校友个人最大金额的捐赠。

● 2020 年 1 月，举办了清华大学核磁共振仪器捐赠仪式，此项捐赠填补了高校医院磁场成像设备的空白。

这一次，正值清华 110 周年，徐航又特别发起设立了 1100 万元体育专项基金，用于支持清华在校学生的体育活动，弘扬"无体育不清华"的传统精神。

鹏瑞公益基金会在徐航带领下也高度关注乡村教育、艺术教育和城市教育的发展，同时积极响应"乡村振兴"战略，全力支持国家和各政府单位的扶贫项目，还以实际行动关爱基层城市建设者、环卫工人，聚焦城市人文建设。在新冠疫情期间，鹏瑞公益基金会更是积极行动，联动多方力量，在灾时灾后紧急驰援国家、国际，尽己所能地对公共卫生事件发生地、灾难地施以援助。

为持之以恒地去践行和弘扬鹏瑞公益理念，身为深圳市振兴交响乐发展基金会荣誉主席的徐航，在不断支持中国交响乐事业，助力艺术文化事业发展的同时，全力打造了"鹏瑞公益月""鹏瑞之夜""鹏瑞公益新年音乐会"等公益平台品牌，旨在感召更多的企业家和爱心人士持续关注并积极参与公益。

而作为一名清华学子，徐航更是一直心系科技发展，时时刻刻尽己之力助力科技强国梦。2021 年 4 月 8 日，徐航与上海世界顶尖科学家发展基金会（以下简称"顶科发展基金会"）签署协议，由徐航及鹏瑞公益基金会共同向顶科发展基金会捐赠 10 亿元人民币。谈及此次捐赠，徐航表示："我对科学本身很感兴趣，探索与求知是我做很多事情的驱动力，我就很想知道这个世界下一步会怎么样？技术科学会是怎么样？问题有什么样的解答？当然我现在已经不再做科学研究和工程的第一线，但是我对这件事情的向往和兴趣仍然在，所以在我有能力的情况下，又有这么好的一个机会，我觉得是一个非常好的结合。"

徐航在接受访问的时候曾经提到："经历了疫情之后，我们发现，尽管我们创造了这么多的财富，但是人类还是很脆弱的，我们需要对人类的命运、对真理的探索投入更多的力量。"在他的理解中，工程技术的基础是科学，而科学是没有国界的，是全人类共同的财富。徐航非常清楚科学研究在人类发展的大进程中所占的分量与重要性。诚如他所说的："我一直专注于技术应用领域，但技术应用层面的质变，必须依靠基础科学理论的突破。在人类共同面临新冠疫情、向科学寻求答案的时刻，希望能以自己的行动感召更多的人士和企业关注并投身科学事业，为基础科学和前沿科学研究、科学交流和成果转化贡献力量。"

"创造与分享"，徐航的公益观简洁而有力量，同时也是对社会财富良性循环的最好示范与定义。徐航多次对他的团队强调："做公益是我不断努力工作的最强动力。"在公益之路上，徐航带领鹏瑞公益基金会还会一如既往地把为社会创造价值和为社会承担责任作为基金会的立身之本，不断去探索和推动公益事业的发展。同时，徐航也希望能与更多的公益力量一起同行，为这个世界创造更多的美好。

2021 年 4 月 8 日，徐航及鹏瑞公益基金会共同向上海世界顶尖科学家发展基金会捐赠 10 亿元人民币

奋斗不止，与梦想同行。清华大学杨斌副校长曾评价徐航为"三好学生"：

好奇心——干一行钻研一行，把迈瑞和深圳湾1号分别打造为行业领袖和城市杰作；

好胜心——事业上自强不息，追求高远，不辜负母校的培养和社会的期待；

好人心——无论何时何地都心怀善良，播种美好。

传承清华精神，履行使命担当，以赤子之心追求梦想，徐航曾向我们描述过他的3个梦想："创办一家上市企业，在地球上留下建筑痕迹和运营一家公益机构；第一个梦想的关键词是公共与财富，第二个是信念的建筑载体，最后一个则是关于人类的终极情怀；三者都是各自领域的极致表现，而后者都是对前者的传承与超越。"

如今，徐航的3个梦想都分别取得了不俗的成绩，而徐航仍在不断地创造着更多的成绩、承担起更多的社会责任。在清华精神的指引下，在新时代清华使命"自强成就卓越、创新塑造未来"的感召下，在他追求极致的信念下，相信他一定会继续不断地实现梦想、超越梦想。

正如罗曼·罗兰所说：让整个一生都在追求中度过吧，那么在这一生必定会有许许多多美好的时刻。

施一公：清华到西湖，一脉相承的理想

"如果没有融入我血脉的'自强不息，厚德载物'这样一个清华精神的强大支撑，也许我是没有足够的勇气参与西湖大学创办的。西湖大学要做到厚德于社会，厚德于后人，厚德于世界。所以西湖大学的诞生，一定要感谢清华。"施一公说。

施一公身上有很多标签。

他是一位科学家。他不仅是中国科学院院士，还是美国艺术与科学学院院士和美国国家科学院外籍院士。1985年从河南省驻马店考入清华大

施一公

学，到 1995 年获得美国约翰·霍普金斯大学医学院分子生物物理博士学位，再到美国普林斯顿大学分子生物学最年轻的终身教授；多年的扎实研究，使得施一公成为全球著名的结构生物学家，并在细胞凋亡及膜蛋白两个领域有突出贡献。

他还是一位教育家。从 2008 年初回国，加入清华大学；2009 年成为清华大学生命科学学院创立后的第一任院长；再到 2018 年创办西湖大学；13 年来，施一公的目标与此前教育先贤一样，立志为祖国培养富有社会责任感和独立思考能力的优秀科研人才。

他更是一位将科学研究应用于满足患者临床需求的实践者。由他联合创办的中国创新药企诺诚健华 2020 年于港交所上市，更为重要的是，该公司自主研发的新型 BTK 抑制剂（奥布替尼片）为复发/难治慢性淋巴细胞白血病（CLL）/小淋巴细胞淋巴瘤（SLL）患者、以及复发/难治性套细胞淋巴瘤（MCL）患者，带来了新的希望。

施一公做了很多具有开创性的大事，这是作为清华人的担当与使命，也像极了他对科学创新的理解，"创新，顾名思义，就是走前人未走之路，做前人未做之事，发现新的自然现象，开发新的技术，提出新的理论概念，制造新的产品。"而这也是他希望能够一直传递下去的科学理念。

清华，我回来了！

多年以后，施一公回忆起自己上大学前的日子，有几件事情经常浮现在眼前，这其中有父亲作为教师传递知识时，带给他的心灵触动，也有小学老师告诉他的"一定要为驻马店争光"的谆谆教诲。

施一公曾不止一次提及，"一公"这个名字是父亲起的，取意"一心为公"。施一公的父亲施怀琳，毕业于哈尔滨工业大学，是 20 世纪 50 年代的大学生。施一公同父母一起从河南郑州被下放到河南驻马店时，只有两岁半。

1977 年，施一公上小学三年级，恢复高考的消息传来，父亲作为彼时当地唯一可以讲授高中数学和物理的老师，开始给亲戚家的孩子们辅导数学、物理、化学，甚至语文。当时条件艰苦，为了省钱，不用墨水和纸，就拿一个小石子在地上推演公式。每天放学回家，施一公总会看到父亲在家门口的地上，给表哥、表姐们推演公式：一元二次方程、二元一次方程组、π、xyz……

这些儿时的耳濡目染，使施一公深刻认识到，科学研究是一件很有意思、很酷的工作，"我后来逐渐意识到，我从小就觉得做科学、做基础研究很酷，可以改变世界，这个印象是我父亲带给我的。"

施一公一直记得的一句话，是小学时他的常识老师告诉他的，"施一公，你长大后要为驻马店人争光！"就是这句话，让他时刻提醒自己，一定要为社会创造价值，"生命只有一回，要把生命体验到极致"。

施一公与清华大学的第一次交集发生在 1985 年，凭借全国高中生数学联赛河南赛区第一名的成绩，施一公被保送至清华大学。填报志愿时，施一公最初想选择机械系，但清华大学来招生的老师告诉他："21 世纪应该是生命科学和人工智能的世纪，选择自己的未来，不能只看现在找工作是否容易，你应该有比较远大的想法，而生命科学应该是一个很有潜力的学科。"

就这样，施一公填报了生物系，锚定了自己未来深耕的领域，10 多年后，世界上多了一位结构生物学家，和立志培养更多的生物学家、让中国的生物创新技术引领世界的教育家。

事实上，2008 年传出施一公要全职回国的消息时，外界对此感到不解，包括身边的亲朋好友。1998 年博士后出站后，施一公从普林斯顿大学分子生物学助理教授做起；四年内，已经成为分子生物学系建系以来最年轻的终身正教授。按照世俗的眼光来看，彼时施一公在美国的成绩和地位，已经融入"主流社会"。

"我内心却始终有一个声音在召唤。中国的经济社会正经历着前所未有的发展，变化日新月异。作为一个传统的中国人，我不想做大洋彼岸的旁观者，我希望成为祖国发展的积极参与者。"施一公说。

看似心血来潮，却是深思熟虑后的决定。"在我从小到大的价值观和行为规范里，我一直觉得天生我材必有用，似乎总是要做点啥事，这点是非常明确的。"而且"从我小时候、从河南、从驻马店、从我父母、从我的个人经历，骨子里有一种东西，觉得回来挺自然的。"因此，当清华大学相关负责人找施一公谈话的时候，施一公并没有犹豫，"第二天我就说，我全职回清华好了。"

在他看来，对中国这样一直处在改革发展中的泱泱大国，科技、教育、对学生的培养、大学制度建设，也需要不断改革，才能适应国家的发展，才能让国家未来有更好的可能性。因为要应对未来的挑战，而这样的一个挑战、尝试需要有人去做。"像我这样比较愿意折腾的人，愿意离开现在的所有，去做一件新事情。"

2008 年，施一公正式全职回国；2009 年，清华大学创办生命科学学院，施一公担任首任院长；2015 年，施一公出任清华大学副校长直至 2018 年创办西湖大学。

行胜于言，上下求索

施一公曾不止一次讲过，2008 年回国时，他给自己定了 3 个目标：第一个是为清华大学建设一个世界级的生命科学研究中心；第二个是为国家发展建言献策；第三个是培养更多具有思辨精神的科学家。

现在，第一个目标已经实现。从 2008 年到 2018 年的 10 年间，施一公和同事们一起创立了清华大学生命科学学院和药学院；同时，把医学院的师资力量增加了 4～5 倍并创立了精通科研的八年制临床医学博士培养体系；协助学校在生命科学学院、医学院、药学院引进了大约 120 余位教授、副教授、助理教授，包括三个学院的院长。

"可以说，在过去的十余年间，清华大学的科研实力在生命学科领域增长了不止一个数量级。"数据显示，2011 至 2017 年间，清华大学生命科学学院和药学院在《自然》和《科学》杂志上一共发表了 60 多篇论文，是 1984 至 2009 年间发表论文数量的 60 倍。

第二个目标竭尽全力，持续去做，并实现了一部分。一件让施一公自豪的事情是，2008 年上半年，他参与提出并参与起草了海外高层次人才引进计划，得到了中央高度关注和大力支持。

目前，施一公正在为实现第三个目标而努力。创办西湖大学就是实现这一目标的途径，"不论担任什么样的行政职务，我给自己最基本的定位是教师，教书育人。希望能把我对于学术与科学研究的思考与经验与尽可能多的同学分享。"

"无与伦比"，是施一公形容前沿的基础研究带给他的愉悦与兴奋。"我常常这样鼓励我自己和我的学生们，做基础研究是为了什么呢？是为了了解宇宙、了解自然、了解我们自己；即便我们每个个体的贡献都微不足道，但是跨越时空集合起来，就是改变人类文明轨迹的强大力量；在这个意义上，我们每一位科学家也都是科学史的书写者之一、文明的创造者之一。"

所以，施一公参与创办的理想中的大学，是让更多的科学家能够在更完善的机制下，体会到施一公所体会过的"无与伦比"的愉悦与兴奋。"我们每次在实验室取得一个重大突破，每次取得一点点成绩，都是实验室某位研究生、博士后，包括我本人第一次取得对某一具体知识的了解。这个'第一次'，是指人类历史进程中的第一次。这种愉悦于我而言是无法被其他任何一种方式和奖励所取代的。"

事实上，不管是回到清华大学还是创办西湖大学，对施一公而言，目标是一致的。"我是清华的儿子，从美国辞职回清华时，就像是远行的孩子在外学足了手艺、回到了家，帮助家里富强起来。"

"清华在过去十年发展得非常好，可以说家里已经足够富强。但是，偌大一个中国，优质教育资源还不能满足社会发展的需要；同时，高等教育迫切需要进一步的改革，国家和社会需要一所全新的大学去探索一条新路。"

事实上，不管在清华大学还是西湖大学，施一公一直思考的问题没有变，那就是如何鼓励创新，如何选拔创新人才。"如果依据重要性一条一条地删除，有一条是绝对不能删去的，那就是批判性的思维，即挑战学术权威的思维。这一点在崇尚尊师重道的中国尤其难得。"

他举了一个例子，以色列驻华大使告诉他，一位典型的以色列母亲在孩子放学回家后常常会问孩子两个问题："今天你在学校有没有提一个让老师回答不上来的问题？今天你有没有在学校做一件让老师感到印象深刻的事情？""我回想起自己问孩子最多的是：今天有没有听老师的话？"

因此，西湖大学的定位是：小而精、高起点、研究型。施一公的目标是：一方面，为国家探索新型大学治理制度，立足中国大地，符合中国国情，又符合国际化办学规律，符合科技发展规律；另一方面，施一公还希望在大学里探索一套适合中国国情，又鼓励创新的科技评价标准，培养富有社会责任感的拔尖创新人才。"看一看我们怎么做的，我们成功了，在哪儿成功，失败了，为什么，提供一个借鉴。"施一公说。

创办西湖大学是施一公将其创新教育理念付诸实践的方式；而他的所思所想，离不开沉浸清华大学4年所获得的思想积淀，"如果没有融入我血脉的'自强不息，厚德载物'这样一个清华精神的强大支撑，也许我是没有足够的勇气来创办西湖大学的。西湖大学要做到厚德于社会，厚德于后人，厚德于世界。所以西湖大学的诞生，一定要感谢清华。"施一公说。

行胜于言，是清华大学传承至今，镌刻在清华学堂前日晷上的清华精神；"人文日新"是清华大学大礼堂内匾额上高悬的宏大理想，他们督促和影响着一代代包括施一公在内的清华人，在学术和科研上，不断在新的领域开拓创新，奋发进取。

跨界创意篇：闪耀感性光芒

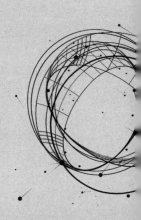

这是一群有趣的灵魂

　　说起清华学生，多数人印象中都是较真较劲、不解风情的理工科学生。其实不然，有这样一群不走寻常路的清华人，他们投身于文化、体育、消费、建筑与设计、教育等不同领域，依托自己扎实的基本功，紧跟科技潮流，探索创新模式，在各自的行业中独树一帜，深入践行着清华"更创新、更国际、更人文"的发展理念。

　　他们中间，有人踏上 20 世纪末的创业浪潮，成为国内最早一批大学生创业者，引领时代的风向；有人瞄准新世纪以来互联网、AI 等新经济新技术的迅猛发展，用科技赋能，改变传统行业的面貌；有人坚守专业，在深耕中做到极致，成为行业的领头人；有人独具慧眼，在跨界中追求科技创新，探索出一片新天地。

　　虽然所处领域、所用方法不同，但他们身上，体现出一种相似的气质——"行胜于言，自强不息"的清华精神，"受助、互助、助人"的 TEEC 精神，以及为社会发展贡献力量的时代精神。

　　聚是一团火，散是满天星。这些清华的创业者们，正在各自的领域熠熠生辉！他们在实践中不断历练和成长，在实现个人价值的同时，赋予清华精神、TEEC 精神全新的内涵。

消费江湖

随着国民经济收入的不断提升，新消费的潮流趋势不可阻挡地扑面而来。同时，由于科学技术的进步，尤其是移动互联网的高速发展，一大批传统产业链接互联网后，诞生了金融科技、社交电商、生物医药等新经济形态。

新经济叠加上新消费正在成为当下中国经济增长的新引擎，也引领了消费经济和科技发展升级换挡，表现出了年轻化、国潮化和智能化的多面趋势。

电商作为新经济、新消费的代表，也迎来了新一轮的大发展，这其中清华人的贡献不可磨灭。比如拼多多新任董事长陈磊，这位毕业于清华大学的校友，跟随黄峥一起创立拼多多，以扎实的技术和创新化运营帮助拼多多快速成长为新一代互联网电商巨头，打破了天猫和京东寡头垄断的格局。

在品牌电商服务领域，两位清华理工人仇文彬、黄韬更是牢牢地抓住了机会。多年打拼，他们所执掌的宝尊电商和丽人丽妆稳居行业前列。

黄韬创立的丽人丽妆，堪称电商领域科技创新的典型。多年来，丽人丽妆一方面不断研发建设并持续完善专业的互联网零售智能化运营系统，确保各项业务的精细化管理，持续提高运营效率，为消费者提供流畅和高效的购物体验；另一方面，通过与大量化妆品品牌合作，积累和沉淀了庞大而有效的用户消费数据，并自行研发了 BI 商业智能分析系统、大数据存储处理系统和 CRM 客户忠实度管理系统，为品牌运营提供数据支持及策略建议，不断提升品牌价值。2020 年 9 月，丽人丽妆成功登陆 A 股。

作为 TEEC 会员的仇文彬，自 2007 年创立宝尊电商，在品牌电商服务领域深耕多年，2015 年带领团队在纳斯达克成功上市，并于 2020 年完成回港二次上市。他不忘初心，不断续写精彩……

仇文彬——电商经济的"摆渡人"

仇文彬给人的第一印象，就是非常标准的理工男。

低调、沉稳，这是仇文彬身边人对他的一致评价，就如同宝尊电商一样。虽然这家公司已经创立 14 年，牢牢占据品牌服务商第一把交椅，但是对外异常低调，很少做市场品宣活动，而是将更多精力集中在业务精进上，非常符合清华大学厚德载物的内涵。

仇文彬

但是如果深交就会发现，仇文彬身上拥有超越理工男的气质：聊天时极富激情和感染力、谈吐幽默大方；重视企业文化建设；乐于分享与创新……

这样性格的养成，用仇文彬的话说，是"清华的精神无形中塑造了我"。作为 1992 年电子工程系毕业的清华人，仇文彬无疑是幸运的，他的大学时代（也是他人生观、价值观和世界观形成的重要时代）横跨浪漫交织理想的 80 年代与改革大潮加速涌起的 90 年代，兼具理工人的务实与谦虚，又不失满腔热血的情怀主义与积极求新求变的创新意识。

毕业 29 载，割不断仇文彬与清华的情缘。和所有清华人一样，清华校训已经深深融入清华人的血液里，一直激励着仇文彬和宝尊电商在品牌电商服务的浪潮中前行。

初创宝尊，在困难中坚守

"我觉得清华给我们最大的影响，是一种深入骨子里的韧性，不轻易放弃。"仇文彬表示，他和宝尊的创业之路从来都不是一帆风顺的，中间经历过无数的挫折，而每一次让他坚持下来的，正是清华人不惧困难和挑战的韧性，也是校训"行胜于言"的完美诠释。

2000—2006 年期间，仇文彬第一次下海创业，由于经验不足，这次创业没能成功，但在这 6 年时间里，仇文彬和团队积累的管理体系、技术实力和创业思维，实际上为第二次创业，也就是宝尊电商的成长奠定了坚实的基础。

时间很快到了 2007 年，随着淘宝商城（天猫的前身）的诞生，电商 B2C 业务开始萌芽。恰逢此时，仇文彬和刚刚成立的宝尊接到了搭建飞利浦官网的业务，加上第一次创业的积累，宝尊电商顺理成章地选中品牌电商的赛道加以深耕。

"实际上 2009 年以前，我们的业务都没有太大起色。"仇文彬和宝尊电商虽然通过和三星、耐克等企业的合作解决了创业公司生存的问题，但是在长达两年多的时间里，公司的业务一直处于不温不火的状态，直到阿里的投资改变了一切。

那是 2009 年，以逍遥子为首的投资团队注意到刚崭露头角的宝尊电商，在经过多次调研后快速敲定了参与宝尊电商的 A 轮投资，自此激活了宝尊电商的发展潜力。

上市后，宝尊初心不改

宝尊电商的业务模式主要有 3 种：第一种是经销模式，即宝尊电商从合作品牌方处采购商品，自建物流和销售体系，售卖给用户；第二种是服务模式，即宝尊电商帮助品牌建立官网、提供 IT 解决方案和销售方案等，收取一定的服务费；第三种介于两者之间，称之为寄售服务，即在提供服务模式的基础上，为品牌提供仓储和配送的服务。

目前在宝尊电商的收入结构中，经销模式的占比是最大的。经销模式虽然越做越重，但是因为切入物流仓储、供应链管理等电商的核心环节，与品牌的绑定发展更为密切，所以逐步构筑了自己的核心竞争力，推动宝尊的业务高速发展，用仇文彬的话说就是 2009 年至 2019 年，业务就像坐火箭般高速增长，开启了增长的黄金十年。

根据财报资料显示，2012 年宝尊电商的年营业收入仅为 9.54 亿元、净利润还处于亏损状态，而 2020 年的营业收入已经暴增至 88.52 亿元，净利润 4.27 亿元，8 年的时间营业收入增长近 10 倍。

在合作品牌的数量上，截至 2021 年，宝尊电商品牌合作伙伴达 281 个，在行业内稳居第一。这些客户大部分是国内外头部品牌，覆盖了包括美妆 / 快消品、家居建材、互联网金融、汽车、服饰、3C 数码、家电、食品/保健品在内的 8 个垂直领域。

随着业绩的上升，宝尊电商的股价也一路高涨。以在美国市场的表现来看，2015 年初登上纳斯达克的股价仅为 10 美元/股，如今 2021 年股价已经达到 30～40 美元区间，这意味着股价上涨超过 300%，给股东和投资者带来极大的资本回报。

如果说 2015 年在美股上市是宝尊电商的成人礼，那么 2020 年赴港二次上市则是宝尊电商的加冕礼；在纳斯达克茁壮成长 5 年后，宝尊电商回港二次上市，和用户、投资人、客户站在了一起，开启了品牌电商发展的新征程。

走了很远的仇文彬和宝尊电商并没有忘掉自己的初心，依然对清华大学和清华企业家协会（TEEC）抱有非常深厚的感情。

"清华大学德智体美劳全面发展的优良传统一直激励着我。"仇文彬总结自己成功的原因，除了清华大学赋予的韧性精神，还肯定了清华大学对自己的多方位培养，让原本擅长学习的他找到了更多的爱好和自信，让他有勇气面对创业中的每一个挑战。

创业成功后，仇文彬也第一时间与母校建立了合作关系，双方共建创新实验室，重点研究文本处理、图像和视频识别等领域的尖端技术，实现宝尊电商在 AI 技术领域的突破。

对 TEEC，仇文彬一直铭记着其"受助、互助、助人"的宗旨，积极参加协会的活动，在宝尊成长的过程中多次得到了学长学姐们的帮助。曾任 TEEC 长三角分会副主席的他也不断积极回馈，以自己的经验、资金和资源帮助更多清华校友创业，形成老带新、新促老的优良互助氛围。

宝尊 2020 年 9 月 29 日 香港二次上市

文创天地

　　2017 年清华大学的迎新大会上，邱勇书记寄语清华新同学："世界是多彩的，希望你们与美相伴；人生是漫长的，希望你们向美而行。"多年的求学经历，清华学子用心感受了科学之美，学会了欣赏艺术之美和自然之美，也因此造就了一批向美而行的企业家。他们借助于高科技的力量，对文化赋予创意思想和新的展现形式。清华在文创领域，汇聚了众多在音乐、影视、设计、数字内容、文化旅游等领域具有较强影响力的校友力量。

刘晓松：创业或投资，不忘"三助"与自强不息

1987 年，刘晓松在中国电力科学研究院进行硕士论文的答辩。结束后，答辩委员会主席、清华大学电机系教授唐统一对他说："你可以来跟着我读博。"

于是在做了 4 年研究工作后，1991 年，刘晓松来到清华大学，成为唐教授门下一名电机系博士研究生。他读博的初衷，是成为一名研究人员——这符合他和家人最初的规划。毕竟，他年仅 15 岁就被湖南大学录取，周围人相信，这么聪明的人是要做学术的。

初入清华，刘晓松的研究方向是非线性功率计算。唐教授仁慈而严厉，在学术研究方法和领域上非常宽容，在具体研究领域的思维深度上非常严苛。开题的时候，唐教授明确要求精读论文 300 篇之前不要动手，同时指出要跨学科阅读，善于在学科交叉中寻找理论突破。

1987 年，唐统一教授（右四）邀请刘晓松（右一）到清华跟他读博

这让刘晓松打开了思维的边界，他一边阅读论文，一边与经管系师兄刘铁明共同组织了北京十校博士生跨学科论坛，每周邀请不同学科的博士生介绍自己的研究领域。这时，刘晓松发现数字通信和计算机领域无论在理论还是在应用上，发展都非常迅速，他深受吸引。

刘晓松诚惶诚恐找到唐教授汇报想法，出人意料的是，教授不仅没有批评他"移情别恋"，还给他介绍了阎平凡、边肇祺两位教授作为辅助导师；就这样，刘晓松被"过继"到了自动化系，参与到 CIMS 项目中，研究方向也变为神经元网络与计算机视觉。

做课题时，导师给过刘晓松两块 24 bit AD 芯片，反复叮嘱他，一定要非常小心，这是"宝贝"！这芯片是从哪里来的？导师回答说："深圳。"这是刘晓松第一次听说深圳。那是 20 世纪 90 年代初，邓小平南方谈话后，深圳特区成为经济热点。一时间，无数年轻人、新鲜事物和点子，一并涌入这座南方边城。

1992 年暑假，刘晓松也探访了这个神秘之地。他看到，这座城市虽然表面闹哄哄、脏兮兮的，背后却蕴含着一种蓬勃的力量。这股力量最终让他辍学离开学校，开始创业。多年以后，每次回想当时是如何作出如此重大、改变自己发展方向的决定时，刘晓松只能用"直觉"来解释。甚至，他当时觉得最困难的不是去思考决策对不对，而是如何能得到唐教授的同意。

带着对创新创业的一腔热血，刘晓松于 1994 年在深圳创办了自己的第一家公司"信力德电子"，主营业务为通信和智能化系统集成。这让他接触到了互联网以及该领域第一批探索者——清华计算机系教授胡道元，创业者丁磊、曾李青、马化腾等。

那时候的互联网在中国尚未破土而出。刘晓松使用 Mosaic（马赛克）浏览器上网，网页跳出来需要等待 2 ～ 3 分钟，但他在这漫长的等待中嗅到一种特殊的气息——那就是美国学者阿尔文·托夫勒所预言的"信息时代"。于是他重读了《第三次浪潮》，心潮澎湃："我清晰地感觉到信息社会正向我们走来，托夫勒的预言将一一实现。"

1999 年，刘晓松参加了在洛杉矶举行的全球互联网大会，聆听了美国在线创始人兼 CEO Steve Case 的演讲，后者宣称在完成对时代华纳的世纪收购后，美国在线事实上已经赢得互联网战争的胜利。同年，刘晓松访问了位于新泽西州的贝尔实验室，了解到 WCDMA 技术的惊人进展。未来已来，时不我待，回国以后刘晓松立即卖掉原有的系统集成公司，在筹划互联网领域创业的同时，还投资了腾讯。

2000 年，刘晓松创办了 A8 音乐集团（后更名为 A8 新媒体集团），公司一方面通过互联网实现音乐人的创作和发行，另一方面通过终端为用户提供音乐和娱乐服务。2008 年，A8 音乐在香港主板上市，成为国内首支网络音乐概念股。2011 年，A8 音乐被国家新闻出版广电总局纳入"国家音乐产业基地——数字音乐产业园区"。2012 年，A8 音乐旗下多米音乐率先与百代 EMI 唱片签署涵盖 PC、手机在内的版权授权协议，是中国大陆首家向大众提供正版音乐服务的线上平台；2013 年，A8 音乐成为全国首家获数字音乐领域内互联网出版许可证的企业，以此奠定了 A8 在文娱行业音乐版权正版化、音乐内容发行数字化等方面的探索先行者地位。

2015 年，刘晓松携 A8 共同合并"掌文集团"，集合网络文学、音频小说、影视剧、动漫创作和发行，成为中国最早布局泛文娱产业链的集团企业之一。

而多米音乐在版权垄断局面下果断转型，2015 年孵化出直播平台"映客"，后者于 2018 年在港股上市。

20 多年来，刘晓松一直处在创新创业的最前线，对自我不断试炼，对世界永葆热情，将清华校训"自强不息，厚德载物"作为自己做人做事的准则。

他既是经验丰富的企业家，也是中国优秀的投资人。

A8 音乐被国家新闻出版广电总局纳入国家音乐产业基地（左三为刘晓松）

时间回到 1998 年，马化腾刚刚创办腾讯，当时主营软件业务，日子本来过得不错，但 IM 新产品 OICQ 的发展之迅猛，出乎所有人意料之外，服务器开支巨大，资金严重缺乏，向外融资大多被拒，因为外界看不懂 IM 怎么赚钱。"那时候的腾讯不被人理解，但我的逻辑是，若托夫勒预言的信息时代来临，这样的公司会有巨大的机遇。"刘晓松看好腾讯的发展，并于 1999 年成为腾讯最早的天使投资人。在 2004 年腾讯上市的招股书上，刘晓松的身份为腾讯的联合创始人之一。

事后刘晓松感言，"除了回报，投资腾讯对我的价值还在于，让我参与了互联网在中国的伟大实践——互联网是如此深刻地改变了中国，推动了中国的进步。"作为一名典型的清华企业家，刘晓松不曾忘记每一笔投资背后的社会责任感与初心。

由腾讯起步，刘晓松逐渐体会到了投资的乐趣与价值。在实践个人天使投资之余，2012 年，他与董占斌、苏蔚联合创办了中国最早的天使投资机构之一"青松基金"；关注领域包括产业互联网、新消费、新科技等。2016 年至 2019 年，他连续 4 次进入清科集团投资界·中国投资人 TOP100。

在刘晓松投资的 200 多家企业中，不乏清华校友企业家的创业公司，比如"基本半导体"；其创始人汪之涵是清华校友，毕业后赴剑桥读博，学成后回国创业。

这笔投资发生在 2009 年。在一次 TEEC 企业家的聚会上，刘晓松认识了电机系的直系师弟汪之涵，汪之涵说自己在做大功率半导体，需要融资。刘晓松问他："为什么要做半导体？"汪之涵回答："我就是对它感兴趣。"刘晓松又说："这件事很难，国产器件很难进入中试。"汪之涵没有应答。临别前，刘晓松又问了一句："你打算做多久？"汪之涵回答："20 年。"就这一句 20 年，刘晓松看到了清华人坚韧不拔的精神底色，当即决定投资。

时间也证明了坚持的意义。10 年后，基本半导体公司的订单和收入稳步上升。尤其在国产替代的大环境下，半导体行业迎来巨大转机，企业步入良性发展轨道。

作为一名投资人，刘晓松要求自己，不能只考虑眼前短期回报，更应考虑长期主义价值投资。

作为一名企业家，刘晓松不忘告诫年轻一代清华企业家："创业不能过度考虑投资风口，而应该认真审视自己创业的初心，并葆有坚持不懈的勇气。"

而作为 TEEC 前主席，刘晓松长期秉承"三助"原则，尽自己所能为清华校友企业家提供支持与帮助。

"每一位校友企业家个体的探索，最终都将汇入清华创新创业的河流；而校友之间的'受助、互助、助人'，将使得清华企业家精神的河流川流不息。"刘晓松说。

龚宇：技术是最大的驱动力

1987 年，龚宇考入清华大学，并于 1996 年获自动控制理论及应用工学专业的博士学位；1999 年，他开始创业之路，建立焦点网；2003 年，焦点网被搜狐收购后，他先后任搜狐公司副总裁、高级副总裁、首席运营官等职务；2010 年，他创办爱奇艺，从理工男成功跨界娱乐行业。

龚宇，摄于爱奇艺
创立初期

龚宇说，他的人生有两个重要的"9 年"。

第一个 9 年，是在清华一口气读完本、硕、博的学生时代。园子里的生活，赋予他浓重的工科气质——细致、系统、富有逻辑、看重数据、强调技术、思维超前。本科导师刘祖照带领龚宇走入社会，从校园中的研究课题接触到了社会上真正的商业科技项目。博士生导师熊光楞教会了龚宇更高层次的抽象思维能力和复杂因素中的化繁为简的思考能力。

第二个 9 年，则从 1999 年开始。那一年，龚宇 30 岁，互联网浪潮袭来，他毅然投身其间，以焦点网开启创业之路。定位为综合性门户网站的焦点网，兼有搜索引擎、招聘频道、新闻平台等各类功能，似乎包罗万象，却难免冗杂。2000 年，互联网泡沫破灭、资本寒冬席卷全球，焦点网也难以幸免——资金严重短缺，员工从最初的 100 多人缩减至 40 出头，留下的人"勒紧裤腰带挺着"。龚宇说当时的自己"没有经验，凭热情干活"，但他很快对网站作出转型决策，于 3 年后盈利，并成功把公司出售给同为清华校友的张朝阳。

此后，龚宇先后担任搜狐公司的副总裁、高级副总裁、首席运营官，并以突出的管理才能获得业内认可。

2009 年底，在得到百度和一个私募基金投资支持下，龚宇筹建了视频平台爱奇艺并于 2010 年 4 月 22 日上线。

爱奇艺成立之时，国内视频行业正处于正版化运动渐起、市场份额向优酷、土豆、搜狐等大视频网站集中、寡头化趋势日益明显的混乱时期。在这场凭独家版权内容争夺更大市场份额的热潮之中，龚宇和他的爱奇艺表现得格外冷静。龚宇的工科气质在此刻凸显，他专注"内容、网站、技术、宽带、团队"等"核心事物"，强调"技术革新推动行业进步"。

从以"高清正版"直击"清晰度和盗版"的市场痛点，实现用户原始积累和产品优化，到成立"新业务拓展事业部"并确定移动端、会员和其他新兴业务三大研究方向，龚宇不断实现"弯道超车"。

美国有线电视网络媒体公司的付费观看模式给了龚宇启发，尽管国内尚无人涉足，但他认为，"可见的未来一定有的事情，为什么不可以做一下尝试呢？"于是他做了第一个"吃螃蟹的人"。2015 年，爱奇艺推出"会员抢先看"模式；期间，爱奇艺冲上 App Store 免费排行榜第一名。中国网民对于内容付费的真实意愿与实力，开始被整个视频行业所觉察。

"我的梦想是改变人们观看视频的方式。同时，在品质层面，从注重体验品质到关注内容品质、关注作品精神内涵和价值观。"龚宇说。他始终强调，爱奇艺是娱乐平台，更是技术公司，因为他相信，"人类社会发展的驱动力，是科学技术的创新发展"。

龚宇自称是一个"机械的唯物主义者"，但这绝不意味着他忽视人和人的感性。在 2021 年爱奇艺世界大会开幕式上，龚宇说："当前，爱奇艺正力求让专业内容以'现实＋思考＋情怀'的模式影响更多人，让大家享受'更有思想的娱乐'，同时持续探索满足用户兴趣社区需求的发展空间。"

展望未来，龚宇重提"影视工业化"。随着 5G、AI、超高清、VR、动捕、虚拟拍摄、区块链等技术的创新发展，加之专业人才的不断涌现，依靠行业规则重构和智能制作建立影视工业化，成为影视行业发展的新动力和破局之道。

工作之余，作为 TEEC 2014 年北京分会主席，龚宇也一直践行协会"受助、互助、助人"的宗旨，分享他创业路上的苦与乐，给予很多会员不同层面的帮助与支持，深得大家喜爱。

从水木清华到娱乐王国，龚宇始终保持着对科技创新驱动发展的信仰，在纷繁的娱乐行业里独树一帜，引领潮流。这位工科博士的创业奇旅，也将在不懈寻求自我革新的过程中勇往直前。

池宇峰：用创新创意追求幸福

从大二在清华园售卖《中国日报》算起，池宇峰的创业故事已经延续了 30 年。期间，他带领企业 3 次上市，不仅取得了商业上的成功，还将中国文化、技术和美学带到全世界。

池宇峰

时针拨回到 1995 年，池宇峰迈出清华校门的第一次创业是在深圳做电脑兼容机。在一次次为客户"售后"解决问题的过程中，他发现"消费者不会使用电脑"这个市场痛点，由此联想到，通过多媒体软件教授公众如何使用电脑，或许就是一个绝佳的商机。

洞察到这个用户需求之后，他从深圳回到北京，从电脑硬件转向软件开发，先借用了学校的办公室，后来又租用清华东门外简陋的小平房。1996 年 11 月，北京金洪恩电脑有限公司正式注册成立，公司的第一款学电脑软件被命名为"开天辟地"，因为池宇峰相信，电脑技术将彻底改变人类社会，而教人们学会用电脑，就是一个开天辟地的变化。

这款池宇峰自己配音的学电脑软件，因通俗易懂、生动活泼的风格迅速获得市场青睐，踏在了个人用户电脑普及的浪尖上。在创业最初的 5 年时间里，洪恩高速成长，被评为中国教育软件第一品牌。

1997 年，几位清华学弟找到池宇峰，请他支持开发单机游戏。看到学弟们超前的技术开发能力，池宇峰毫不犹豫地给予支持，并把这个游戏开发团队纳入洪恩。千禧年之初，网络游戏开始在中国红火，从韩国考察归来之后，池宇峰决定从单机游戏转向网络游戏，在 2004 年成立完美时空（完美世界前身），转战 3D 网络游戏开发。彼时，单机游戏团队已经在盗版横行的市场中坚持了 7 年；他们最早自主研发出了 3D 游戏引擎，但依旧生存艰难。

转向网络游戏之后，随着开发的深入，难度逐渐显现：种类繁多的服饰、装备、怪物、动作的开发，还有服务器技术、网络管理技术……当时的池宇峰既面临着"直接代理韩国游戏"的诱惑，也面对着第一款网络游戏未来命运的不确定性，还要不停地给开发人员以信心。

"无论碰到多大的困难，只要坚持、只要还有一丝的梦想，就没有实现不了的。"池宇峰相信团队的技术研发实力，这份自信让他保持了定力。

经过一年多的打磨，完美时空的第一款网游《完美世界》于 2005 年成功公测，并在世界范围内取得捏脸、时装、家园系统、自由飞行、无缝大地图等多项技术创新；2006 年，旋即推向日本等海外市场。产品在国际上的成功也奠定了公司的国际知名度；2007 年，完美时空在美国纳斯达克上市。此后，池宇峰坚持全球化战略，逐渐向打造"世界级企业"的创业梦想靠近；2014 年，完美世界影视登陆 A 股；2020 年，他把洪恩教育带到纳斯达克，完成了创业生涯上的三次上市。

如今，完美世界已经成为全球领先的文化娱乐产业集团，涵盖影视、游戏、电竞、院线、动画、教育、全历史、全现在、成家相亲、完美万词王、88 邮箱等业务板块。在多年的企业经营中，池宇峰逐步实现了技术创新和企业管理制度创新。为了激励员工学习进步，又创立"人周一课"和"通天机制"。

"社会发展的目的在于获得幸福感。"尽管在商业上取得诸多成绩，但池宇峰始终将创造幸福作为最重要的创业目标。"成功固然重要，但不是第一重要。"他正以创新、创意之道，完成对幸福的追求。

"教育是间接产生幸福感；影视、游戏是直接产生幸福感；但是教育能够让更多的人产生幸福感；这就是给人一条鱼，还是给人一个鱼竿的概念，我觉得都挺好。"他始终希望，自己所做的事能提高社会的平均幸福度，包括完美世界的业务布局，也包括公司的管理制度。若创新的、良好的企业制度能被其他企业接受、效仿，也不失为完美世界对社会的另一项有益贡献。

创业三十载，不忘来时路。清华是池宇峰创业梦想起航之地。时至今日，他仍记得在大学宿舍立下的"实业救国，报效祖国"的理想，并积极投身到母校实践类课程的建设中来。2019 年，池宇峰作为评委参加第六届"校长杯"创新挑战赛十强决赛暨颁奖仪式，并获聘为清华 x-Lab 创意创新创业教育平台课程教授；2020 年，他又获聘为清华大学经济管理学院管理实践访问教授；在课堂上，池宇峰与年轻学子们面对面，分享自己多年的创意、创新、创业经验。

在 TEEC 这个大家庭里，池宇峰同样感受到温暖。2007 年，他初入协会，TEEC 就为他举行上市庆功宴，并授予他"2008 年 TEEC 创业奖"；2013 年盛夏，池宇峰邀请近 30 位 TEEC 会员代表来到完美世界一同交流；2018 年，完美世界游戏美国子公司也邀请在美校友实地参访。在 TEEC 组织的互访交流中，池宇峰和会员们都受益于 TEEC "受助、互助、助人"的精神；池宇峰坚信，在团结清华校友，推动我国高科技创新、创业的事业上，TEEC 还将发挥更大作用、聚拢更多英才。

童之磊：中国数字出版开创者

1993 年，童之磊考入清华大学汽车工程系。18 岁的他坐着火车，颠簸三天两夜，才终于抵达北京。当时的人们不会想到，这个从大山走出的清华学生，日后会彻底改变中国出版的业态。

童之磊进入清华之后，才听说汽车系不是最好的系，最好的是计算机等专业。因此，他和同学就一直憋着一口气，要超过计算机系。当时互联网刚进中国，汽车系同学率先建了全中国第一个宿舍局域网。在这个局域网上搭建的个

人网站"化云坊"很快成了中国教育科研网上最大的个人网站。1999 年，童之磊和他的几位同学决定把"化云坊"商业化，成立了公司，并更名为易得方舟（FanSo）。于是，童之磊成了中国内地最早的大学生创业者之一。FanSo 的访问量一路猛增，此后，他们又赢得了"第一届中国大学生创业计划竞赛第一名"的荣誉，以

童之磊 2000 年中文在线成立发布会

及高达 660 万元的融资。中央电视台前来采访，问他们对微软的看法，年轻的团队意气风发地回答："微软？我们 3 年就超过它。"

此后，童之磊开始认真思考创业方向。他想到了自己的爱好——读书。当时书贵，一本书的价格相当于这位"穷学生"三四天的伙食费，实在难以负担。因此，在校期间，他成了学校图书馆的常客，常去借阅专业书籍、文学作品，但也不能次次如愿。好书总是抢手，尤其到了寒暑假，更是"一书难求"。

互联网的出现改变了他读书的方式——同一本纸质图书，能同时供无数网友在线阅读。童之磊便是线上读者的一员，经常通宵达旦地看书。他开始思考网络出版商业模式：虽然在网络传播甚广，但图书作者几乎无法从中获得任何收入，毫无疑问，这种模式不利于创作活力的激发。基于这种认识，1999 年，他首次提出"网络出版"的理念，并于次年，在"易得方舟"读书频道的基础上，创立中文在线，专注于数字阅读、数字出版。

易得方舟起航清华创业园

为了获得至关重要的版权，童之磊想方设法与作家取得联系。对作家从维熙的那次拜访，给他留下深刻印象。那天，他来到从维熙家楼下，却没钱买礼物，只能就地买一个西瓜。听了这位清华学生的想法，从维熙当即表示肯定与支持，还电话联系、推荐了其他作家朋友。

2000年，中文在线正式成立，25岁的童之磊成了中国互联网企业中最年轻的总裁之一。发展至今，它已成长为中文数字出版行业的领导者，拥有数字内容资源超过460万种，签约版权机构600余家，签约知名作家、畅销书作者2000余位；旗下拥有17K小说网、四月天小说网、汤圆创作三大网络文学原创平台，驻站网络作者超过400万名。2015年1月21日，中文在线在深交所创业板上市，成为中国"数字出版第一股"。

过去的20年间，在推动数字出版产业发展、教育信息化变革、知识产权保护等方面，中文在线都做出了重要贡献，部分实现了童之磊"为人类进步而奋斗"的凤愿。

也正是这种改变行业，乃至改变整个人类世界的决心，支撑童之磊越过创业路上的坎坷。最大的坎坷，出现在中文在线成立不久，

清华大学16号楼519房间

2000 年，美国纳斯达克崩盘，互联网泡沫破裂，媒体的质疑、投资人的退缩，接连砸中这家年轻的公司。

面对不利的经营状况，童之磊拿出自己的积蓄，给公司垫钱；积蓄花完了，他又向朋友借钱；向朋友借的钱也花完了，他就在外打工，挣钱养活公司。每到发工资的前几天，他都担心地睡不着觉。家人、朋友看在眼里，一致认为这公司是"无底洞"，不再支持他继续创业。

可是，即便在最艰难的时候，童之磊也没想过放弃："中文在线是创造性地改变人类阅读习惯、推动文明进程的事业，能参与这件意义重大的事，已是人生最大幸事。"在童之磊的坚守下，中文在线转危为安。

如今的成果来之不易，中文在线的所有员工都深知这一点。因此，他们对彼此的称呼不是"同事"，而是"战友"。回首漫漫的创业之路，童之磊还记得，中文在线创立之初，就获得了相当多文化名人和 TEEC 校友的支持。2005年，在 TEEC 组织的一次会议上，童之磊遇见了校友、北极光创投创始人邓锋。在了解了"中文在线"平台后，邓锋很快决定投资。随后的时间里，中文在线也收获了更多校友们的支持。当年的成立发布会，由白岩松友情主持，余秋雨等名家到场参加。巴金、莫言等顶级作家，也都对这位年轻创业者和他热爱的事业给予支持。原因很简单，只有 4 个字："相信未来"。

于仁国：在文创道路跋涉

于仁国读大学的年代，正是国内大学生创业潮涌之时。

1996 年，于仁国入读清华大学物理系。当时，互联网刚刚进入中国，新世界的大门就此敞开，给国内年轻的大学生们带来巨大冲击，也带来全新的机遇。一时间，清华园被创业的氛围笼罩——1998 年，物理系的学长张朝阳从美国学成归来，创办搜狐网；1999 年，汽车工程系的童之磊带领团队创办大学生门户网站易得方舟，并于次年创立中文在线。当时，学校里的许多同学，都开始尝试创立门户网站，或将学校的科技成果进行产业转化。

于仁国也以自己的方式，进行学生创业实践。当时，学校的打印店使用喷墨打印机，打印速度慢、质量差，收费两元一张；于仁国与室友一块儿，买下一台相对先进的激光打印机并对外经营，收费一元一张，以此获得可观的营收。

于仁国

　　这无疑是一个充满无限可能的时代，而无限可能，意味着更多的选择，也意味着更大的迷茫。于仁国坦言，本科阶段，他并不清楚自己想做什么。2000年，本科毕业后，他获得了香港电讯（现为电讯盈科）的 offer，便赴深圳，在懵懂之中，开始了自己的第一份工作。后来，回到北京的于仁国在清华师兄的邀请之下，加入鼎新信息系统。这家由清华大学与 IBM 合资成立的公司，当时正面临经营危机，开始二次创业。对于仁国而言，这段工作经历类似于一次"创业"：在跟着公司一起打拼、生存下来的过程中，他充分体验到创业的艰辛。

　　随着业务、管理等方面实践的深入，于仁国感到，自己先前的知识积累不再足够。于是，他选择回到清华，攻读 MBA。两年间，他以"创业投资和创业管理"为重点研究方向，如饥似渴地读书，积极组织校园活动、参加国际交流，还代表学校参加国际商业计划赛事，并取得好成绩。此时，他内心确信，自己真正想从事的，是创业。

　　于仁国形容，自己是创业者中的"稳健派"，不做好万全的准备，不会轻易入场。于是，毕业后的他加入 GGV 纪源资本，成为一名 TMT（Technology，Media，Telecom，技术、传媒和电信）领域的投资人。当时，GGV 纪源资本刚刚进入中国；而于仁国之所以入此行业，是因为它距离创业者最近。工作过程中，他会有意识地站在创业者角度思考："如果是我，我会怎么做？"他与接触过的创业者一直保持联系，关注他们的成长，不断验证自己当年对该企业的判断和猜想。

2009 年，他决定创业，四处寻找潜在的机会。这时，他遇到了动漫形象"阿狸"的创作者、清华校友徐瀚。于仁国花了一年时间，观察"阿狸"的发展；最终，他辞去纪源的职务，决定与徐瀚一起，参与"梦之城"公司的创业，并担任 CEO 一职。

当时，中国动漫行业处境艰难，"喜羊羊与灰太狼"作为龙头，生存也是充满挑战。于仁国团队暗暗下定决心：第一年，一定要"赚到钱，活下去"。他们选择了一个如今看来十分普遍的商业模式——运营人人网、微博、百度贴吧等社交平台，积累粉丝，适时发布毛绒玩具、帆布袋等周边产品的信息，在网店卖出后获得销售收入，从而赚取资金，生产更多货品，如此反复，循环发展下去。

果然，公司在第一年赚到了钱，还在业内拥有一定名声：原来还可以用这种方式做动漫。于仁国因此结识了一批优秀的动漫创作者，并寻求机会，投资优秀的动漫团队，近年势头正猛的罗小黑团队就在其列。

售卖周边的商业模式看似美好，但每条新的产品线都需要大量投入，也就是说，公司需要持续的资金注入。梦之城前后获得了三四轮融资，其中一轮，一家上市公司想投资，签订了意向书，但推进速度缓慢。恰好此时，在一次清华企业家协会（TEEC）的年会上，清控银杏创业投资管理有限公司创始人、热能工程系学长吕大龙得知于仁国的处境，邀请合一资本创始合伙人、清华学长许亮一起出资支持，这让于仁国很是感动。梦之城筹备"罗小黑"电影时，在电影领域经验丰富的许亮也作为主出品方进行投资，给于仁国带来巨大的帮助。

"梦之城"在 2019 年被并购，于仁国从中退出，又开始了新的事业。他创办魔豆投资和魔豆朝上两家公司，在文化创意领域继续创业和投资。这位"为创业而生"的创业者，依旧在他热爱的文创道路上跋涉。

缪杰：体验更有意义的人生

1993 年，缪杰考入清华大学电子工程系，毕业后进入 IBM 中国有限公司任职；2002 年，他辞职加入民谣歌唱组合"水木年华"；2015 年起，他发起创办助农组织"家乡来客"，以助代捐，推动多个贫困县发展。

从高薪的世界五百强名企，跳到清贫却真正热爱的歌唱与助农事业，缪杰说，自己"赚到了"。毕竟人的一生短暂，而他，得以"体验两种完全不同的人生"。

故事开始于 1993 年，缪杰初入清华。他一直在想象，自己将来会成为一个什么样的人。清华园里，即便是在狂欢的跨年夜，依然有同学于自习教室手不释卷。缪杰对此表示钦佩，也愈发意识到，这并非自己想走的路。当发觉自己"唱一晚上歌都不会累，哑着嗓子依然很高兴"时，缪杰相信，他找到了心中所爱。

于是，求学的 5 年间，在舞台、草坪，在宿舍、阳台、楼道——怕打扰室友，甚至在卫生间——他不停地唱歌，更遇见李健、卢庚戌等志同道合的伙伴。毕业前夕，他与李健在大礼堂举办"告别清华演唱会"，弹唱自己的原创曲目。看着台下听众们举起的打火机的光亮，还有人群中专心为他录像的父亲，缪杰感到无比幸福——那是他"自己创造的世界"。

但他明白，要实现音乐梦想，首先得有资本。于是，离开校园后，他进入 IBM 中国有限公司，担任高级系统服务专家、项目经理。客户、项目、合同、报告……层层压力之下，他变得越来越功利和现实，音乐梦想似乎也被抛诸脑后。直到 2002 年的一个夜晚，他已经连续两周加班到天亮。坐在写字楼里，节能灯灭了，只有电脑屏幕幽幽的荧光打在他的脸上，过载的大脑突然划过一个念头——我在干吗？

适逢坚持歌唱事业的建筑系学长卢庚戌发出邀请，缪杰辞了职，正式加入"水木年华"，重拾音乐梦想，收获无数歌迷。

"家乡来客"创始人缪杰与老乡

2011 年，缪杰收到一个公益助农团队的邀请，为农民工进行培训。其负责人名为李哲亚，原是来自河北邯郸的一名农民工，曾于清华做传菜服务员。在大学生志愿者的辅导下，他考入北京师范大学计算机科学与技术专业，毕业后成为一家互联网公司的副总。为帮助更多农民工改变命运，李哲亚创办了农民工培训班，组织大学生志愿者进行辅导。

加入项目后，缪杰发现，培训确实能帮助农民工提升知识、技能，却难以帮助他们融入城市这个陌生的社会。而且，有些问题是"一辈子也解决不了的"，比如"乡愁"。他想到了更根本的解决方案：让农民在自己的家乡，也能过上有尊严的生活。

于是，自 2015 年起，缪杰和团队班底共同开启助农事业，后来正式成立"家乡来客"，以助销"那些差点被人遗忘的农产品"为目标，希望让"更少的人背井离乡"。

当年底，缪杰和团队在报纸上读到山西临县大枣滞销的消息。"放下报纸我们就一头扎进大山。"缪杰回忆。虽然中途历经波折，但我们助农团队的名号，通过这个项目一炮打响——借助微信公众号的力量，短短两天，团队就帮助临县的农民谈下 2000 万元的订单。组织本身也得到成长，运作模式进一步优化，进而有了"家乡来客"助农平台。

几年摸爬滚打下来，四川攀枝花的芒果与桃、云南的千年红茶与山地香蕉、陕西阎良的甜瓜、内蒙古赤峰的小米等优质的农产品，在"家乡来客"的帮助下，源源不断地走出山野。更可喜的变化，发生在当地的农民身上——吉林天岗种植灵芝的小姑娘开启了自己的事业；广西巴马手工红糖的人家盖起了砖房；云南昌宁守护茶山的奶奶迎接回乡接管茶山的孙子……

"家乡来客"的力量，远远不止于此。2020 年，武汉新冠疫情形势严峻，缪杰第一时间、亲自上阵押运物资进入湖北，带领团队发起支援。相继为仙桃、潜江、武汉等地送去十几批、共计 100 余吨的医疗物资和新鲜蔬菜。"这个'牛'，我能吹一辈子！"缪杰如孩子般开心地笑了。

这些年间，缪杰眼见着不少类似的平台归于失败。他将"家乡来客"的成功秘诀定义为"杀鸡用牛刀"——一批有情怀的人，坚持以助代捐，强调可持续发展。"家乡来客"的模式并没有什么稀奇的，本质就是不偷懒。"这个世界最坚固的壁垒，是足够久地坚持做一件事。"在清华大学读书的 5 年里，"行胜于言"的清华精神深深印刻在他的身上，已经坚持 6 年的"家乡来客"，将在助农路上继续前行。

体·育世界

　　育人，从来都是清华体育发展的核心要义。从周诒春校长首创德、智、体三育并重，到蒋南翔校长提出"争取为祖国至少健康工作 50 年"的响亮口号，到新时期"育人至上，体魄与人格并重"的培养理念，熏陶了一代代清华学子。"无体育、不清华"的体育传统，深深地印刻在每一位学子的心中。

韩大为：体育产业投资的领军人物，深具情怀的清华人

达为资本创始人兼董事长韩大为是地地道道的"老清华人"。他出生在清华园，从清华附小一路读到清华附中。1986 年，他考上清华大学，怀着朦胧的"为祖国做一点贡献"的想法，选择进入环境工程系就读。

在校期间，韩大为是学院工作的积极参与者，曾任环境系团委副书记、科技协会主席。他提出的"热爱我环境，光大我事业"口号，至今仍是环境学院的座右铭。

1991 年，韩大为自清华毕业，抱着拓宽眼界、学习知识的想法，他选择赴美留学。在美国，韩大为成为"注册职业工程师"，继续从事环境工程方面的工作。工作的 6 年间，他一步步成长为高级管理人员，负责的业务逐渐从技术本身拓展到公司管理。为了更好地完成管理工作，他来到芝加哥大学的布斯商学院深造，并获得 MBA 学位，于毕业后开启投资生涯。

韩大为（左一），1990 年建国 41 周年天安门前留影

带着清华理工科学生特有的严谨态度与超强的学习能力，韩大为先后在几家顶级机构从事多个领域的 PE 投资工作，其工作单位包括中信产业基金、凯雷投资集团、万达集团等。他负责的投资项目中，不乏具有重大影响力的项目。其中，最令他印象深刻的是 2014 年对盛大文学的收购。当时，韩大为在全球最大的私募股权基金——凯雷投资集团工作，任中国区的董事总经理。当年，盛大文学在网络文学行业已处于垄断地位，韩大为敏锐地看到了它的发展前景，便联合腾讯完成了对它的收购。此后，盛大文学与腾讯文学整合，成为"阅文集团"。乘着中国网文 IP 增值的东风，阅文一步一步做大做强，并于 2017 年在香港上市。

离开凯雷后，韩大为入职万达集团，成为首席投资官。在此期间，他领导了众多体育、娱乐行业的标志性投资项目，包括对盈方体育和铁人三项公司的并购，以及对微影时代和大众点评（后被美团收购）的投资，助力万达完成全新领域的布局。与此同时，他感兴趣的投资方向，逐渐从多个领域转为聚焦于体育产业，是清华校友中鲜有的专注体育产业投资的第一人。

2015 年底，韩大为牵头创立曜为体育产业基金。他为这只国内最大的体育产业基金制定了独特的投资策略，对产业内部进行了二十几个领域的细分，并进一步提出"有所为和有所不为"的指导思想，主张重点聚焦几个最有吸引力的细分领域。他要求整个投资团队做深入的行业研究，并以此为基础，锁定优质投资标的。

时至 2019 年，曜为基金投资期结束，总共投出 15 个优质项目，部分项目已实现退出。韩大为已然成为中国体育产业投资的领军人物。在近 20 年的投资生涯中，他累计投资 352 亿元，累计实现投资年化回报率 31%。他的投资理念有两个要点：第一，选择好的行业和头部项目；第二，选择好的创业者。

回想当年聚焦体育产业的决定，他认为这与清华培养的体育爱好息息相关。"'无体育，不清华'，每个清华人的体育印象都是非常深刻的。"他说道。大学期间，韩大为就热爱体育，还是百米短跑项目国家三级运动员，常代表班级乃至学校参与各种运动会。

将来，在继续从事投资行业之外，韩大为也希望自己能为公益事业做贡献，回馈母校与社会。2021 年 4 月，在清华建校 110 周年之际，他捐资设立"大为体育奖学金"，用于支持环境学院的学生体育发展。

清华建校 110 周年校庆，韩大为捐资设立"大为体育奖学金"

除了设立奖学金，毕业 30 年以来，这位"老清华人"始终保持着与母校的联系。他在清华大学校友总会体育专委会担任副会长职务，还在清华大学体育产业发展研究中心担任委员。2008 年前后，他加入清华大学企业家协会（TEEC），曾担任北京分会的副主席，参与相关活动的组织。他十分认可TEEC"受助、互助、助人"的宗旨，并认为其充分体现了清华学生的互助力量和团队精神。韩大为期待着，TEEC 能在将来囊括更多优秀的清华企业家、投资者；同时，更充分地实现资源共享，以发挥更大的社会影响力。

李红：盛开活力，体育人生

盛开体育董事长李红的人生，拥有许多个"最早"和"第一"：在清华校园里，她是 4×400 米校队的主力成员，曾带领队伍获得比赛的第一名；工作后，她作为国际奥委会创立以来第一个进入高级行政管理层的中国女性，全程参与了 2008 年北京奥运会运营协调工作；创业后，她是国内最早瞄准体育产业国际化的先行者；新时代，她又成为清华企业家协会（TEEC）的第一位女性会员。

这些年来，她和"体育"不但保持密切联系，还率先深耕体育产业，一路走来，为国际体育资源落地中国架起多个桥梁，并做出诸多贡献。而体育于她，不但磨砺了她的意志，也源源不断地赋予她活力。

李红与体育的不解之缘，开始于她7岁那年。父亲为磨炼她的意志，每天带她坚持晨跑。在训练中小李红发现，跑步过程中有一个"疲劳点"，当跑到一定距离，到达"疲劳点"时，就会感到疲惫，甚至觉得无法坚持；但是，一旦过了这个"点"，就会再次感到轻松并充满活力。她体会到，相较于体力，跑步更是对意志力的考验。

长大后的李红将运动的习惯带到了清华校园。1986年，李红考入清华大学土木系。当每天下午4点"为祖国健康工作50年"的广播准时响起时，李红都会放下手中的书本，来到西大操场跑步，还会在教练的指导下进行300米负重训练。出色的运动能力，让她很快在院系中崭露头角。新生运动会上的李红作为4×400米接力赛的第一棒队员，帮助所在队伍获得冠军，为院系争得荣誉。自此，李红常在院系乃至学校的各类体育比赛中斩获奖项。

李红参加TEEC2009年会

1991 年，李红从清华毕业，赴美国亚利桑那州立大学攻读工程硕士学位。随后的几年间，她通过了素来以难度大著称的"加州职业建筑工程师考核"，考取了哈佛大学商学院 MBA，毕业后就职于美国高通公司。

2001 年 7 月 13 日，北京申奥成功，举国欢庆"百年奥运，中华圆梦"。远在大洋彼岸的李红更是兴奋不已，但更令她意想不到的是，人生竟然也由此而悄然改变。2003 年，国际奥委会为加强与中国的沟通合作，全球招募华裔工作人员，李红一路过关斩将，正式入职国际奥委会，加入国际奥委会市场部团队。

2008 年，她被任命为国际奥组委的驻京首席代表、兼北京 2008 年奥运会运营及赞助商服务总经理，负责北京奥组委与国际奥委会在市场运营方面的沟通协调工作。起初，中西方截然不同的文化背景与工作理念，常让作为"沟通桥梁"的李红感到头痛。于是她一面给国际奥委会的同事们讲解中国文化，一面全方位向北京奥组委的同事解释国际规则。在北京奥运会工作的 5 年时间里，她夜以继日，高效出色地完成了肩负的使命，助力北京创造了奥运会历史的无与伦比。望着在鸟巢上空点燃的圣火，李红对"奥林匹克"与"体育"有了更深的理解。她认为，奥林匹克运动最本质的目的是教育，它为全世界的青少年搭建平台，通过运动的方式，促进不同国家间的平等交流和多元文化的发展。

北京 2008 奥运会之后，李红敏锐地察觉到，中国和欧美的体育产业发展存在一定差距，通过北京 2008 奥运会的成功举办，体育产业会就此在中国起步。李红相信，体育行业虽然"慢热"，但终究是刻在人类基因中的基本需求。因此，她决定把握机会，计划用创业的方式填补中国体育产业的空白。

2008 年成为中国体育产业的发展元年。2009 年，李红创立盛开体育，作为中国领先的国际化体育营销公司，致力于"为世界了解中国体育产业打开一扇窗"。公司与国际各大体育组织建立了可信任的合作伙伴关系，成为中国第一家获得国际体育赛事票务官方授权的公司，为中国企业能够与世界顶级体育组织和赛事建立赞助、合作关系，发挥了重要作用。

回望过往，李红坦言，自己并非一帆风顺。在运营盛开体育的这些年里，作为体育产业先驱者之一，如何引领大众的体育心智、如何培养本行业人才等类似的困难有很多，李红依靠着对体育产业的真知灼见，和一定要为发展中国体育产业竭尽全力的信仰，一次次带领公司走出困境，找寻正确的发展轨道。正是体育持续地带给她克服困难的能量、健康的体魄、充满活力的身心，还有强大的意志力以及令人信赖的品质。

习近平总书记曾指出："体育承载着国家强盛、民族振兴的梦想，体育强则中国强，国运兴则体育兴。"面对未来，李红充满信心，当年北京 2008 年奥运会推动了中国现代化进程，今天北京 2022 年冬奥会是新时代的又一全球盛会。面临疫情的挑战，世界需要团结，体育是隧道尽头的灯塔。每当遭遇逆境，她都会自我鼓励："这和跑步的'疲劳点'一样，只要坚持，总能迈过坎坷。"

叶滨：做来自未来的音乐教育

小叶子科技公司的创始人兼 CEO 叶滨，已在互联网行业闯荡 20 年。作为 TEEC 早期最年轻的会员，他的创业经历从上清华时就开始了。

1992 年，叶滨考入清华大学电子工程专业，那几年，正是互联网进入中国飞速发展的时期。1999 年，还在读研究生二年级的叶滨创办威速科技，进入互联网创业的即时通信赛道，成为国内首批大学生创业者中的一员。而凭借开发的 V2Communicator 短时间内拥有超过 150 万的注册用户，威速跻身国内最流行的网络电话软件行列，并获得包括香港长远电信公司、启峰风险投资、香港电讯盈科、马来西亚亚洲互动投资公司等众多机构的风险投资。

叶滨参加 TEEC2007 年年会

　　威速之后，叶滨的角色在创业者、投资人之间不断切换。2005 年，他以天使投资人的身份，完成对当时的互联网新贵"赶集网"的投资。两年后，他再次回到互联网创业的赛道，创办海报时尚网。这家他第二次创业成立的公司，在 2011 年年初被哥伦比亚广播公司互动媒体集团（CBS）并购。2010 年，他又一次切回到投资人的角色，在清科集团任创投董事总经理，参与了对胡莱游戏等企业的投资。

　　2013 年，叶滨再度创业，创办小叶子（北京）科技公司，迈入音乐教育领域。此次创业的灵感，源自他中学时代学习英语的经历。他回忆，从初一到高三，他的英语老师使用 ESL 教学方式（English as a Second Language）。在那个年代，诸如此类的西式教学法并不普及，却有趣味、有效果。在做游戏的氛围中，老师成功调动起了全班同学的学习热情，并取得了最直观的好效果——优良的考试成绩。这使叶滨意识到，"在快乐中学习，是事半功倍的"。

　　但现在学钢琴的孩子，大都十分痛苦。学钢琴仰赖好老师，可目前的市场上，专业化的教师数量有限，且多采用 1 对 1 授课形式，价格高昂。超出很多家庭的承受范围。因此，叶滨相信，在线形式的音乐教育具有极大的市场潜力，他决定，要做一款让孩子爱上钢琴的产品。

　　2014 年，小叶子正式推出"The ONE 智能钢琴"。其"智能"之处在于，钢琴可以与 APP 连接，并实现跟灯弹奏、在线教学、直播课程、识谱助手、自动伴奏等功能，让孩子在类似游戏的体验中快乐学琴。

　　"学琴"的需求得到满足后，"练琴"的需求也逐渐浮现。小叶子看到了孩子练琴痛苦、家长陪练困难的现状，于 2019 年推出"小叶子智能陪练"APP，将人工智能技术应用至练琴过程，通过 AI 纠错，帮助琴童、解放家长。除此之外，APP 还有"全曲测评""练琴报告""琴音校准"等功能。

　　让小叶子团队能从使用者角度出发、推出如此贴心专业设计的原因，是所有团队成员都会弹钢琴，比如首席科学家夏雨，他不仅同样毕业于清华大学、曾获北京市奥数竞赛冠军，还曾获得钢琴领域的大奖！

　　2020 年，新冠疫情爆发，小叶子的线下业务大受影响，被迫停摆，线上业务却迎来巨大的增长，小叶子智能陪练 APP 的低价课转化率达到 30%。当年 11 月，小叶子公司月营收更是突破 1 亿元。

　　至今，小叶子音乐教育已经获得了著名钢琴家郎朗、创新工场、红杉中国、真格基金、真成基金等个人和机构的投资，用户遍布全球 131 个国家。公司规模、营收变化了，但叶滨的初心始终没变。他确定，小叶子是一家以 AI

驱动的科技音乐教育公司，致力于通过优秀的产品，让音乐教育更有趣、更高效，正如他在接受媒体采访时所言："绝不能让孩子'学了一门技术，恨了一门艺术'。"

王翌：以科技驱动英语教育

流利说®（NYSE：LAIX）创始人、董事长兼 CEO 王翌的创业之路上，"科技"与"英语"是两个贯穿始终的关键词。

1999 年，杭州人王翌考入清华大学电子工程系。在校学习 6 年，获学士、硕士学位后，他前往美国普林斯顿大学继续深造，攻读计算机系博士学位。抵达美国的当天，他就迎头撞上了语言壁垒——在餐馆点餐时，他与服务员都无法听懂对方说的话。这对于托福成绩接近满分的他而言，无疑如一盆浇头冷水。

王翌

正式入读普林斯顿大学后，语言的壁垒似乎更加严重。王翌眼睁睁地看着崇拜的顶尖学者站在面前发言，自己却无法跟上对方的思路和语速。这让他更加深刻地意识到，不达标的英语交流能力，会给他的学习与科研带来巨大阻力。

于是，他开始抓紧一切锻炼英语口语、听力的机会：主动参加外国友人的聚会，做饭时收听英语新闻广播……付出得到了回报，他逐渐可以与导师顺畅交流，并提前完成博士学位的学业，期间发明的"虚拟路由器在线迁移技术"还取得了美国专利。

研究之路颇为顺利，但王翌渐渐感到，自己最大的兴趣不在于研究，而在于将技术应用于现实，"做一个实实在在的产品"。

一个关键的转折点出现在读博期间的最后一年。那时，王翌偶然选修了由前哈佛商学院老师教授的"高科技创业"课程。课上，老师介绍的创业案例，大多殊途同归——借助科技的力量，将看似疯狂的想法变成现实，开发出来的产品对数以千万计的人群产生影响。王翌意识到，这就是自己想做的事业。

因此，毕业之后，王翌没有接受麦肯锡硅谷办公室咨询师的工作邀约，而选择进入谷歌，成为一名产品经理，迅速吸收着相关的知识。工作两年后，他明显感到自己的学习速度放缓。与此同时，国内市场展现出巨大潜力，创业生态也愈发利好，于是，2011 年 4 月，王翌回到国内，加入一家上海创业公司，做产品总监，并寻找着自主创业的机会。

他发现，在上海，很多人想学英语，并愿意为此付费，但相关培训机构费用高昂，又效果不佳。2012 年 5 月，"唱吧" APP 的迅猛发展给予王翌启发——这么多人愿意对着手机唱歌，那他们会不会也愿意对着手机练英语？

说干就干。2012 年 8 月底，王翌辞职，开启创业之路。他找到同样回国创业的硅谷资深软件工程师胡哲人，以及他的清华本科和硕士同学、谷歌总部研究科学家林晖，于 2012 年 9 月 3 日正式组队，开始创业。3 位创始人的履历，注定着他们的产品将天然地带有"科技"基因。

2013 年 2 月 14 日，"流利说·英语" APP 正式上线。这款对着手机跟练口语、再由系统打分的交互性学习软件，很快受到用户的欢迎。随后几年间，作为一家以人工智能驱动的教育科技公司，流利说在"用智能化的产品提供个性化的学习体验"之路上大步迈进，并于 2018 年 9 月 27 日在纽交所成功上市，被誉为"AI+ 教育"第一股。

经过多年积累，现在的流利说已经拥有一支优秀的人工智能团队，以及一个巨型的"中国人英语语音数据库"。截至 2021 年 3 月 31 日，流利说已累积记录对话逾 39 亿分钟、录音 532 亿句，累计注册用户逾 2.006 亿，覆盖全球 175 个国家，全国 384 个城市。在此基础上，公司自主研发了卓越的英语口语评测、写作打分引擎和深度自适应学习系统，致力于为用户提供一整套系统性的英语学习解决方案。

秉持着"赋能每个人实现最大潜力"的使命，流利说还善用 AI 技术，推进教育公平的实现。截至 2021 年 3 月 31 日，流利说发起的"智能英语云课堂"项目已累计支持全国 19 个省市的 115 所乡村学校，累计服务学生 21132 人次；致力于帮助乡村教师强化英语能力、提升教学水平的"乡村教师赋能计划"，已累计服务乡村教师 7885 人次。

流利说的创立，是王翌对"科技 + 教育"的一次探索，而探索的来源，与母校清华不无关联。王翌回忆，学习期间，他常与同学们进行深度讨论，这使他时刻保持好奇心和探索精神；同时，清华提供了一个平台，使他得以接触到世界顶尖的学界、商界专家，大大开阔了他的视野。

2015 年，开始创业 3 年后，王翌加入清华企业家协会（TEEC），他看到在协会内部，校友们各有所长，互帮互助，他本人也受惠于此。2018 年，担任普林斯顿大学上海校友会会长期间，他负责组织新生校友面试，却找不到合适的场地。同是 TEEC 成员的杨忆风学长得知后，无偿出借他的办公室，解决了王翌的燃眉之急。对于王翌而言，TEEC 是一个温暖的大家庭，也是他坚强的后盾，支撑他在以科技驱动英语教育的创业之路上，越走越远。

冯菲：少儿英语，"道""术"共赢

贝乐教育集团首席执行官兼董事冯菲与英语的缘分，似乎有些"误打误撞"的味道。

1991 年，从小就是"学霸"的冯菲考入清华大学。选择专业时，同在清华的姐姐告诉她，清华除了英语是四年制，其他专业都是五年，学英语还"不用画图，不用下工厂"，于是，冯菲决定入读英语专业。

没想到，"不用下工厂"的英语系也并不轻松。"托福不是满分，都不好意思说自己考过。"在校期间，冯菲努力学习，以满分的成绩通过托福。1994 年，冯菲在图书馆啃了两个月干面包，备战 GRE。辛苦得到了回报，她最终以当年北京前十的分数考过了 GRE，提供辅导的培训机构还给她退了培训的全款，表示鼓励。

毕业后，冯菲被分配至一家有名的进出口公司，并被派往澳大利亚。仅仅一年多以后，公司就因为澳大利亚的生意不理想，要将当地的分部撤回。但冯菲没有跟着公司离开，过去的一年里，公司虽在国外，但她仍生活在以中国人为主的环境中，这次，她决定留在澳大利亚，真正感受当地的风土人情。

随后的近两年时间里，冯菲考取悉尼

大学时期的冯菲

大学 MBA，并在一家英国公司做总裁助理，度过了一段独自一人、半工半读的时光；也是这段辛苦的日子，为她此后的创业之路指明了方向。

攻读 MBA 期间，课程每周都有作业，或是 Case Study（案例分析），或是论文和 Presentation（展示）。这时候，"清华英语系学霸"的光环都不复存在。如何进行批判性思考、如何用英语形成自己的观点并论证、如何与团队合作完成项目等，这些能力，冯菲都要从头学起。她意识到，过往的教育方式能让她夯实基础，获得托福满分，却并未使她具备将英语作为语言工具的能力。

自此，她开始重新审视国内外的教育体系。"国内的基础教育体系更多的是教会孩子学习的'道'，而国外教授的是如何实现语言自如应用的'术'。"

她认为，这两种教育方式各有千秋，没有高下之分，"善'道'易'立身'，掌握学习方法建立完整的知识体系；善'术'易'立功'，能形成独树一帜的见解并立项阐述。"因此，她也开始思考，什么样的教育方式，能让孩子既受到中国基础教育影响，拥有系统、扎实的知识体系，又汲取国外素质教育的精华，培养批判性思维、演讲能力、善于挑战的品性等。

这样的认识基础，加上儿子的诞生，和身为小学校长的母亲的耳濡目染，促使冯菲进入少儿教育赛道——她希望，儿子和其他所有的孩子，能避免自己

冯菲（中）为第九届贝乐之星得主颁奖

当年走过的学习弯路。2008 年，她创立贝乐教育，希望能让中国的孩子们，一边汲取中国教育的优势，一边汲取国外教育的精华，"既有扎实的理论基础，又有向别人展示自己的能力"。

次年，贝乐教育的首个子品牌贝乐英语成立。作为一家以"浸入式英语"为教学法的少儿英语培训机构，贝乐英语以原版教材为载体，旨在科学培养孩子的语言能力、思维能力、核心领导力、个人品质和社会责任感，赋能孩子思维素养、核心能力的全面成长。

如今，贝乐英语在全国拥有 80 余家培训中心，服务超过 81000 个学员家庭。同时，贝乐不断进行模式创新，已从传统的线下模式，升级为线上、线下相结合的混合式教学模式。其推进的 OMO（线上线下融合）教学模式，不仅对少儿英语行业发挥引领作用，也为其他各行业的企业提供借鉴。

在冯菲看来，英语的本质是一门语言，是人类思维、交流的工具，是人类保存、传递、领会人类社会历史经验和科学、文化、艺术成就的文化载体。她希望，在教会孩子英语"学习之道"的同时，也能让他们像外国孩子一样，领悟语言的"应用之术"。而贝乐英语，就是她实现"道""术"共赢的途径。

建筑殿堂

　　曾经，从清华大学走出的建筑大师们，惊艳了中国一个世纪。踏着前辈的足迹，这个清华最具艺术气息的建筑学院是园子里的一股清流，培养出一代代优秀毕业生。他们在各自细分的领域里推陈出新，不断书写最好的自己，交出一件件完美的作品。

马清运：做一个伟大的建筑师

马清运自幼学画，爱琢磨，经常在想象着空间的构造时发呆。做裁缝的哥哥告诉他，衣服是人的第一层建筑，因为它也有形式、有空间、有功能要求——这是马清运对建筑的第一印象。

1983 年，马清运从陕西考入清华大学建筑系。初入清华园，他发现，这里和自己曾经生活过的地方都不相同。这种"不同"，是一种精致，来源于建筑的高质量——清华的一砖一瓦、一草一木，都有讲究。在这些古老而国际化的建筑面前，马清运甚至"感觉自己有点渺小"。

马清运

从小培养的绘画功底，帮助马清运掌握了建筑专业所需的基本技能。他保持着思考的习惯，经常以"理科生"的思维方式，琢磨建筑设计背后的规律。大三时，他开始大量阅读理论、历史方面的书籍，思维方式实现从工科到人文的转变。在看建筑、看书的过程中，日子一天天过去，他在清华园里萌发了对未来的期待——做一位伟大的建筑师。

1989 年，马清运来到美国宾夕法尼亚大学，攻读建筑学硕士学位。与中国不同的教育方式，带给马清运新的启发。在美国，建筑教育强调批判思维，注重理论体系的成立与自恰，每个人都要拿出论据，证明自己的观点，并用空间设计的物理方式呈现自己的想法。

"建筑行业要求人对自己的思想负责，因为建筑师的名字会和建筑挂钩。"马清运说，"这是一种非常高端的职业状态——作品外形不重要，重要的是它折射出来的建筑师的思想、行为。"

为了"自己掌握自己的思想"，1996 年，马清运在纽约创立美国马达建筑设计事务所；1999 年，他又在中国创立马达思班建筑设计事务所。创业伊始的很长一段时间里，囿于经济压力，马清运都没有雇佣员工，而是独自完成项目。这个时候，在清华打下的扎实基础发挥作用，各种工种，马清运都能上手。另一个难题是缺乏认可；他的应对方法是"诚实"。他总会坦率地告诉业主，自己是第一次做这个项目，但保证会全情投入且保持谨慎；很多业主都被他说服。

除了建筑师，马清运的另一重身份是教师。他曾先后担任宾夕法尼亚大学、哈佛大学、哥伦比亚大学、苏黎世工学院等多所欧美顶级院校的客座教授。2006年底，他应邀出任美国南加州大学建筑学院院长，成为第一位在国外院校任职的华人院长，并于同年创建美国中国学院（AAC）。

这种职业选择，与马清运对建筑的理解相符。他认为，建筑行业有双重产出，一是物理上的建筑作品，二是建筑知识和思考方式；而建筑的思维方式，能对各行各业产生影响。

马清运的影响，部分在TEEC得到了体现。2012年，在TEEC发起人邓锋的邀请下，马清运加入TEEC。建筑师和企业家的组织方式、工作习惯都不相同，甚至在某些方面背道而驰。因此，TEEC的建筑师会员很少；也正因此，邓锋相信，建筑师马清运可以为TEEC带来新的内容。

在和TEEC的校友企业家们互相交流、走访的过程中，马清运常被校友们刻苦创业、努力进取的精神所感染。每年TEEC的年会上，大家都会敞开心扉、卸下包袱，畅谈清华回忆，这让马清运感到放松。

如今的马清运有诸多荣誉加身：2001年，他作为申奥城市规划陈述专家，参与了2008年北京奥运会的申办工作；2007年、2008年，他连续两年受邀担任美国罗马学院奖评委；2009年至今，他担任洛杉矶市长城市发展建筑设计顾问，并受加州迪士尼总部邀请，担任迪士尼上海项目顾问；2010年，他被美国《商业周刊》评为全球"最具影响力的设计师"，是其中仅有的3个建筑师之一。此外，他还被誉为"建筑先锋""欧亚建筑新趋势代表人""最具影响力的设计师"……

马清运却觉得，自己正离"伟大的建筑师"这一目标越来越远。因为，在建筑行业深耕30年，他已对建筑的价值有了更深的理解，也因此有了更高的追求。在他看来，一个真正伟大的建筑，是经得起时间考验，并能让整个社会引以为傲的。此时，这个作品就成了"黏合剂"，让整个社会更加团结；而它带来的思考，能比建筑的生命还要绵长。

从过去、现在到将来，建筑师马清运要做的事一直没变——"做伟大的建筑"。

查金荣：做可传承的建筑，走可持续的道路

自 1990 年从清华大学建筑系毕业，查金荣就一直在建筑行业耕耘。30 年来，他脚踏实地，完成了百余个优质建筑项目，从启迪设计集团股份有限公司的建筑师，一步步成长为所长、副院长、院长，公司总裁、总设计师。

查金荣与建筑的缘分，可以追溯到 1985 年。那一年，他从苏州木渎中学被保送至清华大学，面临填报专业志愿的抉择。当时，这位对文科抱有兴趣的理科生并不了解建筑专业，只是模模糊糊觉得，建筑融汇文理，和自己的兴趣相符。

就这样，18 岁的查金荣来到清华大学建筑系，开启了大学生涯。在清华园求学的 5 年间，他参与众多实践项目——去四川峨眉山的金顶考察，没有索道，考察耗时一周，其中 3 天用来爬山，3 天用来下山；去安徽黄山的古建筑群考察，要全程步行，还得穿过蜿蜒曲折、罕有人迹的乡间小路。植物课也给他留下深刻印象。老师带着他们，把清华园里的每棵树、每朵花都认上一遍，告诉他们这是什么、应该种在哪里，然后又去北大、圆明园、颐和园认一遍。

这些经历，让查金荣发现了建筑的趣味。求学期间，每年回苏州老家，他都会把苏州的园林仔仔细细看上一遍。他逐渐确信，建筑是自己愿意从事一生的事业。

查金荣

如今，查金荣已在建筑行业工作 30 年，始终以"做可以传承的建筑"为己任，负责的内容从单纯的建筑设计，扩展到规划、园林、室内等各个领域。近年来，他和"启迪设计"的工作重心转向两个方面：一是响应政府号召的"特色田园乡村建设"；二是城市更新项目，如旧城、老厂房的改造。苏州的冯梦龙村就是前者的典型。从策划、设计到建造、运营，查金荣和团队一步一步挖掘出村落的亮点，并用文化产业赋能。

冯梦龙村原本是一个没有特色的自然村落。但查金荣和团队经过考证，发现此村是明末文学家冯梦龙的出生地。于是，他们围绕"冯梦龙"，对村落展开一系列建设工作，包括恢复冯梦龙的故居、建造冯梦龙纪念馆，并根据冯梦龙著作中的故事场景打造特色建筑。

为了让这种"更新"变得可持续，让村落真正焕发新生，查金荣和团队还结合村落特点，设计出一套独特的文化产业发展模式：农、文、旅结合。"农"是建设水果采摘基地，"文"是挖掘文化内涵，"旅"是设计旅游线路。经此设计，冯梦龙村的经济效益得以提高，成为乡村振兴的一个典范。

另一个工作重心，在于城市更新、城市再生。查金荣注意到，现在很多建筑的利用率不高，比如不少体育场馆，在开完运动会后就荒废了；还有高铁站、飞机场，越建越大、越来越远离城市，能耗高的同时，也不便于人们使用。

针对这些现状，查金荣与团队会为城市做"体检"，检测建筑能耗，再根据检测的结果，提出节能改造的方案，达到"碳中和"。手段很多，有的建筑要做好保温、遮阳，有的可以利用清洁能源。

这些项目，只是查金荣和他所在的"启迪设计"理念的一个缩影。前身为创建于 1953 年的苏州市建筑设计研究院的"启迪设计"，始终秉持"传承历史、融筑未来"的使命，一边继续弘扬中华优秀传统文化，一边坚持走创新之路，不断创新业务类型、专业技术与商业模式。

"我们所有的技术、科研，都是围绕'人居'来做的，是为人的生存、居住、工作提供更好环境，而非单纯为建筑本身。"查金荣表示。对"节能减排"、可持续发展的倡导，最终也回归到"人"——为了让子孙后代也能生活在一个良好的环境之中。

这种社会责任感，部分来自于清华的熏陶。"清华人有一种家国情怀。"查金荣说。

毕业 30 年，查金荣从未与母校断过联系——公司引进了一大批清华校友，学校领导也常来公司交流指导。近几年，查金荣还在 TEEC、苏州清华企业家商会等校友组织担任领导职务，每周都有校友交流活动。

清华大学优良的体育传统，他也一直保持到现在。学生时期的查金荣喜欢跑步、打网球，工作后，他坚持每周跑步三四次，每次六七公里。就连出差，他都会带上跑鞋，在他热爱的林立建筑之间，在他注目的城市中奔跑。

朱儁夫：酷爱足球的设计师

在设计院里长大的朱儁夫，打小就对建筑设计感兴趣。对年幼的他来说，把自己画的图纸变成现实中的建筑，是一件很"酷"的事。但在他成长的20世纪八九十年代，中国还没有进行大规模建设，设计一幢楼，是少有的、值得珍惜的宝贵机会。1992年，朱儁夫考入清华大学建筑系，进一步接近了自己喜欢的建筑设计。

如他的设想一样，清华是一个学风严谨、师生水平高的地方。他形容，在清华的5年，是"不断被激励、不断努力奋进"的5年。5年间，于他最为意义重大的，是练好了扎实的基本功。他回忆，清华建筑学教育强调手画图，要求用钢笔、水彩等传统的手段表现建筑。至今，朱儁夫仍受益于此，在工作中依然坚持手绘草图。

朱儁夫（图左）

朱儁夫（图右）

随着在建筑领域的深入，朱傧夫对世界现代建筑的设计思路、前沿发展愈发好奇。1997 年，从清华毕业后，他选择赴美留学。

他还记得，离开北京的那日，天是灰蒙蒙的。长途飞行之后，飞机在美国波士顿的夜空中降落。透过舷窗，朱傧夫看到，地面灯火辉煌，就像燃烧的灰烬。汉考克大厦这些著名的、曾经只在课堂幻灯片上出现的建筑，如今就这样直接地矗立在他眼前，带给他巨大的视觉冲击。

2000 年，朱傧夫获得美国麻省理工学院建筑、城市设计硕士学位，进入美国波士顿斯塔宾建筑事务所工作。没过多久，他就遇到了职业生涯的关键转折点——威尼斯酒店二期项目。

当时，他的老板是该项目一期的主持设计师。由于美国正处于经济危机，公司对于该项目的二期并未抱太大希望；为了节省成本，仅安排了朱傧夫一个人开展二期设计的前期策划工作，研究甲方设计要求的可行性，试着研究相应方案。朱傧夫在对项目进行详尽分析后，拿出了清华建筑系的"传统武器"——亲手绘制了全部的效果图、平面图和立面图，并手工制作了设计模型。由于朱傧夫设计的原则是经济、实用、高效、美观，与甲方的想法不谋而合，使得汇报大获成功，帮助事务所拿下了项目。也正是因为签下了二期项目的大额设计合同，让事务所在"9·11"事件后的萧条裁员潮中存活了下来。

项目共持续了 3 年，朱傧夫因其对西洋建筑的深入研究，获得了同事和上级的认可，正式成了二期项目的负责人。2003 年，因二期项目取得的优异成果，朱傧夫被任命为高级副总裁。这意味着，还不到 30 岁，他就成了美国著名建筑事务所有史以来最年轻的合伙人。

主持这一项目的经历，也改变了朱傧夫对建筑设计的看法。威尼斯酒店要容纳超过两万名员工与每日五万余名的使用者，对内部结构、细节提出极高要求。在学校学习建筑时，他更关注如何让建筑变得更漂亮，现在他意识到，建筑很"实际"，大量复杂的东西，藏在建筑里人们看不见的地方，而建筑设计，"要回到地面"。

2005 年，朱傧夫收到时任清华大学校长的王大中先生的邀请，参与研究"清华大学百年校庆规划"，他毅然辞职回到国内，创立了"波士顿国际设计（Boston International Design Group，BIDG）"。

在建筑行当从业多年，朱傧夫认为，设计行业的变化非常之快，在保持产品创新性的同时，保证其经济性与合理性，并非易事，所以设计师要不断突破自我。

他持续关注的"城市再复兴"，始终在进行创新和突破的探索。随着经济的飞速发展，在一些拥有深厚历史文化沉淀的城市中，"很多重要的东西消失了"，朱俦夫要做的，就是恢复这些历史遗迹、振兴这些古老名城。他也承认，这项工作复杂、烦琐，需要耐心，但意义非凡。至今，他和团队已经完成了北京前门东区、西区大规划，上海黄浦露香园历史文化街区保护与改造，上海徐汇龙华历史风貌区保护与改造，宁波南塘老街历史文化街区保护与改造、杭州南山路历史文化街区提升改造，杭州湖滨步行街区提升改造等项目。

同时，朱俦夫和团队对北京城市历史做了系统的研究，历史上的北京城水系丰富，大运河可以一直通到积水潭，有运粮船行驶而来；可如今，这些水系都已消失，北京也面临水资源短缺的问题。近些年来，朱俦夫和团队在北京玉河、北京三里河水系的恢复及提升工作中也下了大功夫，希望能有依据地恢复历史古迹，辐射带动周边地区。现在的玉河、三里河已经成为北京内城非常难得的滨水公共公园。

从留在波士顿工作时算起，朱俦夫已在建筑行业深耕 20 年。除了建筑，他从没想过从事其他行业；他的目标，也一直没变——当一名好的建筑设计师，用建筑解决复杂的社会问题。

除了设计，朱俦夫还酷爱踢足球，践行着"无体育不清华"的优良传统。每周六他都和前国家队队员和现役队员一起踢球，风雨无阻。他在足球场上司职后腰，跑动范围广，上下能力强，控球稳，传球准，在全部由专业足球队员组成的波士顿足球队里始终稳定地保持中场位置。2015 年，中超南北明星对抗赛在清华大学举行，朱俦夫代表南方明星队首发出场，司职后腰，在球场上展示了良好的足球意识和大局观。朱俦夫是比较少见的在学生球员中踢法接近专业水准的球员，更是一名坚持锻炼，保持健康生活态度的设计师。

王晓鲁：科技赋能，做未来的办公室

2000 年，王晓鲁考入清华大学热能与动力工程专业。硕士毕业以后，他去法国工程师学院攻读 MBA；先后在法国钢铁制造集团 Arcelor Mittal、美国剑桥能源研究所、中国复星能源集团等公司从事战略咨询、投资等工作。

这位工科生具有天生的冒险精神，热衷挑战自我，最喜欢的运动是帆船。对

王晓鲁

他而言，问题不在于是否创业，而在于选择哪条赛道创业。2011年，王晓鲁创办了自己的第一家公司，做的业务在老本行——新能源领域；最终，公司在2014年被收购。这以后，王晓鲁和团队持续观察行业，一直等待新的创业机会。

一年之后，机会来了。彼时，提供共享办公服务的美国公司WeWork风头正劲。而在中国，房地产适逢从增量市场变为存量市场的拐点，高速发展的技术早已赋能衣、食、行等传统行业，但还未给房地产带来颠覆性的改变。与此同时，办公的主力群体逐渐转为年轻的"80后""90后"。王晓鲁敏锐地捕捉到办公空间、办公服务行业的需求缺口，他等待的那个"改变行业的机会"终于到来了。

2015年5月，王晓鲁创办了梦想加公司，提供共享办公空间，专注科技办公体验。相对成熟的创业团队、办公空间市场的巨大潜力、科技赋能传统行业的新颖理念，让梦想加获得投资人的青睐，很快就拿到了100万美元投资；投资人之一，便是王晓鲁的清华校友、英诺天使基金创始人也是TEEC成员的李竹。

当年9月，怀着忐忑的心情，梦想加发布了公司史上第一篇公众号文章《梦想的开篇》，描述了空间、功能、理念等种种设想。文章末尾，留有一个转接到王晓鲁个人手机的客服电话。文章刚发出，就不断有人打来电话问询。那天，他足足接了八九个小时的电话，一直到晚上10点多还不断有咨询办公空间的电话打进来。

对团队而言，这无疑是一个巨大的鼓舞。可相伴而生的，还有巨大的压力。

2015年10月初，正是很多企业约定入驻梦想加的时间，但因一些不可抗力，梦想加的空间并未完全改造完成。开业前最后一个礼拜，王晓鲁带着全公司同事进入场地，一天24小时地连轴转，搬运东西、组装桌椅、清扫垃圾、布置摆场，甚至穿网线。有客户提前一天来看场地，现场还一片狼藉，不禁心生忧虑，但等他按约再来时，空间已焕然一新。这正是王晓鲁和团队鏖战了几个通宵的成果。

王晓鲁在梦想加 4 周年活动上

如今，梦想加已经走过 6 年。回望创业的路途，快乐似乎总是短暂的。"创业是苦难的，这些困难决定了一个公司的边界。"王晓鲁说："大多数人到达边界以后，会因为痛苦而被反弹回来；只有接受痛苦，越过边界，才能寻得更大的快乐。"他将创业比作打游戏——如果你遇到一个厉害的老板，那说明你正行走在正确的道路上。

梦想加便走出了一条正确的路。自诞生时起，梦想加就强调科技的价值，自主研发的"OaaS（Office as a Service，办公即服务）"体系，大大提升了用户的办公体验，打破同行租房—装修—高价转租的"二房东"模式。如今，梦想加已在全国 6 个城市运营 50 余个办公空间，管理面积超过 35 万平方米，自主研发的智能体系管理面积超 100 万平方米。

和很多创业者一样，王晓鲁是个乐观派。他相信，困难能为真正好的创业团队提供发展机遇。他同时承认，创业不易，如起起伏伏的过山车，支撑他坚持下来的原动力，是"热爱"——对生活的热爱，和对自己从事行业的热爱。

在清华和法国的学习经历，持续为王晓鲁的"热爱"提供助力。理性与感性、工科与商业、东方与西方的碰撞、融合，不断给予王晓鲁全新的启发。在清华掌握的学习能力，让开拓创新事业的王晓鲁得以不断吸收新的知识；清华

"行胜于言"的校风也让梦想加踏踏实实做产品，一步一个脚印，走得扎实。

2017年，在英诺天使基金的李竹、A8音乐的刘晓松等校友推荐下，王晓鲁加入清华企业家协会（TEEC）。在协会组织的企业走访、文体等各类活动中，王晓鲁与清华的企业家校友们不断交流，获得很多有益的建议；学长学姐们的社会责任感和互助助人的氛围，也让他深受感动。

清华"争取为祖国至少健康工作50年"的理念，同样对王晓鲁产生巨大影响。他要求团队养成运动习惯，不光是为锻炼身体，也为培养运动的精神——拼搏、自律、坚持、团队协作、勇敢面对挑战。"体育精神就是创业精神。"王晓鲁说："争取冠军头衔的过程，跟创业很像，到达一个里程碑以后，再出发前往下一个里程碑。"

刘颖：建筑行业与公益事业中的务实者

忆及当年选择土木工程系的原因，刘颖提到一个词：务实。1981年，刚刚考入清华大学的刘颖，因为看重土木工程的"实在"与"看得见摸得着"，而推开了建筑行业的大门。此后，作为建筑从业者，她从一个不自信的新手，逐渐成长为独当一面的董事长，带领公司实现改制及业务转型；作为热心公益的政协委员、人大常委会委员，她又关注县医院建设及进城务工家庭的困境……这40年间，不论以何种身份出现，刘颖始终贯彻着"务实"一词。

1989年新基石设计所的清华人（前排居中为刘颖）

刘颖，摄于 2008 年新基石成立 20 周年

故事要从刘颖自清华毕业后说起。1986 年，她进入贵州省城乡规划设计院工作。刚入行时，面对着课本知识到实际应用的转变，刘颖很不适应。有一段时间，刘颖失去了自信。

但在清华园里培养的学习习惯与能力解救了她。为了搞懂手头的工作，她坚持每天看书，虚心接受前辈的指点。两三年后，工作逐渐得心应手，自信也随之而来：刘颖开始坚信，她拥有能力，不管去到哪个行业、哪个单位，都能做到出色。为了证明这一点，1988 年，她辞去公职，加入刚成立的贵州新基石设计研究所。

后来的经历证明，她的自信有根有据。1991 年，设计所濒临倒闭，刘颖于一年后接手，并带领其在 2001 年改制为有限责任公司，在 2004 年成功升甲，成为贵州第一家民营建筑设计甲级公司。

2008 年，金融危机来临。刘颖开始思考，公司应该何去何从。首先是对形势的判断：她认为，政府投资会流向医疗、教育等民生领域。其次是她内心的追求：从业二十余年，刘颖觉得，房地产是完全的商业，可以挣到钱；但做医疗养老，除了收益，还能为社会创造更大的价值。

于是，刘颖和新基石开始专注于医疗、养老规划设计。医院是最复杂的建筑，不同的功能分区，对技术有完全不同的要求。最简单的例子是做手术：病人如何进入手术室、如何被麻醉，又如何复苏，医疗垃圾如何运出、净化，还有医院里各类人员、物资对建筑的需求，都是建筑设计阶段需要考虑的环节。

务实的刘颖，通过扎实的学习、调研、思考，成了这方面的专家，她带领团队成功设计了 100 余家医院。黔东南州人民医院就出自她和团队之手。几年前，卫生部的一位领导视察时，感慨道："没想到在贵州黔东南州，会有这么好的医院。"

至于养老项目，从技术上来说，要比医疗简单，但也有不少需要注意的独特细节，刘颖对此熟门熟路。比如开关和通风：老年人的动作准确性更差，适合老人使用的开关，会比年轻人的更大；老人的身体容易散发异味，这对房间的通风状况提出更高的要求。生理之外，还有心理需求：老年人害怕孤独，所以应该营造公共空间，供老人社交。凭借在该领域的建树，刘颖被贵州省发改委聘为医疗养老项目的评审专家。

专业之外，刘颖在社会责任的担当上，也恪守"务实"二字。2006 年至 2012 年，她担任贵州省两届政协委员，并于 2013 年当选为贵州省人大常委会委员。她长期关注并形成提案的两个话题，一是加大对县级医院建设的支持——这与她的工作经历相关；二是帮助进城务工家庭更好地融入城市。2021 年，新基石还联合北京的一家国际学校，成立助学基金，为贫困的孩子缴纳学费、提供早餐。

时至今日，刘颖仍感念于清华对她的影响。2018 年，她在回校的分享会上，告诫学弟学妹们，未来走出校园、踏入社会，要放下清华的优越感，但不能放下清华"自强不息，厚德载物"的精神。自强不息容易理解，而刘颖心中的"厚德载物"，是指像大地一样深厚，成功、失败都能承载——就像务实的她做的那样。

创投风云篇：走出洪荒年代

拓荒者们

回望中国创投历史，总绕不开这一群清华学子的身影。

20世纪八九十年代，随着各种商业形态的涌入和兴起，创业投资又称风险投资（Venture Capital，VC）在中国初现萌芽，国际投资巨头进入中国，随后中国本土创投悄悄崛起。

于是，一批市场化的创投先行军诞生了，他们敏锐地察觉到了时代正在孕育的机会，率先打开一扇门。而在他们之间，浮现着一大批清华学子的身影，一道走过洪荒时代的艰辛，成为中国创投圈的拓荒者。

正是这样的一群清华人，投身到中国的创新事业里，与那些锐意进取的创业者们一路同行。水木清华，传来阵阵回响。

1

1993 年被普遍视为中国创投行业的起点。那一年，IDG 在上海建立了第一家风投公司，熊晓鸽担任第一任总经理。起初，IDG 创始人麦戈文想在中国找一批至少 10 年以上基金管理经验的人员。然而，在创投行业刚刚起步的中国，难度可想而知。一年多寻觅未果后，熊晓鸽说服了麦戈文，决定自己组建 IDGVC 的本土化团队。而首先加入的，正是毕业于清华大学计算机系的林栋梁。

林栋梁是安徽阜阳人，中小学的大部分时间他都在那里度过。1979 年，命运的转折点悄然而至，林栋梁考取了清华大学计算机软件专业，这是父亲为他选的，代表着未来的方向，尽管当时他们对于什么是软件都是一头雾水。1984 年，林栋梁考入清华经济管理学院研究生班，那是经管学院建院的第一年，朱镕基是第一任院长。

毕业后，林栋梁被分配到国务院发展研究中心，研究经济政策。1992 年，他又作为访问学者在美国花旗银行所属的一个公司工作了一年。这是在 IDG 资本之前，林栋梁的轨迹。1993 年，林栋梁回到北京，一个偶然的机会，他得知 IDG 与科协打算一起成立基金，正好朋友希望他能从中帮忙，他由此结识了熊晓鸽和周全。

林栋梁

第二年，林栋梁被熊晓鸽和周全的诚意打动，加入 IDG 资本，正式开启了投资生涯，并成长为 IDG 资本的第四位合伙人。他起初负责互联网技术领域的投资，后来专注于新能源、新材料。二十多年的时间，林栋梁代表 IDG 资本投资了不少项目，如搜房、网龙、朗新科技、云测等，这其中也不乏清华校友的企业。

朗新科技创始人徐长军 1989 年毕业于清华大学应用数学系，1996 年下海创业，并在 2000 年时拿到了高盛、英特尔的投资。那时国内接受海外资本的企业非常少，并不熟悉规则的朗新科技由于对赌协议的失败，被迫把公司卖给高盛，转手给了以色列一家名叫 Amdocs 的公司。

被收购后的朗新科技发展并不理想，到了 2010 年，徐长军和管理团队想要把公司买回来，急需资金的他找到了林栋梁。IDG 资本经过认真研究，认为公司在电信和电力行业软件和服务方向仍有非常好的发展机会，投资支持了管理团队对公司回购，并与管理团队约定，达成一定业绩目标后，公司可以由管理层来控股。徐长军曾这样评价林栋梁："他话不多，但是看问题很犀利，而且为人坦率、诚恳。作为投资人，注重长远而不是眼前。"朗新科技 2017 年在国内创业板上市，目前是能源数字化和能源互联网服务的领先企业。

1998 年 10 月，周鸿祎成立了国风因特软件有限公司。很快，一个用于中文域名指引的客户端产品并发出来，这就是当时红极一时的 3721，此时公司的启动资金告罄，周鸿祎急需寻找投资者，终于在四处碰壁后遇到林栋梁。

当时林栋梁尽管并没有完全看懂周鸿祎的商业模式，但还是在 1999 年 6 月给 3721 投资了 25 万美元的种子资金。2000 年，3721 进行了第二轮融资，获得万通投资集团、IDGVC 以及欧洲 CIV 三家共 200 多万美元的风险投资；2002 年，3721 获得集富资本 1000 万美元的第三轮投资；2003 年，周鸿祎将 3721 以 1.2 亿美元的价格卖给了雅虎。这算是最早的一个以并购的形式退出的案例。

彼时，创投正是一个冉冉升起的朝阳行业。正在清华大学读研的倪正东还没接触过创投，精力充沛的他，在 1997 年和几十位清华同学一起创办了清华科技创业者协会（清华创协）。1998 年，清华创协发起了亚洲第一个大学生创业计划竞赛——清华大学创业计划大赛；1999 年，在清华大学、教育部和共青团中央的共同推动下，创业计划大赛成了全国的"挑战杯"大学生创业计划竞赛。

2000 年，倪正东成了清华经管学院第一位休学创业的博士生。年仅 25 岁的他和几位同学在清华校园创办了清科，开始琢磨为新兴的创投行业提供各种服务。那个时候，或许连他自己也无法想象，20年后中国的创投行业会像现在这样庞大。

回到20世纪末那个时间节点，一切才刚刚开始。一批批走出清华校园的人，开始登上中国创投历史的舞台。

2

翻开中国早期投资的历史，可以看到一位标志性人物——杨向阳。他是安徽阜阳人，1980年考入清华大学应用数学系，本硕皆毕业于清华，是中国最早一批天使投资人。身高180cm，爱打篮球，性格豪爽，熟悉杨向阳的朋友，都亲切地称呼他为"大阳"。

杨向阳

1987年，杨向阳从清华毕业后选择南下，进入深圳大学任教。彼时深圳作为改革开放前沿阵地，商业氛围浓烈，新生事物如雨后春笋般冒出。杨向阳很爱尝试新鲜事物，当时人民银行深圳分行批准深圳发展银行首次以公募方式发行股票，他拿出攒下的2000元买了原始股，数年后变成了100多万。目睹着深圳日新月异的发展速度，1992年，杨向阳从深圳大学离职下海。

勇于冒险的杨向阳，在此后几年里接触了各种各样的生意，他曾去贵州开铜矿、在陕北采石油，见证了中国经济蓬勃发展。虽然赚了不少钱，

杨向阳（右二，摄于2004年）

但杨向阳的内心还是希望做一些更具科技含量的事情。梳理一番后，他选择了生物医药，随后创办源政药业。

在那个赚钱容易的年代，生物医药已经是十分前沿的领域。当时杨向阳意识到，国内做仿制药基本靠宣传营销，而真正的创新药十分匮乏。于是他与清华大学组建了一家生物医药公司，也由此开启了天使投资生涯。从2000年起，杨向阳常常带着资金去到美国，寻找生物医药领域的华人科学家。

同一时期，互联网造富神话涌现，国内天使投资人大多在投互联网，但杨向阳却甘愿在当时看来十分冷门且风险极高的领域深扎下来，并且做得津津有味。第一个 10 年里，他创办并投资了十多家生物医药、健康医疗等领域的高科技企业，例如世界第一个肿瘤基因治疗新药赛百诺、全球产销规模最大的肝素钠原料药生产商海普瑞、干细胞临床治疗研究世界领先的北科生物等等。

转眼到了 2011 年，杨向阳决定给自己的天使投资转型，做点新东西，他思考着中国未来 10 年需要什么，最终选择了"中国创造"方向，出手光峰科技等一批智能制造公司。一如过去 20 年，杨向阳至今依然没有自己的基金，只做个人天使投资，只投向中国创造，这样的风格在中国早期投资江湖里独树一帜。

杨向阳和 TEEC 的渊源久远。在清华校园时期，杨向阳曾担任系团委书记，毕业后仍跟很多清华校友保持着密切联系。2011 年 5 月，他当选 TEEC 新一任主席。

当初接到 TEEC 主席的任命后，杨向阳曾表示，他需要两年的时间，把想要做的事情铺垫好。于是，杨向阳带队着手完善 TEEC 架构机制，开始建立理事会，也是他首次提出 TEEC 是一个"兄弟会"，大家要团结在一起。

这里有一段插曲。担任 TEEC 主席期间，杨向阳生了一场重病。在休养的那段日子里，他几乎谢绝了一切外界活动，但仍会参加 TEEC 的活动。曾有校友心疼劝他："大阳先好好休养，活动先不用来了。"但杨向阳拒绝："我把大家召集在一起，总不能不管了，现在除了看病和 TEEC，其他我都不管了。"这一番话至今仍常常被 TEEC 成员提起。

后来，杨向阳虽然卸任了 TEEC 主席，但依然关心 TEEC 的发展。他曾多次建议要警惕 TEEC 老龄化问题，希望培养更多年轻人传承下去。经过多方的努力，TEEC 后来有了青创会员。时至今日，杨向阳依然常常出现在 TEEC 的活动里，在学弟学妹的印象中，大阳一直就像一位自家的老大哥。

3

在深圳，还有一位和杨向阳一样被视为中国早期投资标志性人物——刘晓松。

刘晓松比杨向阳小 3 岁，1965 年出生，籍贯江苏，但他出生于贵州省晴隆县，父亲从北大经济系毕业后被分配到这里当乡村教师。刘晓松先后在湖南大学、中国电力科学院求学，1991 年考入了清华大学电机专业念博士，在清华唐统一教授门下，一心钻研科学技术，自此开始了他与清华 20 余年的不解之缘。

刘晓松

读博期间，刘晓松机缘巧合来到了深圳。彼时深圳到处生机勃勃，整个城市飞速发展的氛围深深感染了他。"我走过那么多地方，能跟深圳相提并论的只有硅谷。非常幸运来到深圳，这是全中国最适合创新创业的地方。"他感慨道。

在深圳，刘晓松捕捉到了腾讯，这是他早年间最著名的投资案例，也是中国风险投资史上近乎传奇的一笔投资。

时间回到 1999 年 2 月，马化腾抱着试试看的心态令 OICQ 上线，谁也不会想到，仅仅 9 个月的时间，OICQ 用户就突破百万；不到 1 年，用户暴增至 500 万。伴随不断增加的庞大用户群，OICQ 需要更多的服务器去支撑，但此时腾讯公司账面现金紧张，急需找到资金支持。

腾讯五虎（马化腾、张志东、曾李青、许晨晔、陈一丹）先是薪水减半，接着自掏腰包，但都是杯水车薪。马化腾四处找钱，甚至找人收购腾讯，但价格都太低，于是，曾李青向马化腾提议，换一批人谈谈。

他是这样说服马化腾的："现在要去找一些更疯狂的人，他们要的不是一家现在就赚钱的公司，而是未来能赚大钱的公司，他们不从眼前的利润中获取利益，而是通过上市或再出售，在资本市场上去套利。他们管这个叫 VC（Venture Capital，创业投资）。"这是马化腾团队第一次听到创业投资这个名词。

于是，曾李青找到了刘晓松。在看过 OICQ 的数据并得知合伙人就是那位大牛马化腾后，刘晓松同意按腾讯开的条件投资，50 万元占股 20%。不过在后期融资时，为解除投资人关于创始人股份过多稀释的担忧、尽快引进资金，刘晓松同意将其投资改为 10 万元占股 5%，并陪伴腾讯度过了最困难的创业阶段。据了解，在 2004 年腾讯的上市招股书上，刘晓松的身份为腾讯联合创始人之一。

这位清华人的成绩当然没有止步于腾讯。2000 年，刘晓松创办了 A8 音乐集团，这家公司于 2008 年 6 月在香港主板上市，成为中国首只以音乐概念股上市的国家高新技术企业。2012 年 5 月，A8 音乐作为 LP，刘晓松与苏蔚、董占斌三人一起成立了青松基金——这是中国最早的机构天使基金之一。如今，青松基金共管理 6 支基金，总额超 30 亿元人民币，投出了 HomeFacial Pro、掌门教育、啪啪三国、狼人杀、小胖熊、飞步科技等近 200 家企业。

除了杨向阳、刘晓松以外，早期投资圈中的英诺天使基金创始人李竹也是清华校友。李竹于 1989 年毕业于清华大学计算机系，他给英诺天使基金的定位是——清华里的天使基金，天使基金里的清华。

李竹是一位连续创业者，也是对创始人有同理心的天使投资人，对创始人不遗余力地给予帮助。李竹和校友们参与了饭否、美团的早期投资，他投资的游族网络、德生科技等企业也先后上市。

在李竹眼中，对他影响最深的老师便是清华的罗建北教授，她主导了清华科技园孵化器的建设，帮助过中文在线、昆仑万维和慧点科技等著名清华系创业公司，在清华创业和创新生态圈里有很高的威望。刚毕业时，李竹和 4 位校友创办了一家数据库软件公司，在罗建北的邀请和劝说下，这家公司在 1996 年并入清华同方。

李竹（右三）创业时期留影

2011 年，清华百年校庆时，在时任清华校友总会秘书长郭樑的建议下，清华校友总会成立了第一个专委会——互联网与新媒体（TMT）专委会，正在二次创业的李竹成为创始会长。这个专委会成立的初衷就是帮助校友创业，集合了一大批清华系互联网的创业者和投资人。李竹发现，创业者最需要的是第一笔启动资金，于是在 2013 年发起设立了英诺天使基金，帮助和支持了一批清华校友创立企业，这些企业都已经成长为独角兽或者准独角兽，例如：智行者、阿丘科技、英视睿达、厨芯、京微齐力、RealAI、一径科技、零犀科技、梦想加、柠檬微趣、青禾晶元、华慧科技、必示科技、云储等，其中不少创始人都在李竹的推荐下加入了 TEEC 大家庭。李竹也是"清华校友三创大赛"的主要发起人之一，三创大赛每年吸引近千个校友创业项目。

英诺天使的合伙人，如林森、祝晓成、刘怀宇等也都是清华校友，深受清华体系帮助的李竹明白，清华生态圈有很多创新者，通过校友帮校友，就是一个天然的连接。

4

1999 年，孙正义带领软银集团进入中国，接连设立了 3 支基金。其中，2000 年成立的软银中国创业投资有限公司（软银中国）吸引了一位清华人的加入——宋安澜。

宋安澜是恢复高考后的首批高考状元之一。1977 年，他以浙江省第一名的成绩考入了清华大学自动化专业，先后获得了该专业的本科和硕士学位，后又

宋安澜

攻读了经济管理学院的博士。1988年，宋安澜赴美深造，在美国康涅狄格大学一边任教，一边攻读博士后。3年之后，他成了该校电机系的助理教授，直到1995年回国。

回国后，宋安澜先是带着信息通信技术公司UT斯达康闯荡中国市场，2000年，一个完全不同于以往的新机会来临——创投，他加盟了软银中国，从技术型人才转变为投资人。实际上，软银中国基金最初就是由软银和UT斯达康合作设立，由双方共同出资，软银占90%，UT斯达康占10%。

软银在中国最知名的投资案例当属阿里巴巴。马云与孙正义会面投资的故事，已经被媒体赋予了诸多传奇色彩。其实，投资阿里巴巴的第一笔1800万美元是软银中国基金投资的，马云和孙正义的会面也是软银中国安排的。作为占基金18%的一笔大投资，宋安澜和薛村禾、华平3位软银中国的创始合伙人对阿里巴巴作了仔细的尽调，并隆重推荐给软银总部。投资后，软银中国和阿里巴巴更紧密地协同，后来软银中国在2003年马云创建淘宝时，再度投资。

1984年，现任同创伟业管理合伙人的丁宝玉考入了清华大学化学化工系。他是安徽铜陵人，与杨向阳、林栋梁都是安徽老乡。1991年从清华硕士毕业后，丁宝玉的第一份工作落脚在了深圳康泰生物，一路从基层成为公司骨干。直至1997年，他离开康泰，开始了创投事业。

经管学院博士生和导师，左起：宋安澜、宋逢明、周小川、郑维敏、陈剑

这里有一段小插曲，20 世纪 90 年代，深圳市科技局随国家科技部一同去美国调研风险投资，回国后形成一个结论：风险投资是高科技的助推器，这件事对国家发展高科技非常有必要，深圳作为特区，要先行先试。于是，深圳开始搭建自己的风险投资体系。

1994 年 12 月，深圳市高新投成立，这是由深圳市发改委、科技局、经发局 3 个机构联合成立的为高科技企业融资作担保的公司。1997 年，深圳市的风险投资体系继续完善，成立了第二家相关机构——深圳市国成科技投资公司（简称"国成投资"），这是深圳市第一家风险投资公司，成立时间早于深创投，也是丁宝玉入行创投的第一站。

清华毕业、在生物公司里摸爬滚打过，丁宝玉很符合国成投资的招聘标准，他在那里一路从投资经理、高级投资经理，做到总经理助理，再做到副总。2007 年他加入了同创伟业。同创伟业是中国第一批按市场化运作设立的本土创投机构之一，那时在创业板的召唤下，大量本土创投机构应运而生。

江西都昌人陈文正，在清华完成本硕学业后，选择了到深圳工作。起初陈文正在深圳市科委属下的企业从事技术引进及科技成果转化工作。1996 年他受聘任主营业务为热缩材料研发生产的长园集团副总经理。1998 年陈文正进入深圳高新投集团，为科技企业提供贷款担保服务，首创用投资方式进行担保救济案例，自此也开始了从单个科技企业经营管理向为众多科技企业提供金融服务的职业转变。

2001 年，陈文正加入了深圳创新投资集团。2001 年至 2015 年期间，他历任苏州基金总经理和江苏区域负责人、基金管理总部总经理、投资决策委员会

陈文正

秘书长、集团副总裁等职位，是深圳创新投资集团政府引导基金模式的重要实践者。如今，陈文正担任前海母基金执行合伙人及前海方舟资产管理公司总裁职位。

回看 1998 年至 2000 年期间，中国互联网经历了第一次浪潮，第一批最重要的互联网公司几乎全部诞生在这几年：搜狐、新浪、网易、百度、腾讯、阿里巴巴……这既是中国互联网伟大而光荣的时期，也造就了初代投资人的高光时刻。

一个事情的从无到有，往往伴随着荆棘丛生，是拓荒者们踏出了一条路。而在创投的舞台上，来自清华的学子，宛若璀璨群星。那一个个名字，早已被写进中国创投的史册。聚是一团火，散作满天星，他们走出清华校园，闪耀在中国创投的历史长河里。

那些流金岁月

这是中国创投激情燃烧的 5 年。

从 2005 年开始，中国创投行业翻开了新的一页：他们目睹美元顶级 VC 浩浩荡荡入华，一批影响深远的美元基金如雨后春笋般诞生，当时恐怕没人能想到日后他们的投资几乎包揽了所有中国互联网巨头；也亲历了 2009 年创业板开闸的历史性时刻，中国本土创投终于等来退出大丰收，人民币基金从此强势崛起。

中国创投史上，一个群星闪耀的时代拉开了帷幕。在那个 Copy to China 的年代，正是最早一批清华学子将当时硅谷先进的风投经验和视野带回国内，推动中国创投从蛮荒步入了正轨。

1

2004 年的夏天，一封赴华考察征集函在硅谷和华尔街被广泛传阅。

那一年 6 月，硅谷银行组织了包括红杉资本、凯雷、红点、经纬创投、NEA、KPCB、DCM 等 24 家美国知名风投团队前来中国考察。机缘巧合的是，考察团中正好有此前投资过邓锋的投资人，他们邀请邓锋一起到中国看一看。

邓锋出身于清华大学无线电系，在清华度过了本科和硕士生涯后赴美留学。2004 年，他创立的 NetScreen 被 Juniper Networks 以 42 亿美元并购后，轰动一时。这位昔日清华学霸本可以在创业成功后悠闲地选择未来的人生：成为一名科学家，或者去一家硅谷公司做一名职业经理人，就像 Google 的埃里克·施密特。这一次载入史册的考察，让邓锋的命运发生了改变。

这群美国的创投大佬们只是去了当时刚刚起步的中关村还有长城，创业这个词在中国还比较陌生。在邓锋印象里，那次考察确实没有看到什么和创业投资直接相关的东西，但是考察团的每一个人都对中国巨大的市场产生了兴趣。经此一行，风险投资的种子已经埋下，各大硅谷投资机构回去后便开始谋划如何在中国落脚。

而拥有美国创业公司经验，深谙资本市场运作，又有中国背景，邓锋无疑

2009 年 TEEC 年会留影，左起：陈大同、邓锋

成为美国风投眼中的合适人选。当时，摆在邓锋面前有 3 条路：第一，接受美国风投公司的邀请，做其中国区首席代表；第二，做一家美国品牌风投公司的中国合伙人；第三，从零开始创立一个风投品牌，二次创业。

据悉，第一个找上门来的是红杉资本，红杉希望邓锋能做红杉中国的合伙人，但邓锋坚持要做自己独立的品牌，双方没有达成一致。

这里有一段鲜为人知的插曲。拒绝红杉资本的加盟邀请后，红杉资本总裁 Mike Moritz 将邓锋送到楼下，Mike Moritz 指着大门口说："邓锋你看，这是条红地毯。"邓锋说哪里有红地毯。Mike Moritz 说："你记住，这是红地毯，什么时候你想来红杉，你就来。"

但邓锋最终没有加入红杉。2005 年，经过一段时间的考察和筹备，邓锋回国创办了自己的品牌——北极光创投，开始了第二次创业，同时开启了美元基金在华的拓荒史。

理工科背景出身的邓锋也深刻影响了北极光的风格——专注于科技，团队大部分人也是理工科背景出身。过去 16 年，邓锋投资的公司，不少是清华校友创立的。清华学弟罗东平 2006 年创建山石网科，2007 年就获得了北极光的投资。直到 2020 年，山石网科上市，北极光一守就是 13 年。

在当年蔚为壮观的"千团大战"中，北极光唯一出手的项目就是清华学弟王兴的美团。早年北极光参与了美团 B 轮融资，从这笔投资获得了逾 70 倍的回报。邓锋曾评价："王兴虽然发散、跳跃，但是他发散的背后有清华训练出来的那种理性和逻辑。"

不过，最令人动容的一笔投资还是兆易创新。2017 年，邓锋毅然把个人对兆易创新的天使投资所得 1100 万美元全部捐给母校，成就了一段佳话。

兆易创新创始人朱一明曾在朋友圈写道："邓锋学长对清华情深义重，堪称我辈之楷模。邓锋把对兆易的天使投资股票捐给清华（价值 1100 万美元），实现对我的承诺，是清华人互助的成绩，也是清华校友故事的传奇。"

谈及这一段往事，邓锋依旧感慨："其实当年想投兆易创新的基金很多，竞争很激烈，我和一明学弟说如果让北极光投，我就把我过去天使投资的所得全部捐给清华。一明听到这话，马上同意让北极光投，结果北极光的投资赚了近 40 倍。后来我不过是履行了承诺而已。"这一番话淋漓尽致地体现了清华人的仗义与慷慨。正如创立 TEEC 的目的一样，就是塑造正确的成功价值体系，弘扬商业伦理道德。邓锋常说一句话，"如果清华同学将来创业成功，一定要成为受人尊重的企业家。"

2

2005 年是中国 VC 发展史上的分水岭。此后，美国顶级 VC 组团入华，而首批中便有日后声名显赫的红杉中国。

中国之旅结束后，远道而来的拓荒者们感受到一个巨大的市场经济体正在崛起。经过多番斡旋，红杉资本请到了携程创始人沈南鹏和全球创业投资基金亚太区的两位主管之一的张帆，组建了中国投资团队。

周逵

在后来的报道中，红杉曾透露当时的情况：考察中国市场之后，考虑过收购、合资、合作等多种方式，但迟迟未作推进，主要原因就是不愿为短期利益而牺牲价值观。而最终选择沈南鹏、张帆这对组合，也不只是因为他们有过多么辉煌的投资履历，还因为双方能在一些核心价值观上一拍即合。

数月后，又一位清华人走进了红杉中国的大门。从清华大学经管学院 FMBA 毕业后，周逵先是进入联想，在业务发展部两年后，开始接触风险投资。2005 年 10 月，周逵加入红杉中国担任董事一职，不到两年后就成了红杉中国的合伙人，目前是红杉中国内部除了沈南鹏之外最资深的合伙人。

过去 16 年，周逵投出了一众知名案例，也见证了中国创投崛起的点点滴滴。2021 年 3 月，周逵主导投资的薇诺娜母公司贝泰妮上市，首日市值超 700 亿元，红杉上市后占 21.58%，这缔造红杉中国又一个经典的天使轮案例。

多年前，沈南鹏曾这样评价他："表面上，你可能会感觉周逵不是那种 quick 的人。但他有作为风险投资者的两个品质，首先是他考虑事情很周到，注重细节，在很多投资者容易因表象而激动的时候，他能保持理性。同时，他又很开放，不会丧失捕捉机会的能力。"

同样在 2005 年，中国 VC 发展史上还有一个标志性事件——赛富独立。从此，中国 VC 行业第一次裂变的大幕正式拉开。在这个历史事件中，出现了一位清华人的身影。

羊东，1995 年毕业于清华大学计算机系，也是 TEEC 资深会员。2000 年 3 月，他加入软银中国任投资主管兼董事，一年后转入软银亚洲信息基础设施基金任董事。

羊东参加 TEEC2009 年会

2004 年初，孙正义从银行贷款 290 亿美元收购日本电信，当时银行提出的条件是软银必须从所有投资中退出。2004 年 11 月，孙正义和中国团队就赛富基金的独立问题在日本东京进行会谈，双方友好分手。

次年，阎炎、周志雄和羊东等管理团队在原软银亚洲信息基础设施基金的基础上，通过募集第二支基金实现了独立，软银亚洲的名字随即被赛富投资所取代。赛富的独立，算是阎炎、周志雄和羊东等人的一次创业，却震撼了当时的同行——他们以行动告诉大家，凭借中国团队自己的力量也可以募到资。

此后，羊东成了赛富创始合伙人之一，获得了投资决策权，和几位合伙人一起负责大中华区的成长型投资。数年后，他对清华校友企业完美时空以及 58 同城的精准出手，写下了中国早期互联网历史的经典一页。

美元基金热火朝天，中国本土创投也迎来了新曙光。2005 年 4 月 29 日，证监会发布《关于上市公司股权分置改革试点有关问题的通知》，宣布启动股权分置改革试点。此后，本土创投此前投资的项目逐渐在二级市场退出，打通了一二级市场通道之后，本土创投开始大规模登上历史舞台。

3

故事仍在继续。

伴随着 2005 年外资 VC 大举入华，2006 年的中国创投圈呈现出一派欣欣向荣的景象。这一年，同洲电子在深交所中小板挂牌上市，中国本土风险投资在国内资本市场迎来首个成功退出。属于本土创投的时代到来了。

李泉生在 TEEC2009 年会

　　而受益于 2007 年二级股票市场的火热行情、人民币进入快速升值期，国内资产也开始了重新估值的进程。国内经济的高速成长、A 股股改初见成效等因素，直接推动中国股市进入了前所未有的大牛市。中国市场、中国企业、中国资产，日渐成为"投资价值"的代名词，因而推动了国内外创投机构扎堆淘金中国。自此，越来越多清华学子活跃在中国创投的舞台上。

　　2007 年，TEEC 大家庭迎来一位新成员——李泉生。他本人的经历业内少见：毕业于清华大学汽车工程系，后到机械部研究所担任工程师，成为上海工业大学可靠性工程研究学者、副教授。接着，李泉生被选派到国家自然科学基金委员会工作，后来又成了上海浦东新区科技处负责人。

　　在别人眼里晋升很快的李泉生，2001 年毅然选择下海。一开始，他在中国台湾某知名创投机构担任高管，很快交出一张漂亮的成绩单：截至 2007 年，在美国上市的三家中国芯片设计公司——展讯、珠海炬力与中星微，李泉生投过前两家，而展讯是他投资生涯的第一个项目。

　　这一年，毕业于清华大学计算机系的牛奎光加入 IDG 资本。他在清华先后获得了本科和研究生学位，是一位妥妥的学霸，后来任职于麦肯锡公司。进入 IDG 后，牛奎光专注于硬科技赛道，一举投出了金山云、商汤科技等知名企业。

如今身为 IDG 合伙人，牛奎光已经成为这家实力强劲投资机构的中坚力量。

同样在 2007 年，清华校友郑培敏开始试水风险投资。早年间，他考入清华经管学院，成为全福建省为数不多迈入这所高等学府的学子之一。在这里，他开始了长达 8 年的学习生涯，其中本科 5 年、MBA 3 年。

郑培敏主持 TEEC2014 年会"创业无止·创新永恒"企业家论坛

毕业后，郑培敏创办了上海荣正投资咨询有限公司，专注于股权激励咨询。当时经过一番调研后，他发现国外股权激励制度对于所有上市公司来说是必备的东西，而中国却是零，于是全身心投入其中，逐步奠定了自身在股权激励咨询行业的地位。

一开始，郑培敏选择以 LP 的方式进入创投圈，但数年过去后发现做 LP 的收益非常有限，甚至不如投资房地产和二级市场。于是，他转为直投，从"长城影视"到"开心麻花"再到"自在传媒"，曾被誉为"文化投资的狙击手"。

2008 年，一场金融危机席卷全球，让处于上升阶段的创投遭遇重创。股市的持续低迷，使资本市场的融资功能大减，新股发行频率降低直至停滞。在清科研究中心关注的 13 个资本市场，共有 277 家企业上市，合计融资 568.48 亿美元，上市数量和融资额较 2007 年分别减少 62% 和 68%。那是一段中国创投人的黯淡日子。

4

转机发生在 2009 年。

这一年 10 月 30 日，万众期待的创业板开锣声在深圳敲响，多年来退出无门的本土创投终于迎来了爆发式的收获。创业板的推出，对于中国本土 VC/PE 意义非凡，它打通了整个人民币基金的募投管退全链条，使得"本土募集、本土投资、本土退出"创投模式最终形成。

巅峰是在 2010 年：一方面，以深创投为代表的人民币基金强势崛起，其投资企业 26 家 IPO 上市，创下了全球同行业年度 IPO 纪录；另一方面，中国企业赴美上市迎来一波罕见高潮，当年仅红杉中国就有 7 家被投企业赴美上市——乡村基、麦考林、利农国际、诺亚财富、博纳影视等。另外，乾照光电以超过

2011 年 5 月李泉生出席女儿 CMU 毕业典礼

70 倍的市盈率登陆创业板，成为红杉首个在国内创业板上市的项目。

随着创业板利好持续发酵，越来越多新生创投机构破土而出。2010 年 3 月，李泉生创立达泰资本。所谓"达泰"，即达士通人，泰然自成，意味着稳定、和谐地成功。

自成立之初，李泉生就一直坚持聚焦于硬科技领域，因为公司核心团队成员具有深厚的工科背景，用李泉生的话说，一半来自清华，一半来自交大，同时还有浙大、东南、华中等优秀理工科学校加持。

李泉生认为清华校友在集成电路设计行业是一个"很牛的"圈子，通过这个圈子，达泰可以接触到业内最高端人才，并基于最前沿的行业信息来分析投资逻辑，作出决策，这是别人没有的优势。清华崇尚体育、鼓励运动和锻炼的风气对李泉生影响很深，在团队成员眼里，他的身上永远充满着一股劲儿，那是一种激情。

目睹中国快速成长的私募股权行业，另一位清华校友也选择投身时代的洪流中。2010 年，刚刚卸任高盛集团大中华区主席的胡祖六，创办了春华资本，定位为一家立足中国的全球性另类投资管理机构。

胡祖六成长于湖南的一个小县城，后来考入清华大学，获得了工学硕士。在北京开阔了眼界之后，胡祖六认识到现代市场经济管理的重要性。那时候，中国公派了几位留学生到美国哈佛大学。最终，胡祖六从众多的申请人中脱颖而出。1996 年 4 月起，他兼任清华大学经济管理学院教授与中国经济研究中心主任。

2010 年的热闹尚未退去，寒冬很快来临了。2012 年 11 月至 2013 年 12 月，证监会暂停 IPO 审核，这令 PE 投资的预期退出期限大大延长。仿佛一切被打回原形，中国 PE 进入一段艰难的岁月。2013 年，整个 PE 行业迎来了大洗牌，剩下的都是实力不俗的玩家。

同一年，李泉生成为 TEEC 总会主席。谈到这段经历，李泉生很感恩。在他眼里，清华学生有团结互助的传统，而 TEEC 更像一种"兄弟会"，大家都愿意把自己的经验、资源、人脉为其他会员贡献出来，形成一种受助、互助、助人的良好传统。

不仅如此，TEEC 更是牛人汇聚。李泉生与 TEEC 前主席陈大同渊源颇深，两人相识始于对展讯的投资。多年接触下来，李泉生佩服陈大同身上永不停止的拼劲——早在二十多年前，就先后在硅谷和上海将两家半导体公司——豪威科技和展讯通信，带到纳斯达克上市。2009 年，当国内半导体投资界如同一片荒漠时，又毅然投身国内半导体投资，先后创立多家知名基金。

李泉生直言，TEEC 里的牛人一直在影响着他。正如从陈大同身上，他学到了谦虚、勤奋、对自己喜欢的事业执着的追求。润物细无声，这样潜移默化的影响同样发生在许多 TEEC 会员身上。

投出中国半导体半壁江山

1

一颗中国"芯"，半生奋斗史。

回望一个多世纪的风雨，以理工科见长的清华大学，培养出了如今国内半导体产业的众多重要人物。

元禾璞华管理合伙人陈大同是最具标志性的代表人物之一。1977年，陈大同进入清华大学无线电电子系学习，是同届唯一一名学习半导体专业的学生，自此，他便与半导体结下了不解之缘。

求学生涯里，陈大同在清华微电子所所长李志坚教授的指导下完成了本、硕、博阶段的学习，随后他去美国伊利诺伊大学和斯坦福大学继续从事博士后研究。

来到美国的陈大同迎来了职业生涯第一个重要的阶段。1995年，他在硅谷联合创办的豪威科技，研发出世界上首颗单芯片彩色CMOS图像传感器，随后成功登陆纳斯达克。

陈大同，2004年，展讯创业初期

豪威科技上市后，陈大同开始思考自己新的机会在哪里。彼时的国内半导体行业是一片荒漠，他觉得自己应该去改变这种局面，2000 年下半年，陈大同选择了辞职回国。那时的一个大环境是：2000 年 6 月，国家首次制定了振兴半导体行业的产业政策，出台了《鼓励软件产业和集成电路产业发展的若干政策》，俗称"18 号文件"，从国家层次把半导体产业提升到国家战略产业。

于是，陈大同在上海联合创办了展讯通信，研发出世界首颗 TD-SCDMA（3G）手机核心芯片，推动了国内通信产业的发展，并再一次把公司带到了纳斯达克上市。

渐渐地，陈大同意识到，国内并不缺半导体创业者，缺的是投半导体的 VC。

他决定身先士卒。2009 年，陈大同创立了华山资本，将管理资金的 70% 投资海外市场，30% 的资金留给中国本土半导体项目。最初那几年，陈大同去参加清科举办的私募股权年会，有位嘉宾的观点让他印象深刻——在中国，投资所有行业都能赚钱，除了半导体——这也激发了陈大同的斗志。他说："于是我花了十年时间，来验证这件事。"

2014 年，国内芯片投资的新一轮大幕正徐徐拉开，同年 10 月，工信部办公厅正式宣布国家集成电路产业投资基金，首期募集资金便超过 1300 亿元，业内又将其称为"国家大基金"。在这样的大环境下，陈大同决定与中芯国际、清华控股合作，将部分管理团队重组，成立了元禾璞华的前身——清芯华创，并受托管理北京市集成电路产业基金在封装测试部分的基金，规模为 20 亿元。

这在当时是不可想象的，要知道，在 2014 年之前，规模较大的半导体基金也只有 5 亿到 10 亿元。而随着政府资金的入场，国内半导体行业迎来政府与市场共同推动的高速发展期。同时，越来越多的清华人加入了这场征途。

2018 年 1 月，华创投资团队与苏州元禾控股、国家集成电路产业基金合作设立管理公司元禾璞华，首期基金规模为 32.8 亿元。此后，科创板的出现再次加速了国内半导体行业的发展。2019 年 7 月首批上市的 25 家企业中，有 6 家半导体公司，占比最高。元禾璞华也成为直接受益者，首批当中有 3 家都是他们投资过的项目。

不论是回国创业，还是转变角色做 VC，他都全情投入。"每次创业我都跟自己说这是最后一次，但总会发现有新的机遇在等着我。或许未来哪一天，我又发现一件很有意义的事情，那我依旧会毫不犹豫地投入到新的创业之中。"陈大同说。

2000 年以来，中国半导体一直处于 1.0 的野蛮生长时代，各个方向都涌现了一大批创业公司，大家遵循着丛林法则，优胜劣汰、胜者为王。随着行业的发展，近年来，特别是科创板的诞生，半导体领域已经出现 10 家以上千亿市值企业，这也标志着中国半导体进入了 2.0 黄金时代。而这一路上，都可见清华莘莘学子耕耘的身影。

2

另外三位清华人也联合创办了一家投资机构"武岳峰资本"，品牌名分别取自三位创始人：武平、潘建岳、李峰。

时间回到 1979 年，武平考取了清华大学计算机系。那一年的高考录取率非常低，大概小于 3%，所以收到录取通知时，还没到 16 岁的武平为能去首都北京而兴奋异常。武平的大学生活充满了乐趣，也是他成长最快的时期。那时候，每个学生都有一种时代感，要把自己设计成国家需要的人才，武平也不例外。

上课之余，武平去冬泳队磨炼意志，通过假期社会实践和旅游去了解社会，通过参加学生会、文学社、新闻社、诗社的工作来提高自身素质，还参与编辑《荒岛》杂志，写过意识流小说等。后来，武平的专业划到了电子工程系。

潘建岳在 TEEC 2016 年会（时任 TEEC 主席）

从清华毕业后，武平继续攻读中国航天工业部硕士与博士学位，当时，国内半导体行业还没什么工作机会，武平随当年的很多人一起出国，由此结识了陈大同、范仁勇和清华本科毕业第一批最高分留美学生中的冀晋博士，2001年，他们一同回国创办了展讯。在展讯上市后，陈大同和武平都纷纷做起了投资。

武岳峰资本的另外两位创始人，潘建岳和李峰都是清华大学1985级的学生，他们一个是精仪系，一个是力学系。潘建岳本硕都就读于清华，历任美国新思科技中国区总裁、亚太区总裁等职务，他伴随、见证和支持了中国IC产业发展和中国半导体公司的成长。

同样在清华读完本硕的李峰，于1999年在硅谷创办了Photonify Technologies, Inc.，领导研发了基于散射光学断层成像技术的新一代医疗诊断成像设备。他还曾担任美国VantagePoint投资基金的合伙人，负责该基金在中国的投资业务，直到2011年共同创办武岳峰资本。

武岳峰资本投资了许多清华校友创办的硬科技企业，这些企业都有很好的发展。

2010年，广西人黄竖，和他的两位清华大学校友戴建春、王学峰，共同创立了源渡创投。这家投资于早期的VC主要聚焦于科技改造传统行业，芯片，是他们投资的主要方向之一。

清华大学有一个极富传奇色彩的班级——EE85级，一众芯片大佬从这里走出。这一隐秘而伟大的年级里，有韦尔股份董事长虞仁荣、兆易创新创始人之一舒清明、卓胜微电子联合创始人冯晨晖、格科微电子创始人赵立新、燧原科技创始人赵立东等知名芯片企业家的身影。

正是这些栉风沐雨的清华系创业者及他们创办的企业，和一批伟大的投资人互相成就着，他们之间有着千丝万缕的联系。2010年成立的源渡创投持续支持着清华校友的创业；其中，最具代表性的案例当属卓胜微电子和兆易创新。

卓胜微的创始人许志翰，于1990年考入清华大学计算机专业，联合创始人冯晨晖同样来自清华。2012年，国内关注芯片、半导体的投资机构屈指可数，源渡创投就已经出手投资了卓胜微电子。

伴随着中国半导体行业的命运起伏，卓胜微一路走来可谓充满坎坷。由于当时没有太多的投资人能够看懂原创芯片这个赛道，整个行业还不够清晰，卓胜微也没有太多的话语权，一度到了低谷，生死存亡之际，是黄竖和源渡创投一直不离不弃。这背后既有很深的清华同袍之义，更重要的是，在黄竖看来，

黄竖大学时期

卓胜微这个团队十分靠谱，行业也有着巨大的潜力。

在卓胜微发展的整个历程中，源渡创投的三位合伙人都深度参与，在项目低谷期也承担着巨大的压力。几个清华人一起拧成了一股劲。事实证明，他们看对了赛道，也看对了人——2019 年 6 月，卓胜微正式在创业板挂牌上市。

清华人之间紧密的联系不仅仅体现在投资上，更是组织起了一股重要的社会和商业力量，潘建岳曾任清华企业家协会（TEEC）主席，黄竖也曾担任清华企业家协会（TEEC）硅谷分会主席。

黄竖 2007 年

他们之间微妙的联系，通过"兆易创新"这个项目而更加深刻了。兆易创新是国内半导体企业中的"老大哥"，它的创办人朱一明和舒清明都是毕业于清华大学，舒清明还出自著名的 EE85 班。

2004 年，朱一明和舒清明带着他们在美国硅谷、依靠极为有限的种子基金支撑着自己的创业项目 GigaDevice（当时名为"芯技佳易"，现在的兆易创新）回国，一开始就选择了中国处于空白地位的存储芯片领域，成了中国存储器领域的开拓者和领导者。十多年里，兆易创新从最初的两名员工，成长为今天有数千员工、斩获大量殊荣的国际半导体企业，实属中国半导体的"国货之光"。

这一路走来，不管是陈大同的华山资本、黄竖的源渡创投、邓锋的北极光创投还是武平等人的武岳峰资本，都是兆易创新背后的投资方。这是清华人集体推动中国半导体事业发展的最好证明。

3

时间进入 2014 年，国内芯片投资不断升温。在这样的大背景下，2015 年，另一家由多位清华人创办的投资机构"清控银杏"成立了，几位创始合伙人吕大龙、罗茁、雷霖都毕业于清华大学。

故事依旧要从清华校园说起。1978 年，山东人吕大龙考入清华大学机械工程学院热能工程系。

过去多年里，每当被问到取得成功的关键因素时，吕大龙总会提及自己的母校："清华对我的教育，是从青年人变为成年人的过程，更是形成人生观、价值观的过程。"2021 年

1982 年，20 岁正值大四的吕大龙在清华实验室

4 月，吕大龙还携其妻子何珊捐赠清华，支持综合实验楼东南楼的建设，这是后话。

清控银杏源起于 1999 年开园的清华创业园（清华科技园孵化器），刚组建的初期度过了一段艰难岁月。那时，"清华科技园还需要被孵化，可因为我们叫清华科技园，所以要办孵化器"。清华创业园起步时的初始条件是 50 万的启动经费和两层尚处于毛坯状态的写字楼，"有钱的话，可以做创业投资"，这是罗茁得到的最开明、最具前瞻性的公司内部政策支持。2001 年，在清华创业园做投资小试牛刀的基础上，清华科技园孵化器有限公司成立，注册资本虽然有 1580 万元，可这笔钱转手就支付了整租 10 年孵化器用房的房租，以至于"涉嫌抽逃注册资本金"而受到工商局的调查。

在这样的情况下，孵化器的固定收入（房租价差）有限，各种对创业企业提供的服务需要成本，很难有短期收入，孵化器又该如何生存、运营与发展等，都成了清华创业园的创建者们必须面对的问题。在一次香山脚下召开的内部研讨会上，经过彻夜讨论，清华创业园的管理者们一致认为"参股早期创业企业，与创业企业共同成长"是孵化器的出路所在。

数码视讯是清华科技园孵化器的一个代表案例。2001 年，郑海涛和他的数码视讯已经濒临山穷水尽。公司完成了新产品研发，但连入网测试的钱都没有了。郑海涛说是"游泳到了岸边，差一口气上不了岸"。面对的竞争对手是狼性十足的华为。清华科技园投了 50 万，数码视讯正式成为孵化器公司的第一个投资项目。不仅如此，他们还帮助郑海涛谈成了第一单生意，突破了数码视讯最致命的那道桎梏。

后来数码视讯上市了，这个被视为"助人为乐"的项目，给作为最早投资

者的清华科技园孵化器带来了上百倍、金额超 3 亿元的回报。

所以说，清控银杏团队自 1999 年就已经开始从事早期科技投资业务，2006 年，清华科技园主园区建成，清华科技园旗下的孵化器公司，技术资产经营公司，科技投资中心做了主动整合，成立了启迪创投，这是清控银杏团队的 2.0 时代。

2010 年，罗茁第一次参加企业上市仪式（创业板）

2014 年，吕大龙帮助罗茁、雷霖、薛军等创始合伙人从启迪体系内脱离，并作为创始合伙人共同发起创立启迪银杏投资管理（北京）有限公司。2015 年，原启迪创投团队得到清华控股的支持，共同发起设立清控银杏创业投资管理（北京）有限公司，标志着启迪创投团队整体平移，完成了从"启迪创投"到"清控银杏"的品牌转换；2020 年 8 月 28 日起，吕大龙出任清控银杏公司联席董事长、首席投资官。

兆易创新也是清控银杏的代表案例之一。2005 年，朱一明带着兆易创新（当时名为"芯技佳易"）回国后遇到资金难题，清华科技园孵化器坚定给予了资金支持，在此之前兆易创新在硅谷也获得了来自美西的清华人的投资支持。兆易创新一路从渡过难关走到成功上市用了 11 年，清华科技园孵化器团队及后来演变的启迪创投、清控银杏团队也毅然在它背后坚持了 11 年。清控银杏用实际行动证明，"我们甘愿坚持 11 年，因为我们看到了这个项目能为中国半导体行业带来的贡献"。

如今，兆易创新已成为清华校友"互帮互助、集体创业、共享成功"的典范，这是一群清华人的热血和心血，凝聚了一批清华学子的爱国之情和奋斗之义。

当我们拨开岁月的云雾回首看去，正是这一代清华系的投资人和创业者，划出了中国半导体那一道最耀眼的光。

那些人那些事

中国创投史上发生过两次裂变：第一次裂变发生在 2005 年前后，当时沈南鹏离开携程入主红杉资本，徐新离开霸菱投资创立今日资本，张磊创立高瓴资本，邓锋回国创立了北极光创投……由此改写了中国 VC 行业格局。

第二次则是 2013 年后，以两位清华学子——张震、曹毅自立门户拉开了序幕，他们分别掌舵的高榕资本和源码资本是这场 VC 巨变中的两个最为典型的缩影。此后数年，又一批清华人活跃在中国创投舞台上。

2021 年，TEEC 转眼间迎来了 20 周年。20 年潮起潮落，人来人往，那些或浅或深的 TEEC 会员身影，串起来就是一部中国创投简史。

1

《中国创投简史》记录了这一段往事。

早在 2013 年，还是 IDG 资本合伙人的张震、高翔与 IDG 资本副总裁岳斌已经嗅到了互联网与实体经济融合孕育的巨大创新机会，开始在 IDG 资本内部主张成立一支单独的子基金。但由于内部创立这支子基金的方案未能实现，于是，张震、高翔、岳斌 3 人一同请辞，创立了高榕资本。

张震身上，带着深刻的清华烙印。1993 年，他考上清华大学，一口气念了工法商 3 个学位——工学和法学双学士以及管理学硕士。后来，张震又加入清华五道口金融 EMBA 2016 秋季班，被称为"四进清华"。

在 20 世纪 90 年代"工程治国"的口号中，张震进入清华学习工科。后来，他注意到很多欧美治国精英是法律出身，于是去辅修了法学双学士。但他很快发现，至少在中国现阶段，法律更多是辅助性工具，而商业对于社会及个人而言才是更可施展资源、影响力和主动权的中心，故而跨系去经济管理学院攻读了管理学硕士。清华的求学经历，让张震构建了一个比较复合的知识结构，对于他后续从事投资事业很有帮助。

张震在 2018 年清华五道口全球金融论坛

到了 2002 年，从清华研究生毕业的张震加入 IDG 资本，正式开始了投资生涯，一路晋升至合伙人。2013 年，名气正盛的张震选择跟高翔、岳斌一起自立门户，联手创办了日后声名显赫的高榕资本。这也是中国 VC2.0 时代最轰动的事件之一。

张震执掌下的高榕资本，定位于中国的创始人基金（China's Founders' Fund）。在此之前，中国一些老牌 VC 大多是海外品牌，管理的资金主要来自于美国或者欧洲的"老钱"（Old money，以传统大家族为代表的老牌财团）和"新钱"（New money，以比尔·盖茨、扎克伯格为代表的互联网新贵）。

站在当年来看，过去十几年中国互联网新经济蓬勃发展，"新钱"开始大量涌现，一部分成功的企业家开始有财富管理的需求。高榕资本成立伊始，张震就希望通过引入这些新经济企业家们成为 LP，走出一条不同于传统 VC 基金的道路。

2014 年 1 月，高榕资本一期美元基金募集宣布完成，金额超过 2 亿美元。成立八年多的时间里，高榕完成了多期美元、人民币基金的募集，并投资了超过 200 家创新企业，其中 20 家投资或入股的公司完成上市，超过 30 家公司估值超 10 亿美元，重点投资新消费、硬科技、企业服务、医疗健康等领域。

高榕身后的 LP 令人羡慕——腾讯、淘宝、百度、小米、京东、美团、分众等互联网巨头的核心创始人赫然在列，邓锋、张朝阳、王兴、王小川、周亚辉和倪正东等众多清华优秀校友也参与其中，还包括主权基金、养老基金、大学捐赠基金、家族办公室等全球顶级机构投资人。张震和团队也不负众望，他对拼多多的投资，成了中国创投史上的经典案例之一。

张震说，如果有一天他离开 VC 这个行业，最可能去做的就是慈善。2020年 3 月 10 日，"清华大学春风基金"宣布获校友单位高榕资本捐赠 100 万美元支持科研抗疫，助力清华大学公共卫生及应急体系相关领域的研究。值得一提的是，此次捐赠是"春风基金"获得的首笔校友捐赠。高榕也在清华设立了一些相应的奖学金，并给清华五道口金融学院捐赠设立区块链研究中心。

一路走来，张震对清华感情深厚。他曾说，作为一名清华人，"自强不息，厚德载物"的校训已融入血液之中，知恩图报、行胜于言更是每个清华人一生的信念。

2

历史总有一些妙不可言的巧合。2002 年，就在张震离开清华校园进入投资

曹毅的大学时光（右为曹毅）

界时，他的一位学弟——曹毅，以浙江金华市高考状元、理综类满分的成绩考入清华大学计算机系。

随着大学生活开始，曹毅很快发现了和同学们的差距。这里有一个小故事：开学第一周去上机，同学就写出了贪吃蛇，而他花了两个多月摸索，才把贪吃蛇写了出来。第一个学期的期中考试成绩出来，曹毅第一次体验了排名在后 50% 的滋味，但这也激励着他比别的同学更加努力地学习专业知识。曹毅回忆自己的大学时代似乎只有两个追求：一是要尽量得第一；二是要尽量得满分。

到了大二的时候，曹毅开始琢磨自己的未来规划。彼时，互联网刚刚走出泡沫破裂的阵痛，中国创投开始回暖。在暑假找实习单位的时候，曹毅偶然看到一个关于投资分析师岗位的招聘，而这项工作和自己此前所做过的项目契合。就这样，他第一次接触到了风投圈。

随后，曹毅结识了清华师兄王小川。当时，曹毅在学校担任就业联盟负责人，平日与王小川联系甚多。在他的印象里，王小川很热情，不仅给同学们深度宣讲，还鼓励他创业并介绍投资人。毕业后，曹毅加入联创策源，便是王小川牵的线。

曹毅的大学时光（左三为曹毅）

不过，曹毅最为人熟知的职业生涯是在红杉中国。2009 年，他受到同是清华校友的周逵邀请加入了红杉中国。短短数年间，曹毅投出红杉中国 30% 左右的 TMT 项目，成为公司里最年轻的副总裁。

曹毅在红杉中国做的最后一个项目是今日头条。投资协议签完字后，他问张一鸣："你接触过多少家 VC 啊？有没有觉得哪些地方有改进空间？应该怎么解决？"后者反问："曹毅你是不是应该考虑自己出来做？"当时，中国 VC 迎来了史上新一波裂变，几乎每个月都会有投资人离职出来单干的消息传出。

2014 年春节刚过，当曹毅想要离开红杉中国创建一支新基金时，他第一个找到王兴。事实上，他俩第一次认识是 2006 年，在清华，当时还在联创策源实习的曹毅和自己的老板去探访刚刚起步的校内网，之后两人成了很好的朋友。那一夜，在王兴家楼下破旧的上岛咖啡馆里，他们的谈话从晚上 10 点持续到夜里 2 点半，酣畅淋漓。

数月后，源码资本正式成立。王兴和张一鸣各投 500 万美元，成为源码资本的第一批 LP。而曹毅也表示了对自己这两位兄弟的看好，源码资本的第一笔投资是给了今日头条 500 万美元，跟着就投资了美团。凭借这两笔经典投资，"80 后"曹毅一跃成了中国 VC 2.0 大潮的标志性人物之一。

3

如今回过头来看，2014 年是中国创投的黄金时代。

这一年，中国创投行业收获了一系列政策红利——5 月，VC/PE 机构受"国九条"力捧；8 月，《私募投资基金监督管理暂行办法》正式公布，私募基金从"游击队"转向"正规军"；与此同时，国务院发文明确险资可以涉足夹层基金、并购基金、不动产基金等私募基金，影响深远。而最为轰动的莫过于开启了双创时代——大众创业，万众创新。

也是这一年，已经坐拥一家上市公司的清华校友周亚辉，开始涉足风险投资。他不仅成为源码资本的 LP，还投出了映客、达达、快看、挪威浏览器 Opera 等一众知名独角兽，一度被称为"独角兽捕手"。

胆大、冒险，是周亚辉留给外界的深刻印象。这从他在清华校园时期便可略窥一二。1999 年，周亚辉已是清华大学精密仪器专业一年级的研究生。22 岁的他以原创动漫网站的项目拿到了清华科技园的 50 万

周亚辉

元资金投资，休学创业。但好景不长，互联网泡沫破灭，很难有后续融资。于是，他只好重新回到学校完成学业。

但创业的念头一直萦绕在脑海里，直至 2008 年，周亚辉注册成立了北京昆仑万维科技股份有限公司，专注网络游戏领域。7 年后，公司登陆创业板。

1977 年出生的周亚辉，如今已过不惑之年，但依然喜欢折腾的人生。2019 年 9 月，时任昆仑万维 CEO 的他在演讲中积极鼓励中国创业者去非洲。一年后，他还请辞董事会职务，全力投入到非洲创业中，至今担任非洲移动支付独角兽 Opay CEO 一职。

方方在 TEEC2009 年会

水木清华，承载了同学们许多美好的回忆。2014 年，方方创立了一家投资机构——水木投资集团，专注于在境内外科技、医疗保健和金融机构领域的投资。2015 年，在清华系团队收购豪威科技的关键时刻，方方开出重要的一张支票——10 亿元人民币。

方方出生于安徽省芜湖市，1989 年毕业于清华大学经济管理学院后曾留校任助教，1993 年获美国范德堡大学工商管理硕士，从美林证券国际投行部开始职业生涯，曾在摩根大通工作 13 年，历任中国区首席执行官、亚洲区副主席等职。

多年前，方方在家乡捐建了一所希望小学，特意邀请清华校长亲笔题写了清华校训"自强不息，厚德载物"。用他的话来说，如果每个人都怀有一种回馈和感恩的心态，未来的中国会更加和谐稳定。

吴蓉晖创业的第一个办公室，位于北京融科中心

同样在 2014 年，数位清华校友联手创立了同渡资本，专门投资科技赛道。同渡资本创始合伙人吴蓉晖当初在清华念的是生物医学工程与仪器专业，同时攻读了经管的双学位。"我们团队带着很深的清华烙印：重视体育，有很强的责任心，自我驱动，行胜于言。我们确实说的不多，但深得我们投资人和投资项目的信任，就是靠我们的行动。"她曾这样描述道。

除了吴蓉晖，中国创投江湖里还有一位身影活跃的清华系女性——洪婧。她是一位名副其实

1994 年，洪婧作为清华女垒队长率队获得全国大学生垒球比赛亚军

的学霸，拥有清华大学经管学院管理工程硕士学位、国际金融学士学位，后获哈佛大学 MBA 硕士学位。

早年间，洪婧先后在华平投资、美国泛大西洋资本集团任职。2013 年，她加入高瓴资本任合伙人、私募股权投资业务主管和投委会委员。2018 年创建高成资本，专注于技术创新和企业服务领域的长期股权投资机会。十余年间，洪婧缔造了 3 个单笔回报超过 10 亿美元的投资，这在中国创投市场颇为罕见。

4

后来的 5 年，堪称中国创投史上波澜壮阔的一页。

从 2015 年开始，中国创投机构的数量呈现出爆炸式增长，甚至开始出现"全民 VC""全民天使"的情况。那段时期，一个个创业者白手起家的造富传奇和投资机构点石成金的神话，让多少人热血沸腾。而随着全民创业的热情被引爆，一些手里有点钱的人化身创业导师，创投圈一时间充斥着各种"荒诞"。那两年，"风口"成了一个被所有人追逐的热词。

2017 年，中国 VC/PE 迎来 IPO 丰收年。随着当年 IPO 大提速，IPO 核发数量每批达十多家。与此同时，港股、美股迎来爆发，退出通道愈发畅通，"7 天收获 3 家 IPO""12 小时收获 2 家 IPO"等各种传奇不断上演，缔造了一场罕见的 IPO 盛宴。

但自 2018 年以来，中国创投经历了冰火两重天。一方面，以小米、拼多多、美团为代表的超级独角兽们纷纷 IPO，VC/PE 最高潮的时刻来了。另一方面，被称为史上最严资管新规落地，"募资难"开始全面爆发。"募资难"背后的现实是，VC/PE 行业正在上演一场悄然无声的生死淘汰赛，一批 VC 慢慢倒下。

"这个行业慢慢进入到成熟期，比以前安静多了。回归到这个行业本来面目，更有利于我们做好投资。"当时，一位知名投资人用了一句诗来描述这种感觉——在安静的时候美好的事物才会出现。

随后，被载入中国资本市场史册的两件事发生了——2019 年 7 月 22 日，科创板开市，正式迎来首批 25 家挂牌上市公司；2020 年 8 月 24 日，创业板注册制落地，正式迎来首批 18 家挂牌上市公司。至此，VC/PE 迎来退出盛宴，中国创投被深刻改变。

2020 年尾声，创投圈迎来一次罕见的刷屏——清科创业登陆港交所上市，中国股权投资服务第一股诞生。当年一群从清华校园走出来的稚嫩学生，最后成了中国创投大潮的重要参与者。

身为清科创业掌舵者，倪正东把这一切归功于中国创投行业的崛起，"没有中国创投行业的壮大，就没有今天的清科创业"。

倪正东

曾几何时，中国创投机构在管基金规模非常小，2001 年一笔 300 万美元的融资，需要好几家 VC 一起才能凑齐。倪正东感触很深，"当年腾讯拿了 IDG 资本 100 多万美元，就觉得是个天文数字。今天很多创业公司，像小鹏汽车、字节跳动等，大家一掏就是好几亿美元。"粗略算下来，20 年间中国创投资金规模增长了500 倍。

上市当天，倪正东的一群清华老友——杨向阳、刘晓松、周逵等都出现在了敲钟现场，最后大家席地而坐，犹如一群老顽童，那一幕至今让人印象深刻。

青创篇：传承

奔跑吧 Young TEEC

2014 年 9 月，国家在达沃斯论坛上正式提出"大众创业、万众创新"的口号，大批清华学子受鼓舞投身创业，2016 级毕业生选择创业的达到 71 人。Young TEEC（青创会）正是在此背景下成立，经过 6 年发展，如今已发展成为 200 多人规模的组织。

一代人终将老去，但总有人正年轻。

如何与年轻的创业者建立联系，如何让每一代创业者都能在 TEEC 中找到归属感，如何把 TEEC 的"三助"精神和清华校友的情怀担当持续传承下去？如 2015 至 2016 年度 TEEC 主席潘建岳所说："Young TEEC 是最重要的中间组织，意义很大。"

去更年轻的地方

时光转回 2015 年，TEEC 逐渐形成"受助、互助、助人"的亲切的兄弟会氛围，最早入会的姜晓丹回忆说，只有 100 多会员时彼此都很熟，后来发展到三百来人就开始认不全了，加上 5000 万人民币的门槛和推荐制，基本都推荐自己的同学，"协会里到处都是 70 级、80 级的大师兄"。1996 级的程鹏加入 TEEC 时会员比他年轻的没几个，当时平均入学年是 1986 年、1987 年，"不论对商业还是对社会的认识，都不免带有时代的局限"。

那时 TEEC 里流传一句话："80 后"约我随时见，"70 后"约隔天见，"60 后"约可能见，可能不见。这是 2012 至 2013 年度 TEEC 主席杨向阳的名言，"见'60 后'干嘛？除了喝酒，没啥事聊！"从主席位置退下来，杨向阳却更焦急了，"时代变化这么快，真正的创新在年轻人，尤其是清华毕业出来创业的人越来越多，怎么才能尽快让 TEEC 会员的组成里'90 后'年轻人尽快接上'60 后'的班？"在他心目中，TEEC 不该是创业成功者的俱乐部，要传承要有新血液，"那时候比较着急，反正就是见谁就说，见到他们就聊，开会就跟他们讲"。

"再这样下去就变成老头俱乐部了！"2015 年从杨向阳、李泉生手中接过 TEEC 主席职位的潘建岳表示，自己任期里最重要的事，就是如何让 TEEC 年轻化，他委任当时理事里最年轻的姜晓丹、杜心宇推动年轻化工作，成立青年工作组。

"1991 级入学的我还算比较年轻"，姜晓丹多年后回忆（"晓丹那时也有点老"，采访时潘建岳主席毫不留情"补刀"），"建岳就让我当青年工作组副主席，第一年定的 KPI 还是以发展 90 级以后的校友入会为目标。"虽然拉进一些"90 后"，但他们多数上有老下有小，在公司也都忙得顾不上参加 TEEC 组织的活动，"而且普遍公司都有一定规模，TEEC 比较难帮到他们"。

这引发姜晓丹思考：发展年轻会员，我们 TEEC 到底想要什么？"论顶尖互联网企业的创始人，有来自北大的、杭州师范的、深圳大学的，就是没有清华的。这一代新经济出来以后，清华的声音在哪？"如何在新企业家初期就能帮到别人，而不是说等人家都已经很牛了，TEEC 再把人拉进来变成一个荣誉符号。姜晓丹认识到，"我们应该往更年轻的地方去找他们"。

在更年轻的地方，去寻找怎样的人呢？

做 TEEC 的"共青团"

由于日本本土真正做创业的人比较少，TEEC 日本分会一度只有 3 个会员，为了能至少凑够饭局，他们申请推出"Associate Member"制度，通过放宽一定条件的方式先把组织做大，这启发了姜晓丹。

清华大学里一直做学生干部的姜晓丹心想："就像共青团是党的后备军，咱们也成立一个组织来做 TEEC 的后备军呀！借鉴 Associate Member 形式，面向更年轻校友提供创业孵化服务。"名字最早也是"Associate"什么的，但有点不痛不痒，那得叫啥？姜晓丹造 IP 能力此刻大爆发，"叫 Young 吧，中文名就是'漾'，那时候不是很流行花漾年华嘛！"

原则上不能超过 35 岁的年龄标准是潘建岳主席坚持的，因为 2015 年 TEEC 会员平均年龄是 45 岁左右，"年轻 10 岁是个门槛，等到我两年届满卸任的时候做过统计，组织的平均年龄降低了 5 岁。"

2016 年，季广云正式加入 Young TEEC，在担任长三角分会秘书的同时，兼任青年工作组秘书。彼时还被称为"小季"的她，因为丈夫是连续创业者，所以对年轻的企业家天生有一份理解和感情，至今她还记得从姜晓丹那里接受的第一个工作安排——无论入会成功与否，给每一位申请者发邮件表示感谢。而她参与的第一次青年工作组会议——2016 年 9 月 27 日的会议记录里，姜晓丹统一各方认知——TEEC 本质上是兄弟会，对热心关注 TEEC 的年轻申请人要求基础条件达标，人才素质重于项目素质。

"热爱开会的姜晓丹"，这是程鹏最深的印象。分管北京青年工作组的他，承担一半以上 Young TEEC 会员的招募，又赶上新公司刚成立，他经常戴着耳机在募资路上参加电话会，"从上午 9 点到下午 2 点"。如果说程鹏印象或有偏差，小季的记录不会错——2016 年开了 6 次会议，2017 年开了 4 次线上和 1 次线下会议，开会频率大于理事会频率。印象最深的是 2018 年 4 月 21 日在宁波的线下青年工作组会议，一直开到凌晨，吕大龙主席都震惊了："你们是真开会啊，太认真了，我以为只是来研讨！"小季还记得会议结束后从茶馆出去，繁星满天，大家心旷神怡，像晚自习结束般开心结伴走回酒店。

别小看这一次次会议，正是在反复争论里，35 岁以下、清华全日制学历学位、企业创始人、1000 万人民币营业 / 融资额等标准逐步成型，而此后几乎每年关于入会条件都会进行争论，但每次会对基本入会条件再次达成共识。

最早招募没有现成渠道，人推荐人成了最传统也最有效的方式，在一个个口耳相传里，年轻的清华创业者从山南海北、犄角旮旯里冒出来，申请人的质量之高让程鹏印象深刻："以前在学校里也有创业课创业大赛等，我一直以为会是玩票的居多，接触后发现，几乎所有申请者都是真正在做创业这件事，而且创业领域也远超我们当年，影视、设计、活动等方面更广阔，更多样化。"

推荐完后通过筛选，接下来会接受负责人一对一聊天，此时，姜晓丹最看重申请者的创业初心，"营生、生意和事业"是他著名的三分法："生意初看可能是有天花板，但身处一个组织里可能能看到更多的事，能得到更多的资源，突破认知就是事业了，Young TEEC 的成员初心应该是后两种，得有意愿去做更大的事。"

程鹏始终坚持不是面试而是面谈，"前 4 期北京申请者全部都是我一个一个去约谈的。每次面谈最重要的是结尾时那段话，我会跟每一个人介绍 TEEC是什么，怎么成立、什么宗旨、为什么会有 Young TEEC，会介绍我们受助、互助、助人，的理念，我希望大家理解 Young TEEC 的独特，不要把它变成外面可有可无的联盟或协会。"

Young TEEC 第二期的陈诚，还记得入会面谈在成都凯宾斯基的大堂吧，西南分会的师兄杜强把几个申请人叫在一起，提到 TEEC 的"三助"宗旨时说到，至少在 Young TEEC 这个组织里，你们是可以安心受助的，不用有太大心理负担。很多年后陈诚还记得当时的心情："从小被教育滴水之恩涌泉相报，实话实说，我是不太愿意接受别人帮助的人，但是师兄这句话打动了我，真的是打动了我。"

首届青创营

帮师弟师妹平稳度过创业青春期

了解 Young TEEC 的人，不会不知道"丹心"组合，姜晓丹与杜心宇这对拍档，前后交替担任负责青年工作的 TEEC 副主席与理事，为 Young TEEC 成型与发展做出核心贡献。

2012 年才加入 TEEC 的杜心宇，最初是被许志翰师兄从大街上"捡"回来的，又因为参加 TEEC 活动时郭凛师姐的一盒美味桃子而感叹"这个组织太好了"，从此心甘情愿为大家服务，"看到那么多事业成功的师兄师姐投入地为 TEEC 工作，每次开理事会美国的金学成学长都会坐十几个小时飞机回来参加，我内心很受触动。"

但她接替姜晓丹主管青年工作，却是因为少有人知道的"悲伤"的"上厕所"故事："当时是电话会议，大家你一言我一语热火朝天地聊到推选谁接任，好巧不巧，我开车到服务区上厕所，那里正好没信号，这时候有人提名我但我毫无反应，就这么被'上任'，他们还打趣说心宇开心地掉线了！"

Young TEEC 不是学校，不是投资机构，杜心宇的认知里是搭台子让年轻创业者互相认识，找到同样的人，激发大家自己去帮助自己。Young TEEC 有毕业制度，满 40 周岁要选择转入 TEEC 会员或者毕业，"所以 Young TEEC 只是一段时间里与年轻师弟师妹的陪伴同行，努力帮助他们平稳度过创业青春期"。

铁血丹心组合（左，杜心宇；右，姜晓丹）

作为一期班长的裘刚在与 Young TEEC 同行的交流中，印象最深的是姜晓丹的"踩坑"分享，没有聊公司上市光辉或卖掉后的功成身退，"他讲的是各种方面的负面经验，等于不是把你最光鲜的脸给其他人看，而是把屁股露出来，只有在这种很信任的关系当中才会有。这些分享更难能可贵，因为知道什么地方不能去，比知道能去哪里更重要。"

采访里，"丹心组合"一致认为 Young TEEC 目标是做有意思的事儿，聚集有意思的人，"创业者也需要这么一大帮人喝酒喝茶，彼此交流倒垃圾"。用二期会员王海峰的话来说，就是 Young TEEC 里"有你想见的人"。2017 年他与王胤、叶鑫、唐皓晨代表 Young TEEC 报名戈壁挑战赛，历经三天日晒、八级风沙、2000 米海拔的无人区 100 多公里徒步后，他们成了最亲密的战友，迄今都有自己的小群，高频率地交流着，"这些年和成功的大佬们接触太正常了，反而是年轻的创业伙伴们让你感受到深刻的链接，正因为这群人，抽象的组织才变得有温度有情感"。

"喝酒别太猛，喝完酒别乱发图片！"总是站在保护年轻创业者角度的小季，此时已经荣升青创会员口中的"云妈"，"激情、奔跑、年轻、活力，背后是辛酸和不容易，但有一颗坚韧的心"——这就是季广云眼里清华年轻创业者的形象，太腼腆的他们不愿意说出自己为难的地方，这份稚嫩有时候让她着急："因为对学长的信任，在找融资介绍项目时，开口就是我这个项目哪儿哪儿有问题，所以目前不太成功……急得我啊！"

从 2017 年开始，专门展示 Young TEEC 创业项目的 DEMO EVE 成型，到 2020 年 TEEC 嘉兴年会，DEMO EVE 独占 TEEC 全球年会会议流程里一个单独时间段，这让杜心宇非常有成就感："虽然准备得还不够好，路演培训还可以更完美，但那一刻大家都意识到 Young TEEC 是个有朝气、有价值的组织。"

这种传承也是 TEEC 兄弟会文化的进一步发展，在自己 2013 至 2015 年任上，将 TEEC 文化由此前的沙龙文化推动为"兄弟会"文化的李泉生主席，比喻和 Young TEEC 的互动是"拉小兄弟一把"，正是在 Young TEEC 的第一次 DEMO EVE 上，他的团队选中了郭娜的汇医慧影，"对 Young TEEC 的帮助不只是资本层面，每个投资机构都有自己不同的标准、逻辑和领域，但对 Young TEEC 始终关注，有困难第一时间站出来，这个是我们力所能及的。"

为了加深 Young TEEC 与 TEEC 的联系，杜心宇一手推动 Young TEEC 导师制，请来包括吕大龙、杨向阳、郑培敏、徐井宏等元老加盟，"青创会员遇到什么问题都可以去找导师，而导师也可以动用所认识的资源帮助他们"，就连 TEEC 创始主席邓锋都受邀作青创讲座。所有被邀请的元老都积极参与。杨向阳主席说："我能干的活，我就尽量干，学生愿意挑我的，我就来。"潘建岳主席则说："青创活动我是一定要参与的，这是很自豪的事情！"

经过努力，Young TEEC 如今已发展成为拥有 213 人、向 TEEC 会员输送 23 人，现有 Young TEEC 平均年龄 33 岁，每月一次活动的充满活力的组织；乃至一个希望加入组织的年轻人在询问应该加入 TEEC 还是 Young TEEC 时，潘建岳主席说："如果有得选，我肯定加入 Young TEEC，那个圈子才好玩！"

回望，温暖从心底涌上来

进入 2021 年，Young TEEC 各种新活动层出不穷。风险投资 15 年、讲过多次创业课程的吴蓉晖师姐，针对清华创业者的天然优势（智商高、学习能力强）和天然劣势（社会人文底蕴不够深），充分发挥 TEEC 的资源优势，精心打磨出了一个"咱 TEEC 自己的创业课程"——未来课程，让 Young TEEC 会员可以"摸着师兄师姐过河"。目前，未来课程已于 5 月正式起航，从"自我认知"模块开始，经历"团队、融资、商机和战略"4 个方向的洗礼，最后以"半导体行业透视"结尾。

现任 TEEC 主席刘晓松为了参加西安举行的第九期青创营，在机场足足等了 5 个小时，酝酿出 Young TEEC 定制版求助攻略，"我要求把每个 T 友的标签都清晰化和数字化，这样不管你是做氢能源还是动画 IP，入会后一查就能查到哪些师兄师姐的领域和你有关。"

2021 年清华大学建校 110 周年，由 TEEC 发起的"清华更好一点基金会"中，随处可见 Young TEEC 的身影，刘晓松主席介绍："我跟我带着的 Young TEEC 会员说这件事的时候，全部捐了，成功率太高了，我到后来都有点不好意思。"响应号召捐赠的 Young TEEC 一期会员黄鼎隆则认为这是很难得的机会，"以前总想着以后公司真牛了上市了，也回去帮一下母校，可感觉那还挺遥远。这个活动让我们这些还在创业路上的，也有机会去回馈，心里的那种满足感很强！"

尽管每周要拿出两天时间给 Young TEEC 的相关工作，尽管越来越多的 TEEC 人关注到 Young TEEC 的价值——已经只愿意和"90 后"随时约见的杨向阳主席，觉得再过十年，Young TEEC 的平均水平会超越现在的 TEEC，"这是新时代，新商业的威力"。杜心宇依然觉得承担桥梁的人还有点单薄，链接还不够深入，"我们需要更多人加入，为青创输入多样的价值观"。

青创会员参加戈壁行

刘晓松主席则提醒 Young TEEC 会员要始终不忘初心，在西安的青创营上他发起"灵魂拷问"——为什么要干这个企业？图什么？初心是什么？——直接现场"问跑"一个新会员；"TEEC 每年最大的奖项叫'企业家精神奖'。因为成功的衡量标准有很多，比成功更重要的是 TEEC 的企业家精神——初心正、能为初心百折不挠地去创业、有社会责任感。很多企业的问题，都是初心的问题。"

已经再次投入创业的姜晓丹，期待 Young TEEC 始终充满朝气、不断奔跑、甚至不羁，"你们这些老头我也可以来批评一顿！"他更希望 Young TEEC 们能成为兄弟姐妹，"大家老的时候回顾创业的时段，提到 Young TEEC，会有一种温暖从心底涌上来"。

值得欣慰的是，越来越多的清华年轻创业者，已经开始因为 Young TEEC 会员的号召而申请加入，Young TEEC 这棵快速生长的树，逐渐拥有自己的姿态和风景。Young TEEC 是什么？在青创人眼里其实好简单，就像一期张赛说的——Young TEEC 是一个特别伟大的组织，是我特别认同的组织，没有之一。

致谢为 Young TEEC（青创会）发展作出贡献的他、她、他们和她们！

TEEC 历届主席：

- 2011—2012 年度 TEEC 主席　　　　杨向阳
- 2013—2014 年度 TEEC 主席　　　　李泉生

- 2015—2016 年度 TEEC 主席   潘建岳
- 2017—2018 年度 TEEC 主席   吕大龙
- 2019—2020 年度 TEEC 主席   刘晓松
- 2021—2022 年度 TEEC 主席   许志翰

TEEC 历届青年工作组成员：

曾 任 职 务	姓 名	服务年限（年）
· Young TEEC 创始主席	姜晓丹	2016 至今
· TEEC 副主席 / 现任青年工作组负责人	杜心宇	2016 至今
· 青年工作组顾问	徐井宏	2020 至今
· 北京分会副主席	程 鹏	2016—2017
· 北京分会副主席	王学辉	2018 至今
· 北京分会副秘书长	陈 炯	2021 至今
· 长三角分会副主席	冯 融	2016—2017、2019
· 长三角分会副主席	程 杭	2018
· 长三角分会副主席	廖春元	2020 至今
· 粤港澳分会副主席	孟 虎	2016—2021
· 粤港澳分会副主席	金 明	2018—2019
· 粤港澳分会副主席	朱 锐	2020 至今
· 西南分会副主席	杜 强	2016—2017
· 西南分会主席	李 健	2018 至今
· 西北分会主席	王 武	2016—2020
· 西北分会主席	李文革	2021 至今
· 东南分会主席	兰 春	2020 至今
· 美西分会主席	李 峻	2016 至今
· 美西分会主席	陈 璟	2021 至今
· 美东分会	文 兵	2016—2019
· 美东分会	罗建刚	2020 至今
· 日本分会	李荣庆	2016 至今
· 欧洲分会	陆 菁	2018 至今

以及 T 乐帮、青创导师团、辅导员、青创各期班委。

Young TEEC 的光阴故事

在每年的 TEEC 年鉴里，Young TEEC 是一串不断增长的数字——9 期 213 位 40 周岁以下的年轻创业者；在投资人眼中，Young TEEC 是快速增长的价值，2021 年最新一期录入融资青创企业的共 16 家，融资金额超 13 亿元；在秘书处的统计中，Young TEEC 是一连串生动活泼的活动，私董会、企业互访、导师分享等；在 Young TEEC 会员心中，它是一张张面孔，一次次内心触动的时刻，一段段并肩前行的时光。这里有关于 Young TEEC 的 7 个小故事，这里是有温度有情感的 Young TEEC。

郭娜：种子

"饮水思源，服务社会"——从名字开始就蕴含浓烈社会责任感的"思源计划"，是 2001 年由 TEEC 赞助发起的一项学生领导力培养计划，旨在为未来中国培养各行业领军人物，是 Young TEEC 成立前 TEEC 协会里对清华年轻人的最强链接。20 年来，思源计划累计开展 18 期、参与学员 600 多人，其中近 20 位学员加入 TEEC 或 Young TEEC。来自思源第二期的郭娜就是其中一员，谈到思源的传承她觉得是价值观——追求卓越的同时，满怀谦卑和普世关怀，"思源对我来说是个非常美好的种子，很早之前就种在心里"。

思源每年从清华 30 个系中各选择一名优秀同学组合为一个集体，除了日常培训，还组织包括"本土情怀""中国力量""国际视野"和"饮水思源"4 个部分的社会实践。"在这里超越院系之别、超越成绩竞争，有更多时间接触全球视野、领导力、团队协作。"这是郭娜日后创业以医疗影像的人工智能为方向的汇医慧影的三大依凭，"特别是领导力，它不只是领导能力，更是关键时刻要往前站一步，去选择做还是不做，甚至即使承担很多痛苦压力也要做"。

2020 年初暴发的新冠疫情，无疑是这样一个时刻。"通常采用鼻咽拭子做 PCR 测试的方法，假阴性高的同时传染性特别大，这时我们发现用影像 CT 筛查，可以比核酸试剂早 3 至 5 天识别出是否为新冠。"很早就着重全球布局的汇医慧影，得以在海外疫情爆炸式发展时，第一时间为各国医生提供 AI 筛查检测的服务；短短两个月从拉美、北美、亚太、欧洲，一直到北非和南非，汇医慧影迅速开拓了 80 个国家，连泰国总理、厄瓜多尔总统、智利卫生部长全都点赞。与此同时，正是由于疫情期间高管自愿降薪、员工主动加班、每天睡三四个小时的连轴转，从而得以 3 个月时间 AI 历经 7 次迭代上新 3 个版本，"不夸张地说，我们这么一个小公司，真是为世界人民做了点贡献。"

2013 至 2015 年的 TEEC 主席李泉生，很早就投资了汇医慧影；在他眼中，郭娜是拼命三郎，是"清华女生当男生用"的代表。2021 年 5 月疫情后他来北京，请出清华几个资深前辈，组局为自己所投公司对接资源，郭娜也出现了，还挺着大肚子，原来再过三四周她就要生了。我说："你可真拼！"她说："疫情期间，公司急速发展，连周末都没有休息，一直在工作。"

郭娜

创业者都想做一家伟大的公司，但如何去诠释伟大，郭娜很务实："（公司）先能活着，再能体面地活着，再能受人尊敬地活着。"如今，汇医慧影已于 2020 年 11 月完成 C2 轮融资，更是唯一同时获得 3 家全球 500 强企业投资的 AI 医疗企业。可郭娜念念不忘的还是自己为公司谈来的第一单业务，"销售出身的我，以前在电信工作时拿十几个亿的单子眼都不眨一下，但当自己从零开始艰难磕下来一个二三十万的单子时，真是泪流满面。"

很多人关心你飞得高不高，但没有人关心你飞得累不累——庆幸的是，郭娜身边不曾缺少关心她累不累的伙伴——从十七八岁初入思源时对灿若星辰的学长的仰望，到 Young TEEC 里同样创业阶段的小伙伴手牵手并行的默契，再到 TEEC 中，像家人一样的感觉。"他们是一张张面孔，一个个真实的关系，在这里，学长们不会问你估值高不高，更多是问你开不开心，鼓励你享受创业的过程。"一转眼，从思源开始的这种相伴已有 20 年，"人生能有几个 20 年？何况是你最好的 20 年，你都跟这些人在一起成长，它占据了你心智最明亮和最美好的部分；思源、Young TEEC 到 TEEC，都是我最愿意珍藏、传承和分享的。"

张赛：召唤

2011 年 4 月 24 日，清华综合体育馆，百年校庆校友联欢晚会上，"接下来，有请清华企业家协会表演！"在主持人激昂的声音中，只见在 TEEC 创始主席邓锋的带领下，一群人从各个方向缓缓地走到舞台中央，有的打着拍子，有的挥舞双手，一起唱着"不成调"的歌，但现场气氛非常火热，观众高呼着回应。

"他们在台上那种神圣且张扬的气场，企业家的气场，深深地吸引着我，如果我能是他们当中一员该有多好！"当时在观众席里的张赛，10 年后仍然清晰记忆着这一刻。那时还在深圳某公司工作的他，刚刚赴美参加女友的毕业典礼并领了结婚证，对未来人生的规划是尽快去美国读 MBA，结束两地分居，"但就在那一刻，看到 TEEC 师兄师姐们在台上演出的那一刻，我下定决心要创业"。

张赛

从北京回到深圳，张赛在兼职的情况下创业，平时白天干活晚上画图，到周末去各处寻找合适的办公场所，一年后正式辞职创业成立翼菲。公司快速发展，到 2016 年已经完成初步融资、拥有员工 40 多人，并接连拿下几个大单，"但这年初公司发生合伙人分裂，导致 1 月份现金流断裂，从 2 月到 5 月，接连三四个月发不出工资"。

就在这时，张赛得到自己 Young TEEC 申请通过的消息，正式成为 Young TEEC 一期会员，"在那一刻，我有种被召唤的感觉"。多年之前受到 TEEC 的启示义无反顾踏上创业之路，今天能够加入梦寐以求的组织，这种认可让张赛很开心；但另一方面，公司可能下一秒就要倒闭，他内心忐忑又煎熬。

张赛称那时是"猝不及防的成长"：当年作为一个看客，看到的是企业家最神采飞扬的样子，"我觉得我很聪明也很有能力，又年轻，我不怕失败，我要去闯一闯，不然人生会有遗憾"。但当公司越做越大，张赛意识到创业不再是个人的过把瘾，"我做的决定在若干年后改变了很多人的人生轨迹，如果公司死掉，那么这些被我改变人生轨迹的人，他们生活的意义在哪里？我刚刚拍着胸脯在联合利华中国区的总裁面前说，你相信我，我绝对能做出世界级的产品让你满意，然后转眼我公司就死了，这怎么能行？"幸好，那时员工不离不弃，不但没有人离职，甚至自掏腰包出差；投资人宽慰他、表示下个项目还会继续投资，但"我当时就一个念头，但凡我有一口气在，一定要把公司救活！"卖房子、找人借钱，凑钱回购股份，引入新的投资，最终翼菲终于起死回生。

只有当召唤变成人生的使命，至暗时刻才有可能变成高光时刻，张赛是无神论者，但感觉冥冥中仿佛有种力量，"当我最需要对自己认可、最需要有人鼓励我说你很强、你能站得住、你能把公司救活时，我加入了 Young TEEC。"

裴刚：孤独

2016 年 5 月 20 日，裴刚有点忐忑地步入雁栖湖宾馆。他的紧张是因为他已经有很长一段时间没有太多社交："我们量化研究的核心竞争力是数据研究，绝大部分时间在办公室里对数据进行分析和思考，虽然每天面对瞬息万变的市场，但很少和外边人交流，甚至有时候一天下来都不怎么说话。"

这里即将举行 Young TEEC（青创会）第一期破冰。年初偶然知道 Young TEEC 成立消息的裴刚，主动去和清华大学里的室友、时任 TEEC 北京分会理事长的程鹏自荐。"当时这大哥已经有点超龄，但考虑到是第一期，从标准上稍微放松了些。"程鹏多年后回忆，毕竟裴刚那时已是久经考验的创业者。

"第一次创业是 2003 年左右，我研一，和班里 3 个同学创办公司，寻思把新东方的课搬到网上去。"清华南门外三才堂的大办公室，楼上 ChinaRen 做邻居，除了新东方老师来录录课，几个理科男就是闷头写程序，"当时实在太稚嫩了，网络带宽、手机支付等条件都不具备，整个社会对创业的支持也没那么多，没有组织也没有同僚，完全野生状态。"一年之后花光五六十万投资的裴刚，

裴刚

只能老老实实去上班，"第一次创业就失败，心理压力还是挺大的。"可创业就像一个火苗，一被点燃就会一直有，"这个火苗就是，你更喜欢坐在驾驶座上的感觉。"

二次创业，裘刚选择了量化研究的赛道，如前所述，这个行业由于商业秘密很敏感，同行之间的交流非常少，所以就更加容易感觉到孤独。但走入雁栖湖，看到一张张同样拘谨又生涩的面孔，或许是同龄创业者，或许是清华的背景，这陌生一下子被打破。裘刚还记得和同为一期的李立国第一次吃饭，他就毫不遮掩自曝其短——公司在最春风得意的时候被人骗走 5000 万元，一度到了破产边缘。李立国感叹："企业家大部分的时候是比较孤独的，在公司里你很难把自己心里比较痛苦的地方跟别人说，但是在 Young TEEC 里可以。"

这种精神上的互相取暖，蔓延于每一次 Young TEEC 的活动中。裘刚还记得某次青年工作组会议上，郑重将经济衰退下对 Young TEEC 企业支援作为会议主题，"传统的商学院或许更多追捧成功的人，在这里大家反而花相当的精力去关注这些'失败'的，去做心理按摩或者做心理辅导，帮大家克服在巨大挫折下的心理阴影"。

有孤独的美食家，但不该有孤独的创业者，裘刚在 Young TEEC 寻找到的是不抛弃不放弃的温暖，这一刻他有被治愈的感觉。

唐皓晨：同袍

时间进入 2017 年 8 月 26 日，"玄奘之路"的戈壁无人区，八级大风，无边曝晒，TEEC 创 5 的队伍里，紫色的 TEEC 大旗摇而不倒，扛旗的是 Young TEEC 会员唐皓晨和王海峰，支持他们的是最朴素的信念——要让 TEEC 旗子不掉队走到终点，我就得走到终点。

来自西安的 Young TEEC 会员唐皓晨，是曾经跑过马拉松的健将，"一开始我想戈壁行不就是走路吗？去了才意识到，戈壁上没、有、路！"地上都是硌脚的石子，踩上去酸爽得像做足疗，唐皓晨算了一下，一天下来等于被按摩10 万次，"脚都不是自己的"。再加上太阳特别毒，即使全身上下裹得严严实实，只要胳膊露个缝，"那个缝就被晒脱皮"。

唐皓晨

　　"独行快，众行远。"唐皓晨可以走得很快——譬如最后一天冲刺时他给自己定的任务是"目光所及不能有人在自己前面"，最终冲到前 15 名；但在戈壁里，同伴的支撑更为重要，"第一天走完 33 公里后，我的合伙人当时脚就起泡了，他有点想打退堂鼓，第二天是我跟季广云一直陪着他，3 个人一起边走边聊天，分散注意力，最终走完一天，水泡也没有那么疼了。"

　　"独行寡，众行乐。"去之前，除了季广云，唐皓晨和其他几个 Young TEEC 王海峰、王胤、叶鑫等完全不认识，但在手机没有信号的戈壁里、完全封闭的情况下反而促成与身边人深度密切的交流。"在一个很陌生很遥远很孤独的环境里，一群人奔着同一个目标，共享同一段艰苦旅程，朝夕相处无话不说，彼此会很容易产生感情。"当第三天走到终点组委会用大巴车把所有人拉回到瓜洲酒店时，已经是晚上 12 点了。几位"累得不成人形"的 Young TEEC 戈友，跑去撸串，"感情一下就连接了"，直到凌晨 3 点被人投诉才结束。"后来但凡 Young TEEC 聚会，我们几人在一起，不把一个人喝趴下绝对不结束。"

　　唐皓晨他们当时建立的小群直到今天还活跃着，就叫"一起戈过壁的兄弟"，找厂房、找介绍人、找投资，"大家有任何需求都到群里求助，谁有成绩我们看到都会发到群里祝贺一下，真的有与子同袍的感觉。"

黄鼎隆：受助

"一个秀才晚上在破庙睡，又冷又饿，这时有只鸡跑进来，如果是清华人，要左看右看，问问是谁的鸡，要不要付钱；如果是别的创业者，二话不说杀了就吃——主人如果真找过来，对不起，我赔你！清华人创业有太多束缚了。"

这是 2016 年 Young TEEC 一期破冰活动的分享，台上的会员洋洋洒洒地讲着，台下来自深圳的黄鼎隆目瞪口呆："在其他场合分享常常很高大上，很少会听人讲这样直接尖锐的观点，师兄的直言不讳让我此后经常反省提醒自己。"99 级工业工程的黄鼎隆，那时已创业两年，更多是靠流淌在血液里的家族经商本能——"我父亲设计了中国的第一台抽油烟机，是国家科技星火奖的获得者，后来他也创业，所以我们家一直生意氛围比较浓，有什么好技术，首先想的是自己做老板。"

加入 Young TEEC，让黄鼎隆跳出家族范围，"清华＋企业家，这个组合好像有一种魔力，除了荣誉感还有一种责任感，会真心觉得创业不该只是搞摊事自己给自己发工资，要做对社会有意义的事，因为你前面有清华两字。"黄鼎隆的创业方向是 AI 视觉识别里特别细分的物体识别，他在这个领域不断推进，也来自于师兄的嘱托；一期破冰时，杨向阳师兄曾感叹 20 世纪初清华曾涌现一批真正的科学家，在世界科学领域做过原创性的贡献，摸到世界科技的最前沿，可最后清华人其实对整体人类的进步并没有发挥很大作用，"如今，你们这帮年轻人能不能做点什么？"

"我这么多年坚持做这个方向，就是想在一个很细分的领域里能做出一些原创性贡献，把一个小小的技术边界往前推那么一点点，也算是对整体人类发展而言有一点点的贡献吧！"

受疫情以及中美贸易战影响，重心一直在海外市场的黄鼎隆，那时决心进行重大战略调整，从海外转向国内，"这个决定对股东整体利益是有

黄鼎隆

利的，但一定要站在公司的最高决策层才可能会被认可。"如何快速统一各方意见，形成一致合力？这时是否求助，成了一个极度微妙的事。已成为 Young TEEC 中第一个双料会员的黄鼎隆，深深感受到组织的安全感，这时第一个跳入他脑海的就是同在深圳的著名投资人、时任 TEEC 主席的刘晓松师兄。黄鼎隆本想当面拜访更郑重，但微信里晓松师兄二话不说，"时间紧迫，现在就视频会议，你给我介绍下情况。"听完介绍后，晓松师兄立刻安排自己基金会中经验非常丰富的清华师姐针对性地给建议；同时，亲自出面和投资人沟通背书。至今，黄鼎隆回想起晓松师兄的话还觉得温暖——鼎隆，没关系，这些问题都能解决！它给年轻创业者极大信心，"你最担心的事，在真正行业大佬眼中可能并不严重；而大师兄的关心，也让我感受到不是那么孤立无援。"

对于 TEEC 的"受助、互助、助人"精神，可能有人觉得直白甚至功利，但其实它直击商业的本质。"求助时不要不好意思，作为企业家，你唯一要做的就是尽可能寻求一切帮助，让自己的企业快速发展起来。"

黄鼎隆还是"秀才"，但他敢于去"杀鸡"了。

蒋抒洁：善良

即使放眼整个 TEEC，来自 Young TEEC 4 期的蒋抒洁的创业故事，都很另类。

她开的店 —— 善淘（Buy for two），是有温度的连锁慈善商店。

接触善淘时，后者作为一个线上为主的慈善平台，经营得摇摇欲坠。经过研究，蒋抒洁发现慈善商店 110多年前发源于美国，在英国也有超过

蒋抒洁

70 年的历史，是以收捐闲置物品并用平价方式卖给大众的收入来继续做公益。"国内的慈善商店多由政府主导，往往就是进很多粮油米面，用很低的价格卖给低收入人群，但其实没有人愿意来，因为它给所有来消费的人打上了'困难户'的标签，让人有羞耻感。"

　　在清华被选中加入思源计划，曾在达沃斯经济论坛发言，一路走来，蒋抒洁眼中的创业不是追求个人利益的最大化，而是要真正解决问题，她希望运用设计思维和商业思想，为善淘的公益模式注入效益和尊严。

　　"善淘所有的环节都在做好的事情"，它的商品不是购买进货，是收别人不要的东西，捐赠伙伴里包括阿里巴巴、小米等大公司；它的定价就一个词——'超值'，性价比敏感的或是说有环保理念的人，都愿意来消费，很多老外甚至给自己规定一个月要来善淘消费两次；运营上，主要工作人员有将近40%是特殊人士；最后在收入环节，善淘会拿出相当的收益继续投入做公益。每到年底最后一天，善淘都会发布捐赠透明度报告，蒋抒洁对团队说："我们就是要'裸奔'，只有'裸奔'才能获得信任。"

　　"每一个人都有价值（Everyone has value）"，这是善淘的信念。疫情期间，善淘有一家店关了3个月，入不敷出，一般选择会是关门，但"我们不是最擅长把闲置发挥价值吗？"于是蒋抒洁索性把雇佣全职团队运营的模式改为志愿者自治模式，同时将收入的固定部分变成公益基金，这不经意间唤醒了志愿者身上的主动性和价值感。有企业捐赠了上千块鼠标垫，可1块钱都卖不掉；一个18岁的志愿者发现鼠标垫有油画的质感，于是一个"炳烯画零基础改造鼠标垫"的项目启动了，"外面类似的工作坊都需要198元、298元一位，我们就50元一位，吸引很多人参加。"

　　这个18岁的志愿者，此前因为没有申请到理想的国外顶尖大学而一度不敢回学校面对老师和同学，"我当时就想这个女孩有点像曾经的我，就是那种一直都是非常出色的，然后在某天遇到挫折时，会突然想说我到底追求什么，我的价值是什么？"善淘的经历使女孩又重拾勇气去申请，她说："以前我的梦想是要做一个大人物，现在我开始思考优秀的真正意义。"

"其实做公益的过程中，我也不是一直那么坚定。身边很多清华校友创业，都是在寻找最优秀的人，但我团队里更多是一些平凡基层的人，虽然我现在深刻地认识到他们带给我的成长，但的确也曾内心挣扎过——是先赚钱再去做这些，还是说把最宝贵的时间全部投入在这里？"在 Young TEEC 北京培训后的一次聚会上，蒋抒洁重逢了从学生时代就一直关注她，思源计划创始人之一的王熙学长。听了她在做的事，王熙给了她一个大大的拥抱，说了一句话："这是值得你 all in 的事业！"

得到来自专业人士的肯定，让长久以来内心纠结的蒋抒洁一下子平静下来，"Young TEEC 就是一个让你感觉到很安全，可以去放肆成长、吸取能量的地方。"在一众清华硬核科技创业中，蒋抒洁选择了公益，选择了柔软，"创业应该去解决一个真实的问题，而如果解决这个问题还能真正惠及一些人，就很有价值。"毕竟，无论硬核还是柔软，坚持向善，才是力量。

姜晓丹：永远的 Young TEEC

爱开会的姜晓丹现在每天早晨 7 点起床，赶在儿子上学前一起吃 15 分钟早饭，四个老人也在，早餐就硬生生变成了早餐会，"这是一天里的家庭时间，挨个问问大家身体还好吧？有什么困难？"之后洗漱，8 点 30 开电话会，9 点 30 到办公室继续一天的会，晚上回到家至少 10 点，12 点半睡觉。

一切都是因为，姜晓丹又创业了。

"现在觉得第一次创业好轻松，那会儿人少，体力也好。我现在天天得想着用各种办法补人手，很挑战。"姜晓丹新的公司伽睿智能聚焦数字化、智能化驱动的新一代业务流程外包服务，正处于融资的业务爬坡阶段，从一年前的300 多人快速发展到现在的 2000 多人，"但整个管理架构不可能那么快撑起来，所以每天人肉补窟窿，连滚带爬，累得不行"。

抱怨归抱怨，姜晓丹觉得重新创业还是很有意思的；在创建 Young TEEC 的过程中，他从更年轻的创业者身上感受到那种激情原来并没有在自己身上消逝，"确确实实伽睿是有可能成为一个我概念里伟大的公司，有可能改变一个行业"。到 2028 年，8 万人规模、200 亿元收入、2000 亿元市值，这是姜晓丹深埋心中的"小目标"，"那时候我能解决 8 万人的就业，能让一帮年轻的孩子们学到本事"。

除此之外，姜晓丹的另一份创业是与其他关心社会发展的企业家朋友成立基金，专注社会影响力投资。他们刚刚完成两个项目："田野学校"在云贵川农村把当地农事、手工业等做整理，形成学习基地，组织城市里的孩子去学习；"乡村笔记"与地方政府成立研学基地，组织大城市学校去学习，再把利润回馈给乡村小孩，组织他们去大城市体验。两者背后都是姜晓丹的认识："中国的贫富差距来自城乡差距，所以缩小改善中国城乡之间认知差距很重要，我们认为这是一个赛道。"

将"赛道"概念引入公益，因为姜晓丹始终觉得公益不应该只是捐款，而应该与商业模式结合，才是迭代的、滚动的、可持续发展的，"西方社会讲究政府、社会和企业三者循环，用企业家的力量，让一部分企业恢复其社会服务的功能，这事儿很有意义"。

姜晓丹发自内心地喜欢年轻人、尊重年轻人，甚至某种意义上对年轻人有敬畏之心，"之前见了一个小孩，才六年级，我问他将来想做什么？他想了想回答'我觉得我想做的行业现在还没出现'。"面对这句很多成年人眼中狂妄幼稚的话，姜晓丹却一脸兴奋，"我绝没想过这种回答，现在的小孩对世界变化的认知太厉害了！"前不久，姜晓丹又回清华读工程博士，名正言顺地成为"新生"，旗帜鲜明地跻身"90 后"乃至"00 后"中，他继续在路上，永远年轻着。

姜晓丹在 Young TEEC 2019 青创营致辞

公益篇：TEEC 公益探索

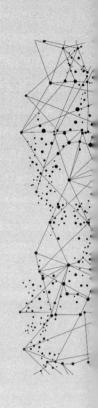

2021 年秋 TEEC 年会暨成立 20 周年大会上，"公益"成为 TEEC 下一阶段的组织关键词之一，这背后是时代发展和社会认知的水到渠成，TEEC 成员意识到有些事情不完全是商业或政府的范畴，是属于所有人的社会责任，从上到下都呼吁企业家承担社会责任，毕竟人们生活在一个彼此连接在一起的社会中。

从诞生起就与公益计划密切相关的 TEEC，多年来众多会员早已积极投身公益事业，疫情期间第一时间调动 14.4 万余件、总价值近 3 亿元的物资，110 周年清华新百年发展基金里高达 3.6 亿元的捐款，11 位会员带头的"春风化雨乐未央"基金会成立，2021 年极端天气下组织对农副产品的救援……

据 TEEC 秘书处不完全统计，协会内主动发起参与公益事业的有近 40 人，其中既有陈大同、吕大龙、赵伟国、俞富裕、李健、李东升等大师兄身体力行，也有姚颂、杨鑫、李晟、张卓等青创会员身影，而姜晓丹、缪杰、蒋抒洁等会员更是将创业事业与公益紧密结合。

在实践中，TEEC 公益逐渐形成自己的风格，那就是落地踏实、高效运营、坚持不懈，关于公益的思考与探索也从未停下。而在与几位有代表性的热心参与公益的会员长谈后，且以这篇小文作为 TEEC 公益探讨思考的第一步。

一个概念：公益心，授之以渔

公益和慈善是不一样的，几乎所有受访者都会强调，邓锋指出在英文里慈善是 charity，公益则是 philanthropy，"慈善主要是捐款积德，相对来说容易，但参与感很小"。身为"水木年华"的成员，缪杰成名二十多年，参加各种各样的慈善捐款演出已经厌倦了，"有句话说——能拿钱解决的问题都不是问题，（捐款）这个最容易做"。

"二者的区别是，授之以鱼不如授之以渔。"李峰理解中的公益是"渔"，不是简单的施舍，"公益强调的是公益心，要花心思，要亲力亲为，要做对整个社会有意义的事"。邓锋除了强调做公益应亲自参与项目设计，更要求聚焦于一个点做得很深，一个公益项目做了 17 年的他觉得长期坚持才能有效果，"你今天给灾区捐点钱，明天做这个后天做那个，最后只是给你自己建立品牌，没有效果"。做公益还要思考动脑子，缪杰说："你要思考怎么帮能帮到位，造成这个事情的根本原因是什么，如果头疼医头脚疼医脚，真有用吗？"

"团结一帮没有私利的人，需要非常强大的组织能力，从某种角度上说，做公益比做公司还难。"许志翰说只有公益能让这群最聪明的企业家动脑、动力、动心。

一种方法：用商业方式运营公益

缪杰曾比喻捐钱和做公益的区别："捐钱是冲动，就像谈恋爱；公益则是过日子，要去思考怎么把冲动变成长久，变成可坚持的模式。"无数次带着一帮小朋友开会，在白板上演算画图，缪杰为"家乡来客"设计出一套"让所有人都受益的模式"——用更好的价格收取农民的产品，让其获得劳动的尊严；用更好的价格销售出去，让顾客以更好性价比满足生活需要；每个环节都应该良性，运营团队也能获得收益。"项目启动两年后我们第一次现金流变正，团队小朋友都惊呆了！"

这也是邓锋所说的"用商业的方式来运营非营利机构"，他戏称不能等七老八十拄着拐棍守着这点钱，"我要在年轻的时候就介入公益，除了钱，我还要把我的时间、资源特别是执行的能力投入进去，因为公益最讲究对执行细节颗粒度的要求。"

邓锋在清华大学授课

邓锋的第一个公益项目，是 2003 年向清华大学捐赠 1000 万元，成立"信息学院人才引进及研究生出国参加学术会议基金"，每年支持 100 个学生出国参加一流的国际会议，这背后是他自己的遗憾——在清华大学读研期间，邓锋曾以第一作者的身份写论文向某国际会议投稿并获得认可，但因为没有出国的费用又没有相关的奖金，只好遗憾错过。

邓锋说："帮助同学出国参加国际学术交流，好处还不只是呈现论文，实际上是帮助他们进入学术大牛的圈子，逐渐收获认可和影响力，现在清华电子系主任汪玉就是第一批受这个基金资助出国的。"这个项目到现在已经 19 年了，从来没有断过，因为邓锋从一开始就精心设计项目的运营和回馈制度——由学校派专人负责这个项目，和邓锋直接对接；项目按照 10 年做规划，前 3 年每年考核，考核过关后再拨下一年预算；从第五年开始，信息学院研究生院和邓锋各出资一半，第十年开始，则各出 1/3 再由其他公益企业家出 1/3。"这里我借鉴了种子基金的经验，x-lab 公益创业大赛等其他类似开创性的公益项目，我都会运用类似思路。"

一种关系：彼此信任，清华与 TEEC 的"与共"

电影《无问西东》看后的震撼，缪杰至今记得，"自己多牛不算牛，心怀天下，才是清华人应该做的事"。这种朴素的愿景，是刘晓松觉得很多清华学生都有的，"当我们走进社会时，本身就带着清华教育的价值观——关心社会，为社会创造"。

所以当 TEEC 会员一开始选择投身公益时，也往往会与母校合作。TEEC 会员迄今为止最大一笔捐赠是 2019 年徐航给清华母校捐赠 3.3 亿元；2021 年 110 周年校庆吕大龙捐资 2 亿元用于交叉科学楼的建造，邓锋再次捐资清华科学博物馆。武平、潘建岳、李峰、陈大同、倪正东共同捐款给清华史料馆，朱一明携兆易高层的 5 位清华校友共同捐款 1 亿元，韩大为捐款成立了体育基金；由清华大学提供纵深课题研究经费的项目发展而来的深鉴科技，探索"把人才、资金、产业以及清华电子信息相关资源链接起来"成立 SEE Fund 基金，将每期基金中管理团队收益的 30% 回馈母校……

从 2003 年开始担任清华北美教育基金会理事起，邓锋已与清华合作了众多公益项目，建立起学校、老师和个人间熟稔的信任与配合："比如信息学院的这个项目，参加会议的所有费用包括飞机票、酒店、用餐、注册费全部报销，都由学校的老师和财务处承担，一张张海外发票的核对是细琐繁杂的，这是他们额外的工作，只有他们相信你做事的立意才愿意支持。"正是这种强力的后台支持，邓锋才可以放心地去做清华公益，"我在清华做这么多项目，基本上没有一个失败的"。

"扶上马、送一程、关心一生"，这是清华对毕业后毅然选择支援西部基层经济建设的学子们的承诺，但如何真正落实？这背后有 TEEC 人的身影。2012 年，吕大龙、赵伟国低调创建励业基金，以"励业金"的形式为这些毕业生之后的学习、工作和生活提供守护，例如提供返校攻读 MPA 的机会，为去艰苦地区的毕业生提供体检支持、生活补助等，甚至毕业生的孩子生病也是学校与励业金资助部分医疗费用，真正实践"关心一生"的承诺。

"2018 年，学校领导让我回来领导清华大学教育基金会"，1988 级环境学院的袁桅说，"我懵了，我做的投资基金和教育基金会，是截然不同的两个 business，一个是市场化的金融机构，一个是大学背景的公益慈善组织，而我以前从来没有接触过公益慈善组织，完全没有经验。可是，这是母校的召唤，我没有过多犹豫，在离开学校 23 年后，再一次回到母校，服务母校。我们做出了诸多创新的尝试，在股权捐赠、房产捐赠、小额捐赠等方面都有突破，基金会在资产规模、公益性支出、管理模式、理论研究等方面都上了新台阶。我好像到现在才真正感到，这才是最适合我的工作，也是我最喜欢和享受的工作。"

"TEEC 和清华之间要有更多的'与共'，我们特别看中那些钱之外的东西，什么比钱之外更多？" 2021 年 TEEC 太湖年会上，清华副校长杨斌如是说，他特别感谢了 TEEC 里众多资深会员，愿意直言不讳地对学校学科建设、学生培养、未来发展等提意见，如果没有被采纳，还一而再再而三地提，如果走偏了还要再去促进校正，"我希望 TEEC 中有更多这样的人，能够提出很不一样但却对清华长期发展关键的建议，进而我们一起努力，让这些建议变成现实"。

一颗种子：主动改善不尽如人意的地方

提到 TEEC 与清华的"与共"，不能不提思源计划，作为 TEEC 成立的源头，思源是一个旨在为清华培养年轻人对社会、对国家、对民族有责任心的项目，后来被清华大学总结为——清华真正因材施教的第一个项目。李峰当时只有 33 岁，作为思源创办者之一，他说这是一群志同道合的人主动挑起社会进步的责任，"我一直讲我的观念——责任心不是指你做多大的官、赚多少钱、做多大企业，重要的是你要有一份主动的心"。

TEEC 会员参加思源 2008 年会合影

思源早期的同学都会听李峰讲过这样一个故事：美国高速公路上的天桥一定有两米高的向里凹的铁丝网，这个法案是一个四十多岁的女性提出的。她在此之前就是很快乐的家庭妇女，直到一块从天桥上扔下的石头让正开车驾驶通过的丈夫和儿子出车祸去世，按理普通人只是悲伤，但她化悲痛为力量，在全国游说立法建立铁丝网，"主动去改善不尽如人意，这就是领导力"。

扶贫、环保、教育等需要投身的公益领域有很多，无论邓锋还是李峰等，选择是从自己能够贡献最大的角度出发，聚焦精英培养，邓锋强调这不是白骨精的所谓精英，而是聚焦在像清华这样为中国培养各行各业领军人物的地方，李峰则称如果能让有可能成为领导层的这批人有更多兼济天下的心，影响力会更大，"思源对我来说就是一颗种子，3 年的项目，为那些有可能成为领导层的这批人埋下一颗理想主义的种子"。但在现实面前总有彷徨，有一次在思源导师团活动时，一个毕业的思源学生问李峰："但我在社会里被毒打，社会很现实，哪有什么理想？我该怎么办？""我不知道该怎么回答，但我反过来问，如果连清华人都没有理想的话，这个民族岂不是没有希望？"

一把牛刀：索性你就做一点小事

有的时候，各类直播里缪杰会忽然"从天而降"，没有精致打光，抱着一把吉他，吭哧吭哧边唱边聊好几个小时，目的就是给自己创办的公益项目"家乡来客"带货。弹幕里不少人感动，但也有人嘲讽，"帮人卖菜赚多少钱？你都沦落到开直播了？"缪杰回怼："我好沦落呀，你千万别再理我了！"切切实实带着团队全国几百个村县的奔跑扶农，缪杰内心有十足底气，"现在我不怕任何人和我吹牛，和我提做公益，你可能像我这么做吗？"

曾经的缪杰心很虚，与要么科技改变中国、要么为 GDP 做出巨大贡献的TEEC 牛人相比，"我不就是写歌唱歌让大家高兴吗？哪里值得那么多人喜欢？"2015 年的南北极之行让缪杰在离世界最远的地方找到自己的内心，看到自己的渺小，"因为渺小，索性你就做一点小事。人的意义不在于改变世界，而是通过改变自己改变周围一点点"。

"之前有媒体问做公益成功的秘诀是什么？我想是'杀鸡用牛刀'——有能力的人未必愿意做公益，致力于做公益的未必有这个能力。"公益看似简单，落地时有太多困难阻碍，要有情怀有毅力能坚持，负能量能扛得住。2016年初让"家乡来客"一战成名的山西临县大枣销售，两天拿了 2000 多万元的订单，其前期是缪杰不停赔付的 100 多万元，"我说没关系，缺多少往里打（钱）！"因为坑多所以必须用心做，团队人过年都坚持在临县，手把手教农民一笔笔发订单，"想躺在那里就把事儿做了不可能"。

缪杰和老乡们

今年"家乡来客"公众号的一篇文章——《有一种丰收叫做荒凉》，出乎意料地帮滞销的河南范县把莲藕卖爆。两周前还绝望的当地村庄，缪杰再去时已是人声鼎沸，整个村的人有说有笑地挖藕，"那些农民眼睛里重新燃起的希望，远比他对你说一句谢谢更有满足感！"

同样用牛刀杀鸡的还有 TEEC 很多人，比如几位师姐 15 年前从美国回来，发现当时孩子的业余生活充斥着各种课外班，这让她们怀念起国外非常普及的社区图书馆，"周末家长带着孩子去看绘本读书，气氛很好"。于是王奕师姐和几个志同道合的海归师姐一起做起社区少儿图书馆，也是北京市第一家公益少儿中英文图书馆，如今已经在海淀和东城发展了好几家，为社区家长与孩子带去高质量的阅读资源和时光，"它是不谋求快速盈利的很长期的项目，但是对于孩子的身心健康成长有益"，王奕师姐介绍道。

2019 年 5 月 7 日，一台最新安装的 AED 设备成功将一名突然晕倒的清华大一学生恢复了心脏功能，其受惠于刚刚于当年 3 月启动的"让校园更安全"——清华校园 PAD（公共电除颤计划）"黄金急救"计划，背后是徐航鹏瑞公益基金会的赞助，徐航在得知此事时表示最近最开心的事就是这个，因为拯救生命比什么都重要。

2021 年秋天连续数月的降雨，让陕西永寿县的许多农副产品出现滞销的情况，TEEC 西北分会的王武大师兄振臂一呼，其旗下的国雍臻选与 TEEC 联合发起对永寿的富锶苹果、富锶甜脆柿的爱心助农售卖，短短时间内近 200 人接龙购买！

TEEC 人灵活快速的公益"小事"随时进行着。

一片初心：把钱花在人身上

孩子、乡村教师、农民工等，相比捐一笔钱留一栋自己名字命名的楼，TEEC 人似乎更想"把钱花在人身上"，哪怕是加入旨在保护物种多样性和水源地的桃花源基金会，刘晓松也在关注怎么安置周围农民的生活，让他们不再是靠打猎为生，"肯定是曾经什么时候，有某个种子让它在心里发芽，才会日后变成公益的行动"。

这份"初心"，或许离不开每个公益人的人生底色：邓锋的曾外公是北京实验中学的教务长，外公外婆都是教师，"所以对教育很有感觉"，他参与的真爱梦想基金会聚焦偏远地区孩子们的素质教育；来自福建福鼎的李峰，到北京上大学之前基本上没出过县城，是教育让他开阔视野改变了命运，"除了个人自己养家糊口之外如果有余力再多做一点，支持那些为了人类共同命运的人，这是我的初衷"。

刘晓松的父亲是保送北大经济系的英才，毕业后分配到贵州晴隆（全国排名前三的贫困县）大田乡去教书，爸爸描绘的大田总是非常美好，"我从小就特别想去大田，但父亲从来不带我去"。直到很多年后因为乡村小学的公益项目，刘晓松指定要求去晴隆大田乡村小学考察，从县城开车过去要 4 个小时，再沿着 200 米高的山沟一下一上，刘晓松几乎是哭着走完这段山路，"当地的老师跟我说，你爸那时候无论酷暑、严冬，还是暴雨、塌方，每周都要回县里去看

1992 年，刘晓松（右）与父亲在清华园留影

你们，单程要走 16 个小时。我才知道我老父亲有多难！在贵州从教 60 年，多少坎坷谁能知晓！然而，他从中找到了生活的意义。我印象当中他始终乐观快乐，前年他去世时，上千名他曾教过的学生前来为他送行。父亲是幸福的，光彩的！"一段山路，是刘晓松与父亲情感的连接，同样扶助乡村教育，刘晓松更关注"人"，尤其是对宿管员的关注，"在寄宿学校里，学生很大一部分生活是在课堂以外的，宿管员对他们心理健康意义重大。"刘晓松促使宿管员正规化管理和培训，"宿管员的稳定才是让乡村小孩有归属感的关键"。

一份回报：成人达己，TEEC 人的公益价值体系

"做公益是个成人达己的过程。"刘晓松说，"做公益表面看是自己在帮别人，其实更是在帮自己。你去行动，就会感悟到快乐和满足。"

资助学生参加国际会议的基金持续 17 年，每年都有 100 个人拿到奖学金，每年都有一个总结会请学生代表谈感想，每年的感谢总结都差不多，但坐在台下的邓锋每次听都很开心也很有感触："我们的努力确实改变了这个人，你让他可以出国开眼界，看到不一样的世界，这对他的影响是一辈子的。"

缪杰用一个诗意的比喻解释公益的回报——当你追求自我追求财富的过程

中半路挂了，不过是挂在半路的"尸体"；为了理想成为战场上的骸骨，即使自己没有亲眼看到胜利，依然会被人称为英雄。"家乡来客让我觉得我是一个有意义的人，我现在很快乐！"

公益对 TEEC 的回报也很大，正如 TEEC 创始主席邓锋总结，TEEC 能够长期发展下去，一个是贯穿多年的公益事业，如思源计划，一个是计划背后的价值体系——受助、互助、助人。新任主席许志翰认为做公益对 TEEC 来说是好事，"没有利益驱动，没有私心，做公益使得大家对于了解 T 友有更好的帮助，同时公益也不简单，参与其中对个人成长、对世界的理解认知，甚至对于做企业，都有相辅相成的正面效果。"

许志翰在协会层面将 TEEC 公益提升到一个更高位置，邀请王奕出任公益板块副主席，"我和师姐说，要一个个拜访清华校友的代表性公益组织，要切实了解他们，做资源总览表，扎扎实实地在 TEEC 搭建公益平台。"王奕则着手筹备成立公益事业专业委员会，并提出相关宗旨，在 TEEC 推广形成回报社会的共识，打破之前各个企业家的分散状态，协同组织热心公益的 T 友，定期组织公益活动。

时至今日，TEEC 对于公益仍然是摸索状态，凭着一颗公益的心，越来越多的 T 友，将对他人对社会的回馈情怀，朴素无声地落地着。曾凭《一生有你》打动万千歌迷的缪杰可谓人间清醒："一生这个誓言并不值钱，就像情怀这个形容词也并不值钱，但有人把（公益）这事坚持不懈、真实做到的时候，是最宝贵的。"

后记

许志翰（TEEC2021—2022 年度主席）

过去 20 年，中国从传统制造业进入高端制造业，从外围技术进入核心技术，一批清华企业家在此阶段涌现出来。清华在中国高校中代表了理工科的最强音，当工业基础、产业环境、市场需求具备时，清华厚积薄发的科技力量找到了和市场结合的契机，并在市场规则中验证了成功的可能性。清华人素有埋头苦干、踏实做事的特质，从资源交换、商业模式的角度看，这种特质有时显得迂腐笨拙、不合时宜，但是从实业的角度来看，却是长期发展不可或缺的品质。正是在这样的背景下，TEEC 走过了 20 年。

TEEC 是由一批在硅谷的清华创业者满怀理想主义和公益情怀创立的，从一开始就提出了"受助、互助、助人"的"三助"原则。20 年来，一批批校友受益于"三助"理念，在创业咨询、寻求投资、互相协同、资源共享等方面获得了帮助。在波谲云诡的创业过程中，T 友的身份为创业者提供了信任基础、降低了合作门槛，更容易找到与自身理念、实力相匹配的支持和投资。大量 T 友企业家由此迅速成长，证明了 TEEC 蕴含的巨大力量，更彰显了 TEEC 不愿成为封闭性精英俱乐部的精神品质。秉承"自强不息，厚德载物"的母校校训，TEEC 一直致力于服务人才、技术、资金的流动，反对利益勾结、滋长虚荣、巩固阶层板结。

在最初的 10 年，TEEC 平均每年新增 20 名左右会员，从 2011 年起，平均每年新增 50 名以上的成员，到 2021 年已成为一个有近 800 名会员（含青创）的大组织。面对未来的成长，TEEC 认为新生的创业公司代表未来科技的创新能力，不断年轻化的师弟师妹是 TEEC 成长进步的力量源泉，因此 TEEC 将持续吸纳优秀的创业者入会。在新的规模尺度下，传统的熟人、小团体治理机制面临不小的挑战，近年来理事会已逐步推动 TEEC 的制度化转型。在组织性质方面，明确 TEEC 作为一个公益、中立、制度化的平台，不卷入任何商业利益、公平公正处理协会内部事务、不因理事会 / 主席团的更替而偏离初心、维护 TEEC 的名誉和信用；在会员甄选方面，彰显公平公正原则，拟定明确的入会标准和资格审定程序，鼓励创新，保证创业型会员所占比例；在章程修订方面，强调规则的明确表述和严格执行，规范会员大会、理事会和主席团的职责和权利。

TEEC 的转型一方面是为了规避日益增加的利益风险。随着 TEEC 规模与影响的扩大，无论是与外部协作产生的商业利益可能在 TEEC 内部带来的分配压力与利益纠纷，还是 TEEC 内部因各种分歧而带来的小团体利益纠葛，都有可能成为分裂 TEEC 的力量，或将 TEEC 变为一个因逐利而妥协的狭隘的利益共同体。转型的另一方面则是进行一种有益的尝试。我们想验证，在一个具有相近教育背景和事业理想、由校友链接的群体中，能否通过制度和民主决策来表达每一个成员的意愿，实现对共同道德和规则的维护，保障组织的长期健康发展。

真正的精英精神应聚焦于道德理想与社会担当，而非财富、权力、地位。受此精神感召，TEEC 将 T 友内部互助的"小循环"逐步扩展为向外输送力量的"大循环"。一方面，清华企业家的创业是科技兴国理念在 21 世纪最直接的体现，硬科技对提升国家实力、人民生活水平的实际作用，带给创业者最大的满足和自豪。另一方面，清华企业家受益于母校培育与社会支持，从求学之初就得到更多资源，应该将自身的获益回报给社会。积极参与公益事业，支持各种公益组织，将促进机会公平、鼓励努力向上的价值观传播影响到不同的群体，使清华企业家成为跨越地区、时代、阶层与性别的社会榜样力量。

TEEC 20 年为我们积累了丰厚智慧和情感积淀，在以后的日子里，希望它能凝聚更多的伙伴、为社会输出更多的人才、精神和财富，创造更大的奇迹、增强我们对未来的信心。